일그러진 영웅 vs 만들어진 영웅

일러두기

1. 성서 본문은 『새번역 성서』에서 인용하는 것을 원칙으로 하되 '주'는 '야훼'로, '하나님'은 '하느님'으로 바꾸었다.

2. 『새번역 성서』의 번역이 어색하거나 히브리 원문과 다른 경우에는 필자가 원문을 번역하거나 영어 성서 *New Revised Standard Version*을 참조해서 번역했다.

3. 고대 인명과 지명은 『새번역 성서』의 표기를 따랐고 꼭 필요한 경우가 아니면 영문을 병기하지 않았다.

4. 현대 저자의 이름은 가급적 원어 발음에 충실하게 표기했다. 예컨대 Walter Brueggemann은 오랫동안 '월터 부르지만'이나 '월터 부르그만'으로 표기되어왔지만 원문 발음에 가깝게 '월터 브뤼그만'으로 표기했다.

5. 우리말 번역본이 있는 저서도 필자가 원서로 읽은 경우에는 원서의 쪽수만 표기했다.

일그러진 영웅 vs 만들어진 영웅

1판 1쇄 인쇄 2019년 10월 5일
1판 1쇄 펴냄 2018년 10월 14일

지은이 곽건용
펴낸이 한종호
디자인 임현주
인쇄·제작 블루앤

펴낸곳 꽃자리
출판등록 2012년 12월 13일
주소 경기도 의왕시 백운중앙로 45, 2단지 207동 503호(학의동, 효성해링턴플레이스)
전자우편 amabi@daum.net
블로그 http://fzari.com

Copyright ⓒ 곽건용 2019

ISBN 979-11-86910-24-5 03230
값 15,000원

일그러진 영웅 vs 만들어진 영웅

곽건용 지음

사울·다윗 평전

꽃자리

제3부 쫓는 사울, 쫓기는 다윗

제4부 다윗-영웅의 탄생과 몰락

사울과 다윗의 평전을
쓰는 일이 가능한가?

이 책의 부제목은 〈사울-다윗 평전〉이다. 이스라엘의 첫째 왕 사울과 둘째 왕 다윗의 일생을 서술한 책으로 '평전'(critical biography)의 성격으로 서술한 책이다. 평전은 '개인의 일생에 대하여 평론을 곁들여 적은 전기'로 정의된다. 사울과 다윗의 생을 필자의 시각으로 비평적 관점에서 바라보고 서술한 책이다.

'사울과 다윗의 평전을 쓰는 일이 가능한가?'라는 의문을 가질 수 있다. 필자도 의문을 가졌었다. 여러 평전을 읽어봤는데 대부분은 주인공에 대한 역사자료가 상당히 존재했다. 가끔 주인공이 생존해 있기도 했는데 그 경우에는 직접 면담할 수도 있다. 사울과 다윗은 오래 전에 죽었으므로 사실 확인을 위해 면담할 수 없을 뿐 아니라 사료가 구약성서 외에는 전무하다시피 하다. 후대사람인 플라비우스 요세푸스의 『유대고대사』가 있지만 그 서술도 구약성서에 근거했으므로 평전

쓰는 데는 도움 되지 않는다. 이런 사정 때문에 평전 쓰기가 가능한지 의문이 들 수밖에 없다.

사울과 다윗에 대한 책은 이미 여러 권 출판되어 있다. 우리말 책은 손가락으로 꼽을 정도고 번역서도 많지 않지만 미주와 유럽에는 넘치게 많이 나와 있다. 학문적 성과와 무관한 신앙서적을 제외하고도 단행본은 수십 권이 넘고 논문도 헤아릴 수 없을 정도다. '평전'이라는 타이틀은 못 봤지만 그 성격을 가진 책도 여럿 된다.

이런 사정에도 불구하고 필자가 책을 쓴 데는 몇 가지 이유가 있다. 첫째로 우리말로 쓰인 책이 드물다. 필자가 아는 한 박종구의 『다윗: 야누스의 얼굴-욕망의 성취와 인간의 실패』가 학문적 성과를 반영한 유일한 책이다. 번역서도 조나단 커시(Jonathan Kirsch)의 『킹 다윗:성서가 감춘 제왕의 역사』(*King David:The Real Life of the Man Who Ruled Israel*)와 데이비드 울프(David Wolpe)의 『문제적 인간 다윗』(*David:The Divided Heart*)이 전부다. 모두 나름의 장점이 있지만 이 정도로 이들이 충분히 소개됐다고 볼 수는 없다. 유진 피터슨의 『다윗:현실에 뿌리박은 영성』은 학문적 성과와는 무관한 신앙서적이다. 사울과 다윗에 대해 학문적 성과가 반영된 우리말 책이 더 있으면 좋겠다는 생각을 했다.

둘째로 기존의 저서와 번역서는 다윗만 다룬다. 이들은 일부를 사울에 할애하지만 극히 제한적이다. 주연은 다윗이고 사울은 조연에 머물러 있다. 우리말 책 중에는 사울을 독립적으로 다룬 책이 없다. 서구에서 출판된 책들도 다윗에 대한 것이 사울에 대한 것보다 훨씬 많다. 둘을 모두 다뤄도 사울은 부수적인 경우가 대부분이다. 사울은 홀대받고 있다는 얘기다.

사울은 홀대해도 되는 인물일까? 이스라엘이 사사시대에서 군주시대로 넘어가는 시기의 첫 왕 사울은 가볍게 다뤄도 괜찮은가? 그렇지 않다. 사울과 그의 시대를 이해하지 못하면 다윗과 그의 시대 역시 이해할 수 없다. 사무엘서는 다윗에 큰 비중을 두고 있으며 전적으로 다윗의 입장에서 서술되어 있다. 둘의 경쟁과 대립에서 사무엘서 저자는 거의 일방적으로 다윗의 편을 든다. 사울의 입장은 거의 반영되어 있지 않다. 사울은 홀대받을 뿐 아니라 심하게 왜곡되어 있다.

사울도 독립적으로 다뤄야 마땅한 중요한 인물이다. 사울은 사사시대에서 군주시대로 이행하는 격동기의 첫 왕으로서 마땅히 독립적으로 연구할 가치가 충분하다. 사무엘서가 다윗 편으로 심하게 경도되어 있으므로 사울을 독립적으로 연구할 필요가 더욱 두드러진다. 그렇지 않으면 다양한 정치세력이 경쟁, 갈등했던 그 시기를 제대로 이해할 수 없다. 필자는 다윗 편향적인 사무엘서의 시각을 바로 잡고 가급적이면 두 사람을 중립적이고 객관적인 눈으로 바라보려고 노력했다.

셋째로 두 사람에 대한 대부분의 외국서적들은 전문연구자들을 위해 쓰였다. 성서에 대한 역사비평적 연구와 이후 시대의 연구방법론을 공부하지 않은 사람은 이해하기가 쉽지 않다. 최근 서적들은 '통시적'(diachronical)인 역사비평 방법론보다는 '공시적'(synchronical)인 문학비평 방법론을 적용한 것들이 많아서 비전문가 입장에서는 사정이 나아졌지만 일반 독자가 읽기는 여전히 어렵다. 이 책은 학문적 성과의 기반 위에 서있지만 지나치게 전문적인 논의는 피하면서 쉽게 서술되었다. 필요한 경우에는 학문적 연구 성과와 보충자료를 본문 중에 파란색 글자로 구별해놓았다.

이 책은 '사울-다윗 평전'이지만 성서의 서술에 이미 '평전'의 성격이 있다. 사무엘서는 두 사람과 그 주변에서 벌어진 사건들을 순수하게 객관적으로 서술하지 않는다. 사무엘서는 두 사람과 그 시대에 벌어진 사건들을 특정한 관점으로 이해하고 해석해서 서술한다. 그런 의미에서 '사울-다윗 평전'은 이미 해석된 이야기를 한 번 더 해석하므로 '평전에 대한 평전'이라고 볼 수도 있다.

사울-다윗 이야기는 '신명기 역사서'(Deuteronomistic History)의 일부분이다. 신명기 역사서는 여호수아-사사기-사무엘서-열왕기를 포괄한 책으로서 신명기의 신학적 관점으로 가나안 정복에서 유다왕국의 멸망까지를 다룬 이스라엘 역사서다. 사울-다윗 이야기는 이 중 일부로서 사무엘의 탄생(사무엘상 1장)에서 다윗의 죽음(열왕기상 1장)까지를 다룬다. 사울-다윗 이야기는 본래 독립적으로 존재했던 사무엘 이야기, 법궤 이야기, 사울 이야기, 다윗의 즉위 이야기, 다윗 왕위 계승 이야기 등을 포함한다.

──── 사울-다윗 이야기 중에서 학자들의 관심을 모아온 이야기는 '다윗 왕위의 계승설화'로서 20세기 초에 레온하르트 로스트(Leonhard Rost)의 *The Succession of the Throne of David*가 오랫동안 권위 있는 연구서로 인정되어 왔다. 그 전에도 비슷한 주장을 한 학자들이 있었지만 로스트만큼 지속적이고 광범위한 영향력을 행사하지는 못했다. 로스트에 의하면 본래 독립적으로 존재했고 전승됐던 다윗 왕위의 계승 이야기는 다윗에 의한 사울 왕위의 계승(또는 '찬탈')과 솔로몬에 의한 다윗 왕위 계승의 정당성을

확립할 목적으로 쓰였다. 그의 주장은 후대 학자들에 의해 부분적으로 수정, 계승되었지만 기본골격은 지금껏 받아들여지고 있다.

이 책은 통시적-역사비평학적 방법론보다는 공시적-문학적 방법론의 영향을 더 받아 쓰였다. 필자는 '설화자'(narrator)의 역할에 주목하고 있다. 사무엘서가 전하는 사울-다윗 이야기는 두 사람에 대한 설화자의 평전이다. 흥미롭게도 설화자는 두 사람의 성격과 언행을 가급적이면 평가하고 판단하지 않는 것처럼 보인다. 드문 예외가 있긴 하지만 설화자는 두 사람에 대한 자신의 서술이 객관적이고 중립적으로 받아들여지기를 원하는 듯하다.

텍스트는 사울은 나쁜 사람이고 다윗은 좋은 사람이라는 인상을 강하게 주지만 잘 읽어보면 그 평가는 설화자의 것이 아니라 사무엘의 것이다. 사무엘의 평가에도 설화자의 생각이 반영되어 있는 게 사실이지만 설화자가 직접적인 평가를 피한 데는 이유가 있다. 결정적인 평가는 야훼가 내린다. 야훼는 사울을 왕으로 세운 걸 후회했고 그를 버렸다(사무엘상 15:11). 반면 다윗은 야훼의 '마음에 맞는 사람'으로 소개된다(사무엘상 13:14). 설화자는 이 평가가 두 사람의 생애를 결정했다고 봤다. 그런데 이 평가는 평가하지 말고 그대로 받아들여야 하나? 야훼가 그렇게 평가했다면 두 말 말고 그대로 받아야 하는가 말이다. 그 평가를 평가하면 안 되는 걸까? 이 책이 '평전에 대한 평전'이므로 사울-다윗 이야기에 담겨 있는 모든 평가는 예외 없이 평가의 대상이다.

설화자는 사울을 야훼가 스스로의 선택을 후회하게 만든 인물로 소개했고 다윗을 야훼의 마음에 맞는 사람으로 소개했지만 그것만으로 두 사람을 제대로 이해했다고 할 수는 없다. 두 사람의 생애는 한 마디 말로 평가할 정도로 단순하지 않다. 야훼를 후회하게 만들고 그에게 버림받은 사울도 처음에는 하느님의 선택을 받아서 왕이 됐다. 그런 사울이 버림받았다는 사실을 '신학적'으로 정당화하는 일은 그리 쉽지 않았다. 서울의 악함을 보여야 하는 동시에 하느님의 후회 역시 설명해야 했으니 말이다.

또한 다윗은 겉모습이 아닌 중심을 보는 야훼의 마음에 들어 선택된 사람이다. 그런 그가 남의 아내와 불륜을 저질렀고 그것을 숨기려고 살인까지 했으니 이를 정당화하는 일 역시 쉽지 않았다. 다윗을 정당화하는 일이면서 동시에 그를 선택한 하느님을 정당화해야 했으니 말이다. 이 책은 사울과 다윗의 평전이라는 형식을 빌려서 설화자가 그 어려운 일을 어떻게 수행했는지 이해하고 평가할 목적을 갖고 있다. 설화자는 두 사람을 단선적으로 평가하거나 흑백논리로 판단하지 않는다. 설화자는 자기 생각과 달리 생각할 여지를 남겨 놓았다. 그는 후대의 누군가가 자기 평전을 평가할 줄 알았던 모양이다.

사울-다윗의 평전은 당시의 역사적 상황과 무관하게 쓸 수 없다. 하지만 그 시대의 사료가 거의 남아 있지 않다. 기원전 10세기 경의 가나안과 이스라엘의 역사자료는 거의 없다. 고고학 자료가 어느 정도 있지만 그 시대의 구체적인 사건과 연결시킬 정도로 충분하지는 않다. 결국 구약성서가 활용할 수 있는 유일한 문서자료나 마찬가지다. 이 책은 구약성서의 서술에 근거해서 쓰였다.

구약성서의 역사자료로서의 가치에 대해서는 의견이 극명하게 갈라진다. 구약성서의 거의 모든 서술이 역사자료의 가치를 갖는다는 주장으로부터 역사자료의 가치가 거의 없다는 주장까지 다양한 스펙트럼을 갖고 있다. 필자는 그 시대의 역사에 대해서는 구약성서의 서술과 고대 중동지역의 자료 및 고고학의 성과를 포괄적으로 종합한 밀러와 헤이즈의 이스라엘 역사서를 가장 많이 참조했다(J. Maxwell Miller & John H. Hayes, *A History of Ancient Israel and Judah*).

──── 스티븐 맥켄지는 다윗에 관한 그의 저서 제1장에서 다윗에 관한 직간접적인 성서 외의 자료들을 잘 정리해놓았다. 텔 단 석비(Tel Dan Stele), 메샤 석비(Mesha Stele), 쇼셍크 부조(Shoshenq Relief)와 그 외의 고고학 자료들이 그것이다(Steven L. McKenzie, *King David: A Biography*, 9-24쪽 참조).

필자는 이 책이 본격적으로 고대 이스라엘 역사를 다루는 책은 아니지만 사울과 다윗 역시 그들이 살던 시기의 상황과 무관할 수 없는 역사적 인물들이므로 필요한 대목에서는 역사적 상황을 살펴보지 않을 수 없다. 필자는 양극단의 의견은 피하고 현존하는 자료와 그에 근거해서 합리적으로 역사적 사건들을 재구성한 학자들의 견해를 참조했다.

사울-다윗의 시대는 고대 중동지역의 양대 강국인 이집트와 메소포타미아가 일시적으로 약화되었기에 꽃피울 수 있었던 짧은 시기였고 동시에 지중해 어딘가에서 가나안 지역으로 진출한 블레셋과 거주 가능한 지역을 두고 쟁탈전을 벌였던 시기다. 사울과 다윗은 이러한 역사적 배경 속에서 이스라엘의 왕좌를 두고 경쟁을 벌였던 것이다.

일그러진 영웅 vs 만들어진 영웅

이 책은 필자의 눈으로 읽고 해석한 사울-다윗이므로 필자의 사상과 신앙, 삶과 무관할 수 없음을 인정한다. 필자에게 사울-다윗 이야기는 성서의 다른 이야기와 마찬가지로 그것을 통해서 하느님과 나를 들여다보는 거울 역할을 했다. 두 사람의 평전을 처음으로 쓴 사무엘서의 설화자(신명기 역사가) 역시 사울과 다윗의 삶을 통해 하느님과 자신을 들여다봤다고 생각한다. 독자들에게도 '사울-다윗 평전의 평전'인 이 책이 궁극적으로 독자 자신과 하느님을 비춰보는 거울이 되기를 바란다.

1부 이스라엘 군주제의 태동

사무엘은 이스라엘의 마지막 사사이자 실로의 제사장 엘리의 후계자였다. 그의 시대는 전통적인 지파공동체시대에서 군주시대로 넘어가는 이행기였다. 블레셋은 날로 이스라엘의 목을 조여왔지만 그는 전쟁지도자가 아니었으므로 사사로서의 역할을 하기에는 한계가 뚜렷했다. 급기야 이스라엘은 야훼의 궤를 블레셋에 빼앗김으로써 사무엘의 권위는 커다란 타격을 입었다. 그에게는 왕을 달라는 백성들의 요구를 거절할 명분이 더 이상 없었다. 안정된 리더십은 막을 수 없는 그 시대의 흐름이었다. 그는 선택해야 했다. 그는 어떤 선택을 했을까? 그리고 그 선택은 그와 이스라엘에 어떤 결과를 가져왔을까?

1장

한나의 기도와
사무엘의 탄생

1

사울-다윗 이야기는 사무엘에서 시작한다. 주인공은 사울과 다윗이고 사무엘은 초반에 잠시 등장할 따름인데 책에 사무엘의 이름이 붙어 있는 이유가 여기에 있겠다(사무엘상, 사무엘하). 사무엘은 잠시 등장하지만 중요한 역할을 하고 강렬한 인상을 남기는 인물이다. 그는 이스라엘의 사사시대가 끝나고 군주시대로 넘어가는 이행기에 중요한 역할을 했다.

엘가나는 에브라임 지파 숩의 후손으로 에브라임 산간지방의 한 곳에 살고 있었다(사무엘상 1:1, 이하에서 성서의 책 이름이 명기되지 않으면 모두 '사무엘상'의 인용이다). 설화자가 그의 조상을 4대까지 상세히 소개함으로써 그가 얼마나 중요한 인물인지를 간접적으로 표현한다. 이는 구약성서에서 유례를 찾아볼 수 없다.

그에게는 한나와 브닌나라는 두 아내가 있었다. 엘가나가 중혼한 이유가 있었다. 한나에게는 자녀가 없었고 브닌나에게는 자녀들이 있었다니 후손을 얻으려고 브닌나를 둘째 부인으로 맞았을 터이다. 동서고금을 막론하고 이런 경우 두 부인의 관계는 화기애해하지 않다. 이들이 제사를 드리러 실로의 하느님의 성소로 갔는데 거기에는 엘리와 두 아들 홉니와 비느하스가 제사장으로 있었다. 엘가나는 가족들과 함께 매년 실로 성소에 가서 야훼께 제사를 드렸다.

야훼께 제물을 바친 후에는 바쳐진 제물을 처리해야 했다. 제물 일부는 제사장의 몫이고 나머지는 제물 바친 사람들이 차지했다. 엘가나는 둘째 아내 브닌나와 그의 자녀에게는 각각 한 몫씩 나눠줬지만 한나에게는 두 몫을 주었단다. 설화자는 이를 "비록 야훼께서 한나의 태를 닫아 놓으셨지만 엘가나는 한나를 사랑"했기 때문이라고 했다(1:5). 이것을 두 아내는 어떻게 받아들였을까? 둘 다 만족했을까? 아니면 둘 중 한 편만 만족했을까? 그랬다면 어느 편이 만족했을까? 둘 다 만족시키지 못하지는 않았을까?

'불임'이라는 주제는 구약성서에 꽤 자주 등장한다. 아브라함의 아내 사라가 그랬고 이삭의 아내 리브가도 그랬으며 야곱의 여러 아내 중 라헬이 그랬다. 삼손의 어머니도 오랜 세월 불임으로 고생했다. 그래서 불임 여성이 등장하면 '머지않아 중요한 인물이 태어나겠네'라고 추측할 수 있을 정도다. 설화자에 따르면 한나의 불임은 야훼가 한 일이었다. 그것을 간파한 이는 설화자가 유일하지만 말이다. 그래서 한나의 '적수'였던 브닌나는 이로 인해 한나를 업신여겼다. 매년 온가족이 실로 성소에 올라갈 때마다 그랬다고 하니 한나로서는 보통 괴로운 일이 아니었겠다.

———— 불임은 구약성서에서 여인에게 매우 심한 수치로 여겨졌다. 오죽하면 라헬이 요셉을 낳고서 "하느님이 나의 부끄러움을 벗겨 주셨구나"(창세기 30:23)라고 생각했겠는가. 구약성서에서 중혼한 경우는 대부분 불임이 원인이었다.

구약성서에서 널리 알려진 중혼은 아브라함과 야곱의 경우이다. 아브라함의 아내 사라는 자기가 아기를 갖지 못하자 자기 여종 하갈을 남편과 동침하게 하여 이스마엘을 낳았다. 이 경우 엄밀한 의미에서 하갈은 둘째 부인이 아니라 '씨받이'였는데 하갈이 이스마엘을 낳은 후 사라를 업신여기는 바람에 쫓겨났다(창세기 16, 29-30장).

야곱은 라헬만 아내로 삼으려 했지만 그의 의도와는 무관하게 세 명의 아내를 더 얻었고 그녀들에게서 자녀를 얻었다. 이 경우 라헬 이외의 여인들을 '씨받이'로 보기는 어렵다. 브닌나는 엘가나가 '씨받이'로 들였다고 보기 어렵다. 그녀는 종이 아니었고 자기가 낳은 자녀들을 한나에게 빼앗기지 않았다. 그녀가 낳은 자녀들은 '그녀의' 자녀들이었던 것이다.

그때나 지금이나 중혼은 재력이 있는 사람이 했다. 구약성서는 중혼을 도덕적으로 비난하지 않는다. 그렇다고 해서 잘 했다고 하지도 않지만 말이다. 엘가나도 재력가였음에 틀림없다.

이로 인해 한나가 식음을 전폐하고 울 때마다 엘가나는 그녀에게 울지 말고 음식을 먹으라고 권하면서 "당신이 열 아들을 두었다고 해도 내가 당신에게 하는 만큼 하겠소?"라며 위로했다는데 이 말이 그녀에게 얼마나 위로가 됐을지는 의문이다. 오히려 한나는 공공연하게 자기에 대한 사랑을 표현한 엘가나와 그녀를 시샘했던 브닌나 사이에서 더 큰 고통을 겪지 않았을까 싶다. 한나는 남편의 사랑과 돌봄 속에서 조용히 살아야 할지, 자신의 형편을 바꾸기 위해 무엇을 해야 할지를 두고 선택해야 했다.

　그러던 중 한나가 홀로 야훼 앞에 나아가 울며 기도하고 있을 때 제사장 엘리가 의자에 앉아 그녀를 바라보고 있었다. 한나는 야훼가 자기를 불쌍히 여겨서 아들을 하나 점지해주시면 그 아들을 야훼에게 바치겠다는 서원기도를 올렸다. 이때 한나를 눈여겨보던 엘리는 그녀가 술에 취한 줄 알고 점잖게 꾸짖었다. 불임이기에 야훼에게 버림받았다고 생각하던 한나가 엘리에게는 술주정꾼 취급을 받았으니 그녀가 얼마나 억울했겠는가. 한나가 자기는 술 취한 게 아니고 슬픈 마음을 야훼께 쏟아놓았을 뿐이라고 말하자 엘리는 곧바로 잘못을 인정하고 평안한 마음으로 돌아가라며 하느님이 그녀의 기도를 이루어 주실 것이라는 덕담까지 건넸다. 한나는 엘리의 말에 기운을 얻어 음식을 먹기 시작했고 다시는 슬픈 기색을 띠지 않았단다.

　그 후 엘가나와 한나가 동침하니 그렇게 생기지 않던 아이가 생겼고 달이 차서 아들을 낳았다. 설화자는 한나의 불임이 야훼의 의도 때문이듯이 그녀의 임신출산 역시 "야훼께서 한나를 기억하여 주셨"기 때문이라고 전한다(1:19). 한나는 이렇게 낳은 아들에게 '사무엘'이란 이름을 붙였고 이 아들이 젖을 뗄 때까지는 자기가 키우다가 젖을 떼자 엘가나의 동의하에 그를 실로 성소로 데려가서 하느님에게 바침으로써 하느님과의 약속을 지켰다.

2

이 설화의 주인공은 불임여성 한나다. 많은 학자들이 한나의 역할을 평가절하 하는 것은 매우 부당하다. 그녀는 결코 그저 그런 인물이 아니었다.

첫째, 그녀는 구약성서의 불임여성들 중 아들을 달라고 야훼에게 호소한 유일한 여인이다. 사라, 리브가, 라헬, 그리고 이름이 남아 있지 않은 마노아의 아내이자 삼손의 어머니 중 누구도 한나처럼 아들을 달라고 하느님에게 호소하지 않았다. 라헬의 경우 하느님이 그녀의 청을 들어주셨다는 언급이 있긴 하지만(창세기 30:22) 직접적으로 그녀 자신이 기도했다고는 말하지 않고 아들을 준다면 그를 바치겠다고 서약하지도 않았다. 한나처럼 적극적인 여성은 없었다는 이야기다. 이는 그녀가 '적수'('rival' 히브리어로 '짜라타') 브닌나에게 모진 대우를 받았기 때문이기도 하지만 그런 대우를 받은 사람이 그녀만은 아니었다. 사라의 몸종이었던 하갈도 사라를 그녀가 이삭을 낳기 전까지는 깔봤다니 말이다(창세기 16:4-6).

둘째, 한나는 아들을 낳으면 그를 하느님께 바치겠다고 서약했고 그 서약을 지켰다. 서약을 한 사람은 엘가나가 아니라 한나였다. 아기 이름을 사무엘로 지은 사람도 한나였다. 이런 점들을 보면 아들 문제에 있어서 주도권을 쥔 사람은 한나였다고 추측할 수 있다. 이는 철저한 가부장 사회에서 결코 흔하지 않은 일이었다.

하지만 중혼에 따르는 문제는 그녀도 피할 수 없었다. 사무엘을 낳기 전에 한나는 마땅히 누렸어야 할 권리와 혜택을 불임이기 때문에 누리지 못했고 브닌나는 자식들을 낳았다는 이유로 높은 지위를 누렸을 것이다. 한나는 브닌나로부터 괴롭힘을 감수해야 했다. 자식을 낳겠다는 한나의 의지와 노력은 브닌나의 질시 및 괴롭힘과 엘가나의 소극적 태도와 엘리의 무감각을 극복한 '인간승리'였다.

──── 한나와 브닌나의 관계는 명예와 실리가 동시에 걸린 갈등관계였다. 브닌나를 지칭한 '적수'(짜라타)라는 말의 어원은 '적대감을 보이다' '학대하다'라는 의미를 가진 동사다(출애굽기 23:22; 민수기 10:9; 25:17; 33:55 참조). 이 말은 브닌나가 한나를 어떻게 대했는지를 보여준다. 동시에 둘은 아이러니하게도 공생관계이기도 했다. 한나가 끝내 불임이고 엘가나가 브닌나를 둘째 부인으로 들이지 않았다면 한나는 엘가나 집에서 쫓겨났을 것이다. 가문의 대를 끊은 '죄인'이니 말이다. 엘가나처럼 재력 있는 사람이 중혼하지 않았을 가능성은 매우 낮지만 말이다. 브닌나가 엘가나 집안사람이 될 수 있었던 것도 한나의 불임 때문이었다. 둘은 이런 의미에서 공생관계였다는 것이다. 한나가 사무엘을 낳음으로써 이 관계에 변화가 생겼을 가능성이 높지만 설화자는 그 이야기는 하지 않는다. 사무엘이 태어난 후에 브닌나는 언급되지 않는다. 그녀는 쓸쓸히 무대에서 사라졌다.

필립 에슬러(Phillip F. Esler)는 *Sex, Wives, and Warriors: Reading Biblical Narrative with Its Ancient Audience*의 한 장(chapter)을 한나와 브닌나, 엘가나 이야기로 해석하는 데 흥미로운 이야기들이 많이 나온다. 그는 엘가나가 중혼하지도 않았고 한나가 아들을 낳지도 않은 상태에서 죽었다면 한나가 어떤 처지에 놓였을지 등 다른 주석서에서는 다루지 않은 내용들을 다룬다.

설화자는 한나의 불임과 출산이 모두 야훼의 의도에 따라 일어났다고 말한다. 야훼가 한나의 태를 닫았기에 불임이 됐고 그녀를 기억했기에 임신했다는 것이다(1:6, 20). 이 짧은 서술에 이야기 전체의 성격이 드러난다. 사무엘 이야기를 포함해서 사울-다윗 이야기 전체는 특정한 역사적 배경 하에서 만들어졌고 특정한 지역의 특정한 역사적 시대를 서술한다는 점에서 역사적 문서(historical document)임에는 틀림없지만 벌어진 일들을 있는 그대로 서술하지는 않는다. 설화자는 역사적 사건을 신학적 관점에서 바라본다. 설화자는 역사적 사건 배후에 하느님의 의도와 계획이 작용한다는 전제 하에서 이야기를 풀어간다. 사울-다윗 이야기는 구약성서의 다른 책들에 비하면 하느님의 직접적인 개입에 관한 서술이 적은 편이지만 그렇다고 해서 사건들이 하느님과 무관하게, 사람들 간의 상호작용으로만 벌어진다고 보지는 않는다. 그렇기 때문에 가끔 등장하는 신학적 해석과 평가가 더욱 무겁게 받아들여진다.

사무엘상 2장 1-10절에 전해지는 '한나의 찬양노래'(Hannah's Song of Praise)는 자세하게 다루지 않겠다. 노래가 한나의 작품이라면 그녀의 성격파악에 도움이 되고 간접적으로나마 사무엘을 이해하는 데 도움이 되겠지만 학자들은 노래의 저작권이 한나에게 있지 않다고 생각한다. 실제로 노래는 한나의 상황과는 별 관련이 없다. 그녀의 처지는 용사들의 활이 꺾이는 것이나, 한때 넉넉했던 사람들이 먹고 살려고 품을 파는 일이나, 가난한 사람이 티끌에서 일어나고 궁핍한 사람을 거름더미에서 들어 올려서 영광스런 자리를 차지하는 일 등과는 무관하다. 그녀의 처지에 상응하는 대목을 들라면 야훼가 시인의 마음을 기뺨으로 가득 채워서 야훼 앞에서 얼굴을 들게 됐다는 대목과 "자식을 못 낳던 여인은 일곱이나 낳지만 아들을 많이 둔 여인은 홀로 남는다"는 대목 정도다(2:5). 이런 대목 때문에 이 노래에 한나의 저작권이 부여됐다고 학자들은 추측한다.

──── 노래의 저작권이 한나에게 있지 않음을 보여주는 가장 단순하면서도 확실한 증거는 한나 생존 시에는 존재하지 않았던 '왕'에 대한 언급이다("세우신 왕에게 힘을 주시며 기름 부어 세우신 왕에게 승리를 안겨 주실 것이다"[2:10]). 노래는 이스라엘에 군주제가 생긴 이후의 저작일 가능성이 높다.

불임여인이 자녀를 낳은 일은 대단한 사건이었다. 이로 인해 한나는 자신의 가치와 존엄성, 그리고 엘가나 및 브닌나와의 관계에 있어서 정당한 위치를 회복했다. 노래를 부를만한 일이었음에 분명하다. 하지만 그 일이 노래 내용처럼 사회관계에서의 전복으로까지 의미가 확장될지는 의문이다. 노래가 한나의 저작이라고 믿는 학자들은 한나가 브닌나와의 갈등이라는 개인사를 부와 지위의 차이에서 오는 갈등이라는 사회적 차원으로 확대시켰다고 해석하기도 한다. 부와 권력을 가진 오만한 자의 몰락을 이후에 벌어질 엘리 집안의 파멸에 대한 예언으로 읽기도 한다. 그럴듯하지만 설득력이 크지는 않다. 가부장사회에서 경쟁관계에 놓여 있던 한나와 브닌나의 갈등 그 자체가 가부장제도의 폐해로 해석될 수는 있겠지만 말이다.

———— 저명한 구약학자 브리바드 차일즈(Brevard Childs)는 한나의 노래가 사무엘서 전체를 관통하는 해석학적 열쇠(interpretive key)라고 주장한다. 노래의 주제인 인간 역사에 관여하여 그것을 뒤집는 야훼의 힘과 의지가 사무엘서의 중심 주제이기도 하다는 것이다(*An Introduction to the Old Testament as Scripture*, 272-273쪽). 야훼가 가난한 자를 높이고 궁핍한 자를 일으켜 세우며 힘없는 자들을 위해 인간 역사에 개입하는 사회적 전복(subversion)을 노래하는 '한나의 노래'와 '마리아 찬가'(누가복음 1:46-55)가 안타깝게도 오늘날 교회에서 거의 읽히지도 설교되지도 않는다.

3

바바라 그린(Barbara Green)이 쓴 *King Saul's Asking*은 다음의 문장으로 시작한다.

당신은 뭔가를 간절히 원해서 그걸 얻을 때까지 지속적으로 요청했지만 정작 그걸 얻었을 때 그걸 원했던 당신의 욕망을 재평가해본 적이 있는가? 또는 다른 사람은 당신이 마땅히 그걸 원해야 한다고 말하지만 당신은 그것을 원치 않았다고 생각해보라. 그것이 당신 손에 잡히지 않게 됐을 때 비로소 그걸 얻으려고 애써본 적이 있지 않은가?(13쪽)

한나는 그녀가 그토록 간절히 원했던 아들을 얻자 그를 하느님께 바쳤다. 사울은 왕이 되기 원치 않았지만 결국 왕이 됐다. 그런데 하느님

일그러진 영웅 vs 만들어진 영웅

이 그를 왕좌에서 내치려 하자 그걸 고집스럽게 지키려고 했다. 굉장한 아이러니 아닌가. 한나는 서원한 대로 젖을 뗀 후 사무엘을 실로 성소로 데려가서 하느님께 바쳤다. 이후로 그는 줄곧 엘리 제사장 곁에서 야훼를 섬기는 사람이 되었다.

엘리의 두 아들 홉니와 비느하스는 행실이 나빴다고 한다. 그들은 야훼를 무시했고 제사장이 마땅히 지켜야 할 규정들을 어겼단다. 설화자는 그들의 나쁜 행실을 상세히 서술하는데 군이 그 세세한 내용까지 알 필요가 있을까 싶다. 제물로 바쳐진 짐승의 고기를 누가 어떤 절차로 먹느냐 하는 게 주제인데 독자가 그때 사용된 도구가 '살이 세 개 달린 갈고리'였는지, 그들이 먹은 고기가 삶은 고기인지 날고기인지, 기름을 먼저 태운 다음에 고기를 먹어야 하는지 등등을 알 필요가 있을지 의문이다. 좌우간 설화자는 이 모든 내용을 상세히 설명한 다음에 엘리의 아들들이 제물을 함부로 대함으로써 "야훼께서 보시는 앞에서 이렇듯 심하게 큰 죄를 저질렀다"고 결론짓는다(2:17).

엘리는 이런 아들들의 악행에 제대로 대처하지 못했다. 그는 아들들의 온갖 악행에 대해서, 심지어 성추행을 저지른다는 사실에 대해서도 꾸짖었지만 이들은 아버지의 말을 듣지 않았다. 심지어 엘리가 "사람끼리 죄를 지으면 하느님이 중재하여 주시겠지만 사람이 야훼께 죄를 지으면 누가 변호하여 주겠느냐?"라며 호소하다시피 했지만 끄떡도 하지 않았다(2:25). 정말 몹쓸 자식 아닌가.

급기야 이름이 밝혀지지 않은 '하느님의 사람'(a man of God)이 엘리를 찾아와서 야훼의 심판을 선언하기에 이르렀다.

나 야훼 이스라엘의 하느님이 말한다. 지난 날 나는 너의 집과 너의 조상의 집이 제사장 가문을 이루어 언제까지나 나를 섬길 것이라고 분명하게 약속하였지만 이제는 더 이상 그렇게 하지 않겠다. 이제는 내가 나를 존중하는 사람들만 존중하고 나를 경멸하는 자들은 수치를 당하게 할 것이다. 나 야훼의 말이다. 내가 네 자손과 네 족속의 자손의 대를 끊어서 너의 집안에 오래 살아 나이를 많이 먹는 노인이 없게 할 날이 올 것이다……. 네 가문에서는 어느 누구도 오래 살지 못할 것이다. 그러나 나는 네 자손 가운데서 하나만은 끊어 버리지 않고 살려 둘 터인데 그가 제사장이 되어 나를 섬길 것이다. 그러나 그는 맹인이 되고 희망을 다 잃고 그의 자손들은 모두 젊은 나이에 변사를 당할 것이다. 네 두 아들 홉니와 비느하스도 한 날에 죽을 것이며 이것은 내가 말한 모든 것이 반드시 이루어진다는 표징이 될 것이다. 나는 나의 마음과 나의 생각을 따라서 행동하는 충실한 제사장을 세우겠다. 내가 그에게 자손을 주고 그들이 언제나 내가 기름 부어 세운 왕 앞에서 제사장 일을 보게 하겠다(2:30-36).

매우 강한 저주의 선언이다. 엘리와 그 후손이 이런 저주를 받을 정도로 악독했는지 의문이 들 정도다. 이에 반해서 어린 사무엘은 반듯하게 잘 자랐다. 그는 모시 에봇을 입고 야훼를 섬겼고 한나는 해마다 엘가나와 함께 매년 제사를 드리러 성소로 올라갈 때마다 사무엘에게 작은 겉옷을 만들어서 가져다주었다고 하는데 이 일이 어떤 의미를 가졌는지는 알 수 없다. 엘리는 아들 문제로 골치 아픈 와중에도 엘가나와 한나 부부에게 다산의 복을 주시기 바란다고 야훼에게 빌었는데 그 덕분인지 한나는 아들 셋과 딸 둘을 더 낳았고 어린 사무엘도 야훼 앞에서 잘 자랐다고 했다.

이제 이야기의 초점은 사무엘에게 맞춰져 있다. 사무엘이 엘리 곁에서 야훼를 섬기고 있을 때 야훼의 부름을 받았다. 그때 상황은 이러했다. 그때는 야훼의 계시가 주어지는 일이 드물었고 환상도 자주 나타나지 않았단다. 어느 날 사무엘이 하느님의 궤가 있는 야훼의 성전에서 잠들어 있었는데 이른 새벽에 야훼가 "사무엘아, 사무엘아!" 하고 그를 불렀다. 사무엘은 엘리가 자기를 부른 줄 알고 "제가 여기 있습니다"라고 대답하고 엘리에게 달려갔는데 엘리는 자기가 부르지 않았다면서 돌아가서 자라고 했다는 거다. 같은 일이 세 번 반복되자 엘리는 느낌이 왔던지 사무엘에게 다시 누가 부르거든 "야훼님, 말씀하십시오. 야훼님의 종이 듣고 있습니다"라고 대답하라고 일렀다(3:9). 그러자 누군가가 다시 사무엘을 불렀고 그가 엘리의 지시대로 대답하자 야훼가 드디어 그에게 말씀했는데 그게 엄청난 이야기였다.

───── 이 이야기는 구약성서 전체에서 하느님이 어린아이에게 자신을 드러낸 유일한 장면이다. 설화자는 이야기를 진행해 나가면서 간간히 상황 이해를 돕는 언급을 한다. 엘리 시대에 야훼의 계시가 주어지는 경우가 드물었고 환상도 자주 나타나지 않았다는 설명이나(3:1) 사무엘이 야훼의 부름을 받았을 때는 그가 야훼를 알지 못했고 야훼의 말씀이 그에게 주어진 적이 없었다는 언급(3:7) 등이 그것이다. 때로는 하느님의 속마음을 보여주기도 한다. 하느님 외에는 누구도 알 수 없는 하느님의 속마음을 설화자는 안다. 설화자는 전능하지는(omnipotent) 않지만 모든 걸 알고 있다(omniscient).

야훼의 계시는 어린 사무엘이 감당하기 힘든 내용이었다. 장차 야훼가 '이스라엘에 대해' 하려는 일이라고 했지만 실제로는 '엘리 집안'이 멸망한다는 내용이었다. 얼마나 두려운 내용이면 야훼 자신이 "그것을 듣는 사람마다 무서워서 귀까지 멍멍해질 것"이라고 했겠는가(3:11). 야훼는 엘리가 아들들이 죄짓는 걸 알면서도 책망하지 않았다면서 집안 전체를 심판하여 영영 없애버리겠다고 선언했다. 이 순간 어린 사무엘은 엘리의 제자에서 그 집안의 멸망을 예언하는 예언자로 태어났다.

아침이 되자 엘리는 사무엘에게 야훼가 뭐라 말씀하더냐고 물었다. 사무엘이 들은 대로 대답하자 엘리는 의외로 대범하게(?) "그분은 야훼이시다! 그분께서는 뜻하신 대로 하실 것이다"라고 반응했다(3:18). 설화자는 이렇게 결론지었다.

사무엘이 자랄 때에 야훼께서 그와 함께 계셔서 사무엘이 한 말이 하나도 어긋나지 않고 다 이루어지게 하셨다. 그리하여 단에서 브엘세바까지 온 이스라엘은 사무엘이 야훼께서 세우신 예언자임을 알게 되었다. 야훼께서는 실로에서 계속하여 자신을 나타내셨다. 거기에서 야훼께서는 사무엘에게 나타나셔서 말씀하셨다(3:19-21).

──── 이스라엘은 다른 종족들과 마찬가지로 이름의 의미를 중요하게 여겼다. '홉니'와 '비느하스'는 이집트인 이름이다. '홉니'는 이집트어로 '두꺼비'를 의미하고 '비느하스'는 '구리 입술'이란 뜻이다. 둘 다 좋은 의미는 아니다. 엘리가 98세에 죽었으니 아들들이 제사장 노릇을 했을 때는 적어도

중년이었는데 '아이들'이라고 불린다(2:17). 『새번역 성서』는 '엘리의 아들들'이라고 부르지만 원어는 '젊은이들'(하느아림)로 번역하는 게 맞다. 하는 짓이 어린아이라는 뜻일까?

엘리의 두 아들은 "야훼를 무시하였다"(2:11). '무시하다'는 말의 원어는 '모르다'이다. 그들은 야훼를 몰랐다는 거다. 제사장 노릇을 하는 사람들이 야훼를 몰랐다는 말이 얼른 납득되지 않는다. 야훼를 모르면서 야훼께 제물을 바쳤고 그 외에 많은 제사장의 일을 했다니 말이다. 이들이 야훼의 이름을 몰랐다거나 제사장의 규례들을 몰랐다는 뜻은 아닐 터이다. 제물을 야훼에게 바치기도 전에 자기들이 가져갔다고 했으니 규례를 알면서도 지키지 않았던 것이다. 야훼를 '몰랐다'라는 말을 이해하려면 히브리어 '알다'라는 동사가 갖는 의미를 따져봐야 한다. '알다'라는 히브리어 동사 '야다'는 단순히 지식을 갖는 데 그치지 않고 지적, 정서적, 영적으로 안다는 의미이다. 한 마디로 전인격적으로 친밀한 관계에서 오는 앎을 가리킨다. 이들은 야훼라는 신의 이름과 그의 규례들은 알았지만 그와의 친밀한 관계에서 비롯된 전인격적인 소통과 교감은 없었던 것이다. 설화자는 이런 자들이 야훼와 백성 사이의 중재자 역할을 하는 제사장이었다고 서술함으로써 이제는 인물과 제도가 바뀔 때가 됐음을 보여주고 있다. 그 적임자는 물론 사무엘이다.

엘리는 늙었지만 아들들의 못된 행실을 모르지 않았다. 그래서 그는 이들을 불러 꾸중했지만 효과는 없어서 이들의 악행은 계속됐다. 제사장 직에서 은퇴한 아버지의 꾸중은 효과가 없었던 모양이다. 불임의 고통으로 기도하던 한나를 축복했던 엘리였지만 자기 아들의 패악에 대해서는 무기력했다. 하지만 정작 곤혹스런 대목은 "야훼께서 이미 그들을 죽이려고 하셨기 때문이다"라는 설화자의 서술 부분이다(2:25). 이게 무슨 뜻일까? 야훼가 이들을 죽일 작정이었기에 무슨 짓을 해도 이들을 '내버려뒀다'는 뜻일까? 죽일 작정이었기에 그런 짓을 하게 '만들었다'는 뜻일까? 어느 편인지 분명치 않지만 좌우간 이들의 악행의 배후에 그들을 죽이려는 야훼가 있다고 이야기하니 독자는 당혹스러울 수밖에 없다.

───── 구약성서에는 이와 비슷한 이야기들이 더 있다. 야훼가 파라오의 마음을 완악하게 만들어서 히브리 노예들을 해방시키지 않았고 그래서 죽음의 심판을 받았다는 이야기가 대표적이다(출애굽기 4:21; 10:20; 11:10). 야훼가 사울 왕에게 '악한 영'을 보내 그를 괴롭혔고 이스라엘에 커다란 재앙을 가져왔다는 이야기(16:14)와 아합 왕을 죽이려고 야훼가 예언자들에게 거짓 말하는 영을 보냈다는 이야기(열왕기상 19:20-23)도 있다. 하느님은 악을 행하기도 하는가? 하느님은 거짓말도 하는가? 이 문제는 학자들에게는 답하기 힘들지만 피할 수도 없는 문제이다.

이에 대해 하느님이 의지를 갖고 악을 행하거나 거짓말하지는 않지만 악이나 거짓말을 허용한다는 대답이 있다. 하지만 하느님은 주체적으로 사울 왕에게 악한 영을 보냈고 거짓말하는 영을 아합의 예언자들에게 보냈으니 이 대답은 충분치 않다. 또 구약성서는 일어나는 모든 일과 사건의 원인을 야훼 하느님에게 귀속시키는 신앙을 갖고 있었다는 대답도 있다. 야훼가 원하지 않는데 벌어지는 일은 없다는 것이다. 모든 일은 야훼의 의지와 계획에 따라 일어나므로 사람의 눈에는 악하게 보일지라도 하느님에게는 숨은 이유가 있다고 믿었다는 것이다. 하지만 욥기 34장 10절이나 시편 5편 4절처럼 하느님은 악한 일을 행하지 않고 악을 기뻐하지 않는다는 구절도 있으니 이 대답에도 문제가 없지 않다. 야훼의 거짓말을 주제로 한 두 개의 박사학위 논문이 참고가 된다(Nancy Ruth Bowen, 'The Role of YHWH As Deceiver in True and False Prophecy', Princeton Theological Seminary dissertation 1994. Ora Horn Prouser, 'The Phenomenology of the Lie in Biblical Narrative' The Jewish Theological seminary of America dissertation, 1991).

이에 반해 어린 사무엘은 "커 갈수록 야훼와 사람들에게 더욱 사랑을 받았"고 그가 자라는 동안 "야훼께서 그와 함께 계셔서 사무엘이 한 말이 하나도 어긋나지 않고 다 이루어지게 하셨다"(2:26; 3:19). 얼마의 세월이 흐른 후 설화자는 "단에서 브엘세바까지 온 이스라엘은 사무엘이 주님께서 세우신 예언자임을 알게 되었다"고 서술한다(3:20). 그가 세상에 나올 때가 된 것이다. 이전까지는 야훼가 말씀을 내려주는 일도 거의 없었고 환상도 자주 나타나지 않았지만 사무엘이 세상에 등장하면서 야훼가 실로에서 계속하여 자신을 나타냈고 사무엘에게 나타나 말씀했다니 그의 등장과 더불어 바야흐로 계시의 문이 활짝 열렸다. 그래도 "사무엘이 말을 하면 온 이스라엘이 귀를 기울여 들었다"(4:1)는 서술은 좀 지나친 면이 있다.

2장

언약궤의
혼란스런 행보

1

사무엘은 복수의 직책을 수행했다. 그는 '제사장'(priest)이면서 '사사'(judge)였고, '예언자'(prophet)이면서 동시에 '선견자'(seer)였다. 이처럼 다양한 직책을 수행한 사람은 구약성서에서 찾아보기 힘들다. 그는 레위 지파 출신도 아니면서 엘리의 뒤를 이어 실로 성소의 '제사장'이 됐는데 당시에는 이게 문제되지 않았던 모양이다. 그는 제사장 직과 관련해서 훗날 사울과 심각한 갈등을 벌였지만(사무엘상 13장) 설화자는 그를 한 번도 '제사장'이라고 부르지 않았다. 설화자는 그를 '사사'라고 부른 적도 없다. 사무엘은 '선견자'로도 불렸다. 사울과 그의 종이 나귀를 찾지 못해 낭패했을 때 종이 사무엘을 찾아가자고 제안하는데 이때 그는 '선견자'로 불린다(9:9). 또한 사무엘은 '예언자'로 지칭된다(3:20). 단에서 브엘세바에 이르기까지 온 이스라엘이 사무엘을 '예언자'로 알게 됐다는 거다.

사무엘이 맡았던 직책들 중 가장 불분명했던 것은 '사사' 직책이었다. 그는 한 번도 '사사'로 불린 적이 없을 뿐 아니라 전쟁을 이끈 적도 없었지만 그와 함께 '사사시대'가 저물고 새 시대가 열렸음을 잘 보여준 것이 야훼의 언약궤의 행보다.

———— 레온하르트 로스트(Leonhard Rost)는 언약궤가 주인공 역할을 하는 사무엘상 4장 1b절부터 7장 1절, 그리고 사무엘하 6장을 '언약궤 설화'(the Ark Narrative)라고 부르며 독립된 문학단위로 봤다. 그는 이 설화는 실로 제의의 상징인 궤가 결국 예루살렘에 자리잡음으로써 예루살렘 제의의 정당성을 부여하기 위해 쓰였다고 주장했다(L. Rost, *The Succession to the Throne of David*, 33-34쪽).

사무엘이 사사로 활동을 시작했을 때 블레셋이 이스라엘을 치려고 아벡에 진을 쳤다. 이스라엘도 이에 맞서 에벤에셀에 진을 쳤다. 설화자는 왜 블레셋이 전쟁을 하러 몰려들었는지 이유를 설명하지 않는다. 그래서인지 구약성서의 그리스어 번역본인 『칠십인 역』(*The Septuagint*)은 "그 무렵에 블레셋 사람들이 이스라엘을 치려고 모여들었다"는 구절을 삽입했다. 『새번역 성서』는 『칠십인 역』의 구절을 추가했다. 영어 성서 중에서 *Revised Standard Version*은 이 구절을 추가하지 않았지만 *New Revised Standard Version*은 추가했다.

———— 블레셋은 사사기에도 여러 번 등장하는 이스라엘의 숙적 중의 숙적이다. 가나안 땅에는 이들 외에도 이스라엘이 싸워야 했던 종족이 여럿 있

었지만 그 중 블레셋은 '철천지원수'라고 부를 만했다. 그만큼 여러 번 공방을 벌였고 승패를 나눠가졌다.

블레셋은 기원전 13세기 또는 12세기 경에 지중해 크레데와 에게 해 남쪽에서부터 가나안 지역으로 들어온 종족으로서 아스돗, 아스켈론, 가자, 에크론, 가드 등 다섯 도시가 주요 거점이었다. 이들은 이집트로 진출하려 했지만 실패하자 가나안 땅으로 밀려들어왔다고 보인다. 이들이 가나안으로 들어왔던 시기에 이스라엘은 요단강 동쪽에서 가나안으로 들어왔으니 두 종족이 땅을 두고 싸울 운명이었다. 이들은 청동기를 사용하던 가나안 종족들과는 달리 철기를 사용했고 병거(chariot)를 능숙하게 사용했으므로 전쟁에서 유리한 위치를 점할 수 있었다. 이들에 대한 정보는 구약성서 외에도 단편적으로나마 이집트, 앗시리아, 바빌로니아의 문서들에도 남아 있다. 블레셋의 기원과 역사에 대해서는 성서사전들에 실린 논문이 좋은 참고자료다. 필자는 데이비드 노엘 프리드먼(David Noel Freedman)이 책임편집자인 *Eerdmans Dictionary of the Bible*, 1050-1051쪽과 동일인물이 책임 편집한 *The Anchor Bible Dictionary* 제5권 326-328쪽을 참조했다.

양자 간의 전투에서 이스라엘이 패해서 4,000명이 죽임을 당했다. 이스라엘은 야훼가 그들을 패하게 했다는 진단을 내렸고 이에 따라 언약궤를 전투에 갖고 나가기로 했다. 엘리의 말썽꾸러기 두 아들 홉니와 비느하스도 따라왔다. 언약궤를 운반하려면 제사장이 있어야 했기에 이들의 동행은 필수적이었지만 이들을 죽이려던 야훼의 계획이 실현될 기회가 만들어진 것이다. 언약궤는 야훼를 분노하게 만든 당사자의 책임 호위 하에 전쟁터로 운반됐다.

일그러진 영웅 vs 만들어진 영웅

궤가 진중에 들어왔을 때 이스라엘인들은 벌써 승리했다는 듯이 환호성을 올렸단다. 블레셋 사람들도 이를 듣고 "이제 우리에게 화가 미쳤다……. 누가 저 강력한 신의 손에서 우리를 건질 수가 있겠느냐? 그 신들은 광야에서 온갖 재앙으로 이집트 사람을 쳐서 죽게 한 신들이다"라며 두려워했다니(4:7) 궤의 명성이 그들에게까지 알려졌던 모양이다.

─────── '언약궤'(the Ark of the Covenant)는 아카시아 나무로 만든 가로, 세로, 높이가 각각 약 114cm, 69cm, 69cm의 직사면체 모양의 상자로 '하느님의 궤'(the Ark of God)나 '야훼의 궤'(the Ark of YHWH), 또는 '증거궤'(the Ark of Testimony) 등으로 불렸다. 정식 이름은 '그룹들 사이에 앉아 계시는 만군의 야훼의 언약궤'(the ark of the covenant of YHWH of hosts, who is enthroned on the cherubim 4:4)였다고 추측된다. 안에는 싹이 난 아론의 지팡이와 만나, 그리고 십계명이 새겨진 돌판이 들어 있었다. 궤는 야훼의 보좌나 발등상(footstool)이었다고 여겨졌는데 야훼 현존(presence)의 상징으로서 야훼와 동일시되기도 했다. 궤를 전쟁터에 갖고 가자는 주장은 '궤의 노래'(Song of the Ark 민수기 10:35-36)가 배후일 수 있다("야훼님, 일어나십시오. 야훼의 원수들을 흩으십시오. 야훼님을 미워하는 자들을 야훼님 앞에서 쫓으십시오"[35절]). 하지만 이스라엘이 궤의 마술적인 힘을 믿었는지 여부에 대해서는 학자들 간에 논란이 있다.

야훼의 궤로도 블레셋의 전투력을 당할 수 없었는지 이스라엘은 이번에도 패하여 홉니와 비느하스를 포함하여 보병 삼만 명이 죽었고 언약궤도 빼앗기고 말았다. 이스라엘에 승리를 가져올 것으로 믿었던 '성물'이 적군에게 탈취 당하고 만 것이다. 엘리는 길가에 나와 이제나 저제나 소식을 기다리다가 아들들이 죽고 궤도 빼앗겼다는 소식을 듣고는 그만 의자에서 뒤로 넘어져 목이 부러져 죽고 말았다. 40년 동안 제사장 겸 사사로 이스라엘을 다스렸던 엘리가 생을 마감한 것이다.

———— 로버트 폴진(Robert Polzin)은 엘리의 죽음에 대해 이렇게 썼다. "만일 (사무엘상) 1-7장이 전제 군주제 역사의 서론 격이라면 4장 18절에 나오는 엘리가 의자에서 뒤로 넘어져서 죽은 이야기는 서론의 중심적인 사건으로 왕권에 대한 신명기사가의 견해를 한 마디로 보여준 사건이다. 엘리는 왕권이 이스라엘에 가져온 온갖 짐과 불행한 운명을 보여준다. 그는 40년 동안 이스라엘을 '다스렸다.' 다시 말해서 (40년이라는) 시간이 꽉 차면 왕권은 이스라엘에서 사라질 것이다"(Robert Polzin, *Samuel and the Deuteronomist*, 64쪽).

이야기는 여기서 끝나지 않는다. 엘리의 며느리이며 비느하스의 아내는 이때 임신 중이었는데 궤를 빼앗겼고 시아버지와 남편이 죽었다는 소식을 듣고 갑자기 진통하더니 아기를 낳았다. 그녀는 아기 이름을 '이가봇'이라 지어 주고 "이스라엘에서 영광이 떠났다"라는 말을 유언처럼 남기고 숨을 거뒀다(4:21). 설화자는 그녀의 입을 통해서 그때 이스라엘이 당한 패배의 의미를 그렇게 서술한 것이다. 야훼의 영광이 이스라엘을 떠났다는 선언이 이름이 남아 있지 않은 여인의 입에서 나왔다. 그녀는 숨을 거두는 순간 하느님의 계시를 받은 예언자였을까.

───── 이스라엘은 왜 블레셋과의 전쟁에서 패했을까? 설화자는 결정적인 요인이 야훼에게 있다고 말한다(4:3). 하지만 이스라엘이 패할 수밖에 없었던 현실적인 이유들도 있었다. 블레셋은 쇠로 만든 무기를 사용했다. 이스라엘이 어떤 무기를 사용했는지는 확실치 않지만 철기가 아닌 것 만은 분명하므로 이들은 애초에 블레셋의 상대가 되지 않았다. 또 다른 요인은 이스라엘 군인은 직업군인이 아니라 '민병대'였던 데도 있다. 평소에는 각자의 직업에 종사하다가 전쟁이 벌어지면 급히 소집됐던 것이다.

이스라엘은 언약궤를 갖고 나가서 전투를 벌였지만 언약궤 없이 싸웠을 때보다 더 크게 졌고 더 많은 사상자를 냈다. 정말 '하느님의 영광'이 이스라엘을 떠난 걸까? '하느님의 영광'은 곧 하느님을 가리키므로 이는 하느님이 이스라엘을 버렸다는 이야기가 된다. 첫 패배가 언약궤가 없었기 때문이라면 궤를 대동하고 치른 두 번째 전쟁의 패배의 원인은 어디서 찾아야 할까? 야훼가 힘을 잃었기 때문일까? 야훼가 궤에 현존하기를 그쳤을까? 이유가 무엇이든 이스라엘에 대해 야훼가 불만을 가졌기에 적의 편을 들었을까? 설화자는 두 번째 전쟁에서 왜 그들이 패배했는지에 대해 말하지 않는다.

블레셋 사람들은 궤를 전리품 삼아 아스돗의 다곤 신전으로 가져가서 다곤 신상 옆에 세워뒀다. 고대 중동에서는 전쟁에 승리한 쪽이 패한 쪽의 신상을 가져다가 자기 신전에 전리품처럼 전시하는 게 관습이었다. 그런데 다음날 다곤 신상이 궤 앞에 엎어져 있었다. 처음에는 우연이라고 생각해서 신상을 세워서 제자리에 다시 갖다 놨다는데 다음날에도 같은 일이 벌어졌다는 거다. 이번에는 신상이 그냥 엎어져 있는 정도가 아니라 신상의 머리와 두 팔목이 부러져서 문지방 위에 나뒹굴고 있더란다. 게다가 아스돗 사람들에게 악성 종양이 시달리게 되자 그들은 이 일들을 야훼가 했다고 깨닫고 궤의 처리방안을 논의하기 시작했다.

──── 학자들은 다곤 신상의 '머리'와 '팔목'이 부서진 걸 두고 '사고력'과 '힘'의 상실을 상징한다고 해석한다. 그것들이 문지방을 향해 있었다는 것은 다곤이 야훼에게 공격을 당해서 도망치거나 도움을 청하다가 문지방을 넘지 못하고 숨을 거뒀음을 보여준다고도 해석한다. 필자는 '팔목'은 그렇다고 쳐도 '머리'가 부서진 걸 '사고력'의 상실로 보는 것은 맞지 않다고 생각한다. 고대 이스라엘과 인근 종족들은 '사고력'의 자리는 '머리'가 아니라 '심장'(heart)이라고 믿었기 때문이다(다곤 신상에 대한 상세한 설명은 Tony Cartledge, 1&2 Samuel, 82-82쪽을 참조할 수 있다).

그들은 궤를 옮기기로 결정했다. 그들은 궤를 가드로 옮겼지만 야훼는 거기도 같은 재앙을 내렸고 다시 에글론으로 옮겼지만 그곳 주민들은 자기들을 죽이려 하느냐며 펄쩍 뛰었단다. 이에 블레셋 통치자들은 제사장들과 점쟁이들을 불러 놓고 궤를 어떻게 돌려보내야 하느냐고 물었더니 그들은 빈손으로 돌려보내지 말고 '속건제물'(guilt offering)로 통치자들의 숫자대로 금으로 만든 악성 종양 모양 다섯 개와 금으로 만든 쥐 모양 다섯 개를 바쳐야 한다고 조언했다. 이 조언은 자연스럽게 히브리 노예들이 이집트를 탈출했을 때 이집트인들이 겪었던 재앙을 떠올린다. 이에 통치자들은 이들의 조언대로 행했다. 만일 소들이 궤가 본래 있던 곳인 벳세메스로 가면 재앙은 야훼에게서 비롯된 것이고 다른 곳으로 가면 우연이라고 믿기도 했다니 이들은 끝내 자기들이 당한 재앙이 어디서 비롯됐는지 확신하지 않았나 보다(6:9). 소들은 오른쪽으로도 왼쪽으로도 벗어나지 않고 울음소리를 내면서 벳세메스 쪽으로 똑바로 갔다고 했다(6:12). 블레셋의 통치자들은 벳세메스 사람들이 궤를 보고는 기뻐서 궤를 싣고 온 암소들을 번제물로 야훼께 바치는 걸 보고 나서 에그론으로 돌아갔다(6:16).

이렇게 끝났다면 해피엔딩이었을 텐데 그만 비극적인 사건이 터졌다. 벳세메스 사람들이 궤 속을 들여다보아서 야훼가 오만 칠십 명을 죽인 일이 일어났다(6:19). 이에 주민들은 슬피 울면서 "이렇게 거룩하신 야훼 하느님을 누가 감히 모실 수 있겠는가?"라며 궤를 어디로 보낼까를 고민한 끝에 기럇여아림으로 보냈다(6:20-21).

───── 사람들이 궤 속을 들여다봤다고 해서 야훼가 오만 칠십 명을 죽였다는 이야기를 읽고 불편하지 않은 사람은 없을 터이다. 그 정도 일 때문에 수만 명을 죽이는 야훼라는 신은 얼마나 무자비하고 잔인한 신이란 말인가. 이 이야기는 궤가 '이스라엘에게도' 위험한 물건이 됐음을 보여준다. 전에는 야훼의 궤가 자기들을 보호해주고 안전하게 지켜주는 '성물'이었지만 이제부터는 그렇지 않다는 것이다. 이 에피소드는 자칫하면 이스라엘 사람들도 참변당할 수 있음을 보여준다. 그렇다고 해서 이런 식으로 사람들을 대량으로 죽이는 야훼가 쉽게 이해되지는 않지만 말이다(이 주제에 대해서는 Walter Brueggeman, *First and Second Samuel*, 43쪽을 참조할 만하다).

궤를 블레셋에 빼앗긴 사건은 역설적으로 야훼가 여전히 궤에 현존함을 보여줬다. 궤로 인해 블레셋 사람들은 극심한 때가 됐다. 궤를 갖고 나가지 않은 전투에서 블레셋에게 패한 이스라엘은 그 원인을 야훼가 친히 참전하지 않았기 때문이라고 봤다. 그래서 다음에 궤를 갖고 나가면 야훼가 어떻게 든 참전해서 승리하리라고 믿었다. 하지만 이 예상은 빗나가 이스라엘은 또 패했다. 궤가 전쟁터에 도착하자 이스라엘은 환호했고 블레셋은 패닉에 빠졌음에도 불구하고 말이다. 이스라엘은 혼란에 빠질 수밖에 없었다. 그들은 자기들의 패배가 야훼와 무관하다고 믿지는 않았다. 그렇다면 야훼가 자기들을 버렸거나 다곤 신보다 약하거나, 둘 중 하나일 수밖에 없다. 설화자는 그들이 둘 중에 어떤 결론에 도달했는지는 말하지 않는다.

이스라엘과 블레셋은 모두 야훼가 다곤 신에게 패했다고 생각했지만 사실은 그렇지 않았다. 궤가 다곤 신전에서 벌인 일들은 야훼가 여전히 궤에 현존했음을 보여준다. 또 궤가 결국 이스라엘로 돌아왔다는 것은 야훼가 이스라엘을 버리지 않았음을 보여준다. 야훼는 다곤 신상을 망가뜨림으로써 다곤보다 강함을 입증했다. 그렇다면 결론은 어떤 이유로든지 야훼는 이스라엘의 패배를 '허락'했다고 볼 수밖에 없다. 그 이유가 무엇일까?

설화자가 앞에서 엘리 아들들의 패악을 그토록 상세히 서술한 이유가 여기에 있다. 야훼를 모르는 주제에 제사를 관장했고 제물을 업신여긴 홉니와 비느하스로 인해 엘리 집안이 징벌을 받았던 것이다. 현대인의 눈으로 보면 말이 안 되는 해석이다. 엘리 집안의 패악 때문에 이스라엘 전체가 고통당했다는 생각은 현대인에게 매우 낯설다. 하지만 설화자가 굳이 그런 두 사람이 야훼의 궤를 호위해서 전쟁터에 왔다고 서술한 이유는 두 사람과 패전을 관련시키려 했기 때문이라고 볼 수 있지 않을까. 이들의 패악을 엘리와 백성들이 저지하지 않았다는 데서 그들의 책임을 물을 여지도 있다. 이는 훗날 사무엘의 아들들이 저지른 비슷한 패악에 대해 백성들이 사무엘에게 항의했던 것(8:1-5)과도 대조된다. 현대인은 수긍하기 어려운 주장이지만 설화자에게는 그렇지 않았을 것이다.

설화자는 궤가 블레셋 땅으로 '유배'를 갔지만 그 위력이 여전함을 보여준다. 설화자의 관심은 궤에 현존하는 야훼 자신이다. 전투에서의 승리는 궤라는 물건이 현장에 존재하는지 여부가 아니라 야훼의 의지에 달려 있다. 이는 이어지는 사울-다윗 이야기에도 마찬가지다. 사울과 다윗 중에 누가 더 나은지, 누가 옳은지에 대해 설화자는 '야훼의 영'이 누구와 함께 했는지를 갖고 판단한다. 이것이 신명기역사가의 관점인데 이 점이 궤 이야기에도 그대로 나타나 있다.

벳세메스 사람들의 비극을 보고 누군들 궤를 모시고 싶었겠냐마는 기럇여아림 사람들은 궤를 가져다가 아비나답의 집에 모셔놓고 그의 아들 엘리아살로 하여금 궤를 돌보게 했다(7:1). 아비나답이 궤를 얼마 동안 모시려 했는지는 모르지만 그게 20년이 될 줄은 몰랐을 거다. 다윗이 예루살렘으로 궤를 옮기기까지(사무엘하 6:1-5) 20년이나 아비나답의 집에 있었다(7:2).

이로써 '언약궤 설화'는 일단 마무리되고 설화자는 독자의 관심을 사무엘에게로 이끈다. 그는 "이스라엘의 온 족속은 야훼를 따라서 탄식하였다"라는 말로 이야기를 전환한다(7:2).

───『새번역 성서』는 이 구절을 "이스라엘의 온 족속은 주님을 사모하였다"라고 번역했다. 『개정개역』 성서도 똑같이 번역했고 『공동번역 성서』는 "야훼께로 마음을 돌렸다"라고 번역했다. 하지만 원문에는 "이스라엘의 온 족속은 야훼를 따라서 탄식하였다"로 적혀 있다. 영어성서도 대부분 "all the house of Israel lamented after YHWH"라고 옮겼다. 『칠십인 역』은 '야훼를 따라서 탄식하다'라는 표현이 오직 여기만 나오므로 "이스라엘이 야훼를 따라 돌아섰다"(Israel turned after YHWH)라고 번역했는데 이는 이스라엘이 회개했다는 이야기가 이어지기 때문이라고 추측된다. 히브리 원문을 수정할 필요는 없어 보인다. 바로 앞에서 기럇여아림 사람들이 궤를 들여다봤기에 엄청난 재난을 겪었으니 그들이 탄식하는 것도 이상하지 않기 때문이다. 다만 '야훼를 따라서'라는 표현이 어색하긴 하다.

이들이 탄식하자 사무엘은 이스라엘 온 족속에게 '온전한 마음'(with your whole heart)으로 '야훼께 돌아오라'(return to YHWH)고 말하고 구체적으로는 이방신들을 없애고 야훼에게만 마음을 두고 그분만 섬기라고 권고한다. '만일'(if) 그렇게 하면 야훼가 그들을 블레셋의 손에서 구해줄 거라고 했다. 이스라엘 백성들은 그의 말을 듣고 바알과 아스다롯 신상들을 없애고 야훼만 섬겼다. 그러자 사무엘은 이스라엘 사람들을 미스바로 모아놓고 속죄의식을 거행했다.

───── 설화자는 이스라엘 백성들이 바알과 아스다롯을 따랐다고 전제한다. 바알은 가나안과 페니키아 만신전(pantheon)에서 으뜸인 신으로 날씨와 땅의 풍요로움을 관장하는 신이었고 아스다롯은 바알의 반려자로 사랑과 전쟁, 그리고 다산을 관장하는 여신이었다.

블레셋 사람들은 이스라엘이 미스바에 모였다는 소식을 듣고 그들을 공격하러 올라갔다. 예상치 않은 사태가 벌어진 것이다. 과거에 블레셋에 패해서 언약궤까지 뺏기지 않았던가. 그래서 그들은 야훼가 구원해줄 것을 쉬지 말고 빌어달라고 사무엘에게 애원했고 이에 사무엘이 야훼께 부르짖으니 야훼는 그의 기도를 들어 주었다. 그동안 블레셋이 싸우려고 다가왔지만 야훼가 천둥소리를 일으켜 그들을 당황하게 만들었으므로 이스라엘은 그들을 물리칠 수 있었다. 그 후로는 야훼가 블레셋을 막아줘서 사무엘 생전에 다시는 그들이 이스라엘 영토 안으로 들어오지 않았단다. 그러나 이는 사실과 다르다. 그 후에도 두 종족은 전쟁을 벌였으니 말이다(사무엘상 13장). 설화자는 사무엘이 살아 있는 동안 고향 라마에 살면서 해마다 베델과 길갈과 미스바 지역을 순회하면서 주민들의 분쟁을 중재하며 이스라엘을 다스렸다는 말로 이 대목을 마무리한다(7:15-16).

궤가 기럇여아림에 머물러 있는 20년 동안 사무엘은 어엿한 이스라엘의 지도자가 됐다. 백성들을 향한 사무엘의 권고 중에서 '온전한 마음'으로 '야훼께 돌아오라'거나 '이방신들을 떠나' '야훼에게만 마음을 두고 그분만 섬기라'는 말들이 있다. 이는 전형적인 신명기적 표현이다. 그렇게 하면 야훼가 외적으로부터 백성들을 구원해줄 거라는 주장 역시 전형적인 신명기적 표현이다. 여기에는 사울-다윗 이야기에도 해당되는 설화자의 신학이 담겨 있다. 사울과 다윗을 포함해서 모든 사람들을 이런 기준으로 평가하겠다고 선언한 셈이다. 외적과의 전쟁에서 이기는 길은 좋은 무기와 전략전술이 아니라 다른 신들을 섬기지 말고 오직 야훼만 믿고 그의 계명을 따르는 것이란 이야기다. 하지만 정말 설화자가 이 기준으로 모든 인물들을 평가했는지는 의문이다. 엄격한 기준을 적용한 경우도 있지만 그렇지 않은 경우도 있기 때문이다. 구체적인 이야기는 각 인물을 다룰 때 하기로 한다.

이스라엘이 회개하고 야훼께 제사를 바치자 블레셋도 거뜬히 물리쳤다. 블레셋은 이스라엘 백성들이 미스바에 모였음을 알고 전격적으로 공격했으나 이번에는 궤를 갖고 가지도 않았지만 야훼가 직접 블레셋을 물리쳤다. 이스라엘은 도망치는 블레셋을 따라가며 죽이기만 하면 됐다. 전쟁의 승패는 사람에게 달려있지 않음이 강조되는 대목이다.

마지막으로 이 이야기가 왜 여기에 있는지가 궁금하다. 이 이야기로 말하고 싶었던 것이 무엇일까? 이 이야기의 역할과 의미는 무엇일까? 사무엘상 6장은 언약궤가 블레셋에서 돌아온 이야기를 전한다. 환호할 일이지만 비극적인 사건도 벌어졌다. 사무엘상 8장은 이스라엘 장로들이 사무엘에게 와서 왕을 요구하는 이야기를 전한다. 사무엘은 이 요구에 적극적으로 반대한다. 사무엘처럼 적극적이지는 않지만 설화자도 대체로 반대하는 입장이다(이에 대해서는 나중에 상세히 살펴보겠다). 장로들은 사무엘은 늙었고 그의 아들들이 사사 노릇을 제대로 못하고 있고, 현 체제로는 외적의 침입을 효과적으로 막지 못한다는 두 가지 이유를 들어 왕을 요구했다.

사무엘상 7장은 궤 이야기와 군주제의 도입 이야기를 잇는 다리 역할을 하고 있다. 군주제에 대한 설화자의 입장이 반대인 것은 백성들이 사무엘의 권고대로 회개하고 야훼만 믿기로 작정했기에 블레셋 군대를 물리쳤다는 서술에서 엿볼 수 있다. 백성들이 이방신들을 버리고 온 마음으로 야훼를 따른다면 이방 종족들이나 필요한 왕이 필요할 까닭이 없다는 것이다. 어차피 전쟁은 사람이 아니라 야훼가 하는 것이므로 전쟁지도자로서의 왕도 필요없다는 설화자의 생각을 사무엘상 7장에 나오는 블레셋을 격퇴한 이야기의 의미이고 역할이다.

하지만 상황은 설화자 생각대로 전개되지 않았다. 이스라엘의 장로들이 백성들을 대표해서 사무엘에게 와서 왕을 세워달라고 강력하게 요구했으니 말이다. 이로써 설화자는 사울을 무대 위로 불러낸다.

사울은 이스라엘의 첫 왕이었다. 그는 왕이 되기를 원하지 않았지만 야훼의 선택을 받아 왕이 됐다. 그에게 왕의 상징인 기름을 부은 자는 사무엘이었다. 이행기가 그렇듯이 그는 다양한 정치세력의 갈등 가운데 놓였다. 특히 야훼만이 유일한 왕이라는 야훼 유일주의 이데올로기를 등에 업은 사무엘과의 권력투쟁을 피할 수 없었다. 그는 야훼에게 버림받았다는 통보를 사무엘에게 받았다. 이스라엘의 첫 왕으로서 역사적 선례도 없었고 왕좌를 원치도 않았던 사울이 이런 상황 속에서 무엇을 할 수 있었을까? 야훼에게 버림받았으니 조용히 왕좌에서 내려와 낙향해야 했을까? 처음에는 원치 않았을지라도 일단 권력의 맛을 본 후에는 쉽게 내려놓을 수 없었을까? 야훼에게 버림받고 그를 등에 업은 사무엘과 대립, 갈등하는 상황에서 그는 무엇에 기반을 두고 어떻게 이스라엘을 통치했을까?

1장

우리에게 왕을 주시오!

1

사무엘상 8장은 사무엘이 늙었다는 이야기로 시작한다. 사무엘상 7장
의 때로부터 세월이 많이 흘렀다는 이야기다. 사무엘은 자기 아들 요
엘과 아비야를 브엘세바의 사사로 세웠다. 브엘세바는 이스라엘 남쪽
끝에 위치해 있어 사무엘이 주로 순회하던 지역과 상당히 떨어져 있는
곳이다. 그런데 요엘과 아비야는 아버지와는 달리 뇌물을 받고 부정
하게 재판을 했다고 한다. 이스라엘 장로들이 이를 가만 뒀을 리 없다.
이들은 라마로 달려가 사무엘에게 이렇게 말했다.

> 보십시오, 어른께서는 늙으셨고 아드님들은 어른께서 걸어오신 그 길을
> 따라 살지 않습니다. 그러므로 이제 모든 이방 나라들처럼 우리에게 왕
> 을 세워 주셔서 왕이 우리를 다스리게 하여 주십시오(8:5).

일그러진 영웅 vs 만들어진 영웅

엘리의 아들들처럼 사무엘의 아들들도 아버지만 못했다. 장로들이 이를 비난했지만 사무엘은 그보다 '왕을 세워 다스리게 해 달라는' 요구에 더 마음이 상해서 야훼께 기도했다. 그런데 야훼는 놀랍게도 이렇게 대답했다.

백성이 너에게 한 말을 다 들어 주어라. 그들이 너를 버린 것이 아니라 나를 버려서 자기들의 왕이 되지 못하게 한 것이다(8:7).

야훼는 의외로 백성들의 요구를 들어주라고 했다. 백성들이 왕을 요구하는 것은 사무엘이 아니라 야훼 자신을 왕으로 인정하지 않겠다는 의미라고 친절하게 설명까지 붙여서 말이다. 그런데도 왕을 달라는 요구를 들어주라는 것은 누구도 이해하기 어려운 반응이다. 야훼는 출애굽 이후 이스라엘의 역사를 '배교의 역사'로 정의한다. 그들은 이집트를 탈출한 날부터 줄곧 야훼를 버리고 다른 신들을 섬겨왔다는 것이다. 따라서 지금 그들의 요구도 놀랄 일이 아니란 듯이 말한다.

그 다음에 야훼는 사무엘에게 왕이 어떤 권한을 가질지 일러주라고 명령한다. 이에 사무엘은 백성들에게 왕이 누릴 권한을 구체적으로 상세하게 설명하는데 요약하면 남자들을 군인으로 징집하는 일, 군대지도자로 세우고 왕의 농사도 짓게 하고 무기를 만들게 하는 일, 여자들을 데려다 가사 일을 시키는 일, 곡식과 포도, 올리브를 징발하거나 그것들의 십일조를 징수하는 일, 종들을 데려다가 왕의 일을 시키는 일, 양떼의 십일조를 징수하는 일 등등이다(8:11-17).

사무엘은 게다가 왕 때문에 백성들이 야훼에게 울부짖어도 응답하지 않을 거라고 강조했지만 백성들은 거기 귀 기울이지 않고 왕이 있어야겠다면서 "우리도 모든 이방 나라들처럼 우리의 왕이 우리를 다스리며 그 왕이 우리를 이끌고 나가서 전쟁에서 싸워야 할 것입니다"라며 고집을 부렸다(8:20). 사무엘이 그 말을 다 듣고 야훼에게 전했는데 야훼는 여전히 백성들 말대로 왕을 세워주라고 했다. 이에 사무엘은 더 이상 어쩔 수 없었는지 백성들을 각각 자기 성읍으로 돌려보냈다.

아버지가 훌륭하다고 해서 아들도 그렇다는 법은 없나보다. 엘리의 아들들도 아버지를 따라가지 않더니 사무엘의 아들들 역시 못된 짓을 저질렀다. 차이라면 전자는 야훼께 바치는 제물에 대해서는 안 될 짓을 했고 후자는 뇌물을 받고 부정하게 판결한 범죄를 저지른 정도의 차이다.

───── 유다 왕 계보를 보면 선군과 폭군이 번갈아 나타난다. 선왕이던 요담의 아들 아하스는 나쁜 왕이었고 그 아들 히스기야는 유다 역사에 길이 남을 훌륭한 왕이었다. 하지만 히스기야의 아들 므낫세는 신명기사가에 의하면 최악의 왕이었다. 예나 지금이나 부모 마음대로 안 되는 게 자식인 모양이다.

중요한 점은 사무엘이 자기 아들들을 사사로 세웠다는 사실인데 여기에 주목하는 학자가 별로 없다. 사무엘은 자기 직책을 아들들에게 물려줬다. '세습'을 한 것이다. 그때까지 이스라엘에서 세습직책은 제사장밖에 없었다. 그런데 사무엘은 사사 직을 세습했다. 아버지의 사사 직을 아들이 물려받을 뻔한 경우는 사사기 9장에 나오는 기드온과 그의 아들 아비멜렉('나의 아버지는 왕'이라는 뜻이다)이 유일하다. 하지만 이 경우는 기드온이 의지를 갖고 사사 직을 물려준 게 아니라 아비멜렉이 스스로 왕이 되려 했던 경우이므로 엄밀한 의미에서 '세습'이라고 할 수는 없다. 기드온은 왕이 되어 달라는 백성들의 요구를 거부했다. 따라서 사무엘은 이스라엘 역사에서 제사장 이외의 직책을 처음으로 세습한 셈이다. 그는 왜, 무엇을 근거로 이렇게 했을까? 구약성서에서는 근거를 찾을 수 없으니 그는 유례없는 행위를 한 셈이다. 이것을 야훼와 백성들은 어떻게 봤는지 궁금하다. 설화자는 이에 대해 아무런 문제도 제기하지 않는다.

장로들이 처음에 왕을 요구한 것은 사무엘의 아들들이 불법을 저지르기 때문이었다("보십시오, 어른께서는 늙으셨고 아드님들은 어른께서 걸어오신 그 길을 따라 살지 않습니다. 그러므로 이제 모든 이방나라들처럼 우리에게 왕을 세워 주셔서 왕이 우리를 다스리게 하여 주십시오"[8:5]). 사무엘의 아들들이 사사로서 자격이 없다면 다른 사람을 세우면 되지 않은가? 사사 직은 세습직책이 아니므로 반드시 사무엘의 아들들을 세워야 하는 것은 아니지 않나 말이다. 다른 사람을 사사로 세우면 그뿐인데 왜 굳이 왕을 요구했을까? 사무엘도 사사 직을 세습한 것이 아닌데 말이다.

따라서 장로들이 왕을 세워달라고 요구한 데는 사무엘 아들들의 부적격 이외에 다른 이유가 있다고 보는 것이 타당하다. 이들은 나중에 백성들을 이끌고 전쟁에 나갈 사람으로서 왕이 필요하다고 말했다("우리도 모든 이방나라들처럼 우리의 왕이 우리를 다스리며 그 왕이 우리를 이끌고 나가서 전쟁에서 싸워야 할 것입니다"[8:20]). 앞서 든 것과는 전혀 다른 이유다. 왕은 사무엘의 아들들의 부적격이어서 필요했을까, 아니면 전쟁지도자로서 필요했을까? 아니면 둘 다였을까?

전쟁지도자는 사사의 주된 역할이었다. 대부분의 사사들은 백성들을 이끌고 외적과 싸웠다. 하지만 사무엘은 그런 적이 없었다. 사무엘상 7장의 블레셋과의 전투에도 그는 참전하지 않았다. 장로들이 왕을 요구한 것은 전쟁지도자도 아니었던 사무엘이 그 직책을 역시 전쟁지도자 자격이 없는 아들들에게 세습했던 것이 못마땅했기 때문일까?

왜 사무엘은 왕을 달라는 요구에 불쾌해 했는지도 궁금하다. 그가 왕을 요구하는 장로들의 말에 '마음이 상해서' 야훼에게 기도했다(8:6). 그는 왜 마음이 상했을까? 자기가 백성들에게 버림을 받았다고 여겼기 때문일까? 하지만 야훼는 백성이 사무엘이 아니라 자신을 버렸다고 말하지 않았나. 설화자는 왕을 달라는 요구에 대해서 야훼와 사무엘은 모두 반대하는 입장을 가졌다고 서술한다. 결국 야훼는 그 청을 들어줬지만 찬성했기 때문은 아니었다. 사무엘도 야훼의 뜻대로 백성들의 요구를 들어줬지만 흔쾌히 하지는 않았다. 야훼의 명령이니까 거역할 수 없어 행했을 뿐이다. 싫든 좋든 예언자로서 그는 야훼의 명령에 복종하지 않을 수 없었다.

하지만 백성들이 사무엘이 아니라 야훼를 버렸기 때문에 역설적으로 사무엘에게는 정치적 역할을 할 여지가 남아 있었다. 그는 사울과 다윗을 왕으로 세우는 과정에서 중요한 역할을 했고 사울을 왕좌에서 끌어내리는 데도 결정적인 역할을 했다. 이 일들은 백성들이 그를 정치적으로 중요한 인물로 여겼기에 가능했다. 그는 사사시대에서 군주시대로 이행하는 시기에 가장 중요한 정치적 인물이었던 것이다.

일그러진 영웅 vs 만들어진 영웅

2

사사시대에서 군주시대로 넘어가는 과도기는 복잡하고 다양한 세력들이 갈등하고 충돌했던 시대다. 어느 사회나 과도기가 그렇듯이 이스라엘에서도 옛 체제를 고수하려는 세력과 새로운 체제를 세우려는 세력이 치열하게 다툼을 벌였다. 장로들이 왕을 요구한 이유가 사무엘의 아들들의 패악과 군사 지도자의 필요성 때문이라고 서술됐지만 실제 과도기는 그보다 더 복잡했을 것이다.

고고학과 인류학의 도움을 받아 이스라엘 역사를 사회학적으로 연구하는 학자들은 인구팽창과 철기사용 및 기술발달로 인한 생산의 증가와 그에 따른 잉여생산물의 축적 등을 군주제 등장의 가장 큰 요인으로 꼽는다. 설화자의 서술에서는 이런 요인들을 볼 수 없지만 말이다. 설화자는 이스라엘의 역사를 신학적인 눈으로 바라보기 때문에 이런 요소들을 매우 소홀히 취급한다. 대신 출애굽 이후 이스라엘 역사를 야훼를 버리고 다른 신들을 섬긴 역사로 이해하고 인간 왕을 달라는 요구도 야훼를 왕으로 인정하지 않는 것으로 해석하고 있다.

그럼에도 불구하고 왜 야훼는 장로들의 요구를 들어줬을까? 자신을 왕으로 인정하지 않겠다는데 왜 야훼는 인간 왕을 허락했는가 말이다. 자신은 버림받더라도 백성들만 행복하면 그만이라는 게 야훼의 심정이었을까? 만사를 무릅쓰고 왕을 세우고 말겠다는 백성들의 의지를 꺾을 수 없다고 판단했기 때문일까? 당시 상황을 고려하면 왕을 세우는 것이 역사의 순리라고 여겼을까?

구약성서에는 왕에 대해 이와는 다른 시각도 존재한다. 사사기

17-21장은 그 시대에는 '왕이 없어서'(!) 백성들이 제멋대로 살인을 저질렀고 혈육 간에 다툼이 벌어졌고 전쟁을 벌였으며 하느님을 섬기는 제사도 엉망이 되어버렸다고 서술한다. 왕이 있었더라면 그런 악행들이 저질러지지 않았을 것이란 뜻이니 왕을 긍정적으로 보는 게 확실하다. 그 이전에 하느님은 아브라함에게 "내가 너를 크게 번성하게 하겠다. 너에게서 여러 민족이 나오고 너에게서 왕들도 나올 것이다"라고 축복한 적이 있다(창세기 17:6). 이에 따르면 왕을 달라는 요구는 하느님을 버리는 것이 아니라 하느님이 약속한 축복을 달라는 요구다. 이런 사실을 감안하면 왕을 달라는 요구를 야훼가 받아들인 이유가 이해되기도 한다.

사무엘은 왕을 달라는 장로들의 요구를 야훼와는 다른 각도로 바라봤을 수 있다. 그때까지는 야훼가 왕이고 자신은 왕의 대리자로서 야훼와 백성들 사이에서 양자의 의사를 전달하고 중재하는 역할을 해왔다. 그런데 새로 왕이 들어선다면 자신의 역할이 어떻게 될지 유동적일 수밖에 없다. 이는 사무엘에게는 중대한 문제였을 터이다. 자신이 독점해온 역할을 누군가와 나눠야 했으니 말이다. 그는 자신이 해오던 역할(권력)의 행사자 자리를 놓고 새롭게 들어설 왕과 경쟁해야 하는 처지가 됐다. 사무엘이 장로들의 요구에 '마음이 상했던' 이유가 여기 있었다고 추측된다. 야훼가 자신을 왕으로 여기지 않으려 하는 백성들 때문에 마음이 상했다면 사무엘은 독점했던 권력을 왕과 나눠야 했기에 마음이 상했다는 이야기다.

사무엘의 언행에서 이해할 수 없는 대목이 몇 가지 있다. 왜 그는 아들들의 악행을 꾸짖고 제지하지 않았을까? 엘리도 비슷한 악행을 저지른 아들들을 꾸짖지 않았는가? 사무엘은 왜 그조차 하지 않았는가 말이다. 그들이 무슨 짓을 하는지 몰랐을까? 라마와 브엘세바가 천리 길도 아니니 그걸 몰랐을 가능성은 매우 낮다. 또한 그는 자신의 직책을 아들들에게 세습했다. 설화자는 엘리와 사무엘이 행한 세습의 옳고 그름을 판단하지 않지만 엘리의 경우가 어떻게 귀결됐는지 잘 아는 그가 같은 행동을 반복한 것은 이해되지 않는다. 권력에 대한 욕심 때문이었을까? 설화자는 분명 사무엘에게 우호적이다. 설화자가 사울을 바라봤던 시각으로 사무엘을 바라봤다면 그에 대해 이처럼 우호적이었을까? 나중에 살펴보겠지만 설화자가 사울을 바라보는 눈은 매우 부정적이다. 사울을 보는 눈과 사무엘 및 다윗을 보는 눈은 매우 다르다. 그래서 설화자와 다른 눈으로 이들을 바라보려는 시도가 필요하다.

왕을 달라는 요구의 핵심은 안정된 리더십을 확보하는 것이었다. 장로들은 두 가지 이유를 들었지만 본질적으로는 안정된 리더십이었다. 이전의 체제, 곧 외적의 침략과 같은 위기가 닥치면 사사가 나서서 일시적으로 위기를 해소하는 것으로는 부족하다는 걸 경험했기 때문이다. 사실 사사시대의 통치체제에 대해서는 알려진 바가 거의 없다. 사사기가 전하는 이야기는 이스라엘이 배교한 결과로 외적의 침입을 받았고 그때 야훼의 영을 받은 사사가 그것을 물리쳤다는 것이 대부분이므로 평시에 이스라엘이 어떤 체제로 운영됐는지에 대한 정보는 거의 없다.

구약성서는 사사시대를 이상적으로 보지 않는다. 군주제의 등장이 '순수한' 야훼 신앙의 타락을 야기했다는 학자들의 주장은 옳지 않다.

사사시대는 야훼 신앙에 있어서도 이상적인 시대가 아니었다. 그렇다면 세습을 통해 안정된 리더십을 확보한 군주제가 답일까? 이 점이 사울-다윗 이야기가 제기하는 신학적, 정치적인 물음이다.

군주제가 대답인지 여부와 상관없이 왕이 전에는 없던 부담을 백성들에게 지운 것은 분명한 사실이다. 사무엘이 백성들에게 제시한 왕의 권한 목록(8:11-17)은 그 일부일 따름이다. 야훼는 사무엘을 통해서 그 사실을 알려준 다음에 백성들에게 선택하게 했다. 백성들은 왕이 자기들에게 무엇을 가져갈지를 다 듣고도 여전히 왕을 요구했고 야훼는 이를 허락했다. 바야흐로 이스라엘 역사에 군주시대의 막이 오른 것이다. 이제 관심은 누가 첫 왕이 될지에 모아졌다. 이때 등장한 사람이 '키가 커서' 눈에 띤 사울이다.

2장

사울을 왕으로 세우다

1

사무엘상 8장 이야기로 이스라엘에 첫 왕 사울이 등장할 준비는 완료됐다. 먼저 사울의 집안이 소개됐다. 그는 베냐민 지파에 속한 유력한 사람인 기스의 아들이다. 설화자는 기스의 조상을 4대까지 소개함으로써 집안의 유력함을 간접적으로 보여준다(9:1). 그가 잘 생겼고 키도 사람들 어깨 위만큼은 더 컸다며 외모도 부각시킨다. 사울은 요즘 말로 하면 잘 생긴 '금수저'였다는 것이다.

사울은 킹메이커 사무엘을 이렇게 만났다. 사울은 아버지에게서 잃어버린 암나귀 몇 마리를 찾아오라는 과제를 받아 종 한 명을 데리고 방방곡곡을 찾아 다녔지만 나귀를 찾지 못했다. 이들이 숩이란 곳에 이르자 사울은 종에게 그만 돌아가자고 했지만 종은 그곳에 사는 '하느님의 사람'에게 가서 물어보자고 제안한다. 사울이 그에게 줄 예물이 없다며 소극적으로 나오자 종은 자기 돈을 내놓기까지 했다. 사울보다 종이 더 적극적인 모습을 보였다.

　이들은 하느님의 사람이 사는 성읍으로 가서 약간의 우여곡절을 겪은 끝에 '하느님의 사람'을 만났다. 그가 바로 사무엘이다. 한편 사무엘은 하루 전에 야훼로부터 다음날 사울을 만나게 되면 그에게 기름을 부어 그를 이스라엘의 '영도자'로 세우라는 명령을 받았다. 야훼의 백성을 블레셋 사람의 손에서 구해낼 사람이 바로 사울이라면서 말이다 (9:16).

　드디어 사무엘과 사울이 만났다. 사무엘은 암나귀들에 대한 사울의 걱정을 불식시킨 후 "지금 온 이스라엘 사람들의 기대가 누구에게 걸려 있는지 아십니까? 바로 그대와 그대 아버지의 온 집안입니다!"(9:20)라는 의외의 이야기를 한다.

　사울이 "저는 이스라엘 지파들 가운데서도 가장 작은 베냐민 지파 사람이 아닙니까? 그리고 저의 가족은 베냐민 지파의 모든 가족 가운데서도 가장 보잘것 없는데 어찌 저에게 그런 말씀을 하십니까?"(21절)라며 당황한 반응을 보인 것은 자연스럽다. 하지만 사무엘은 사울의 당황에 아랑곳하지 않고 마을 사람들을 초대하여 잔치를 벌이고 사울을 극진히 대접했다.

　다음날 사무엘은 사울의 머리에 기름을 붓고 "야훼께서 그대에게 기름을 부으시어 야훼의 소유이신 이 백성을 다스릴 영도자로 세우셨습니다"(10:1)라고 선언했다. 사울은 매우 어이없어 했을 터이다. 사무엘은 사울 일행이 귀로에 겪을 두 가지 일, 곧 암나귀 찾은 것과 아버지의 근황을 이야기해줄 사람을 만나겠고 그 다음에 하느님 만나러 가는 세 사람을 만나리라고 말했다. 사무엘의 예언은 그대로 이루어진다.

사무엘은 중요한 의미를 담은 예언을 하나 더 이야기했다. 집으로 가는 길에 무아경 예언자 무리를 만날 터인데 그때 사울에게도 야훼의 영이 강하게 내려서 그들과 함께 춤추고 소리 지르고 예언하는 등 전혀 다른 사람으로 변하리라는 것이었다. 사무엘은 하느님이 이들과 함께 있으니 하느님의 인도를 따르라면서 다음의 말을 덧붙이는데 이 말이 나중에 사울에게 큰 부담이 될 줄 그때는 몰랐다.

그대는 나보다 먼저 길갈로 내려가십시오. 그러면 나도 뒤따라 그대에게 내려가서 번제와 화목제물을 드릴 것이니 내가 갈 때까지 이레 동안 기다려 주십시오. 그때에 가서 하셔야 할 일을 알려 드리겠습니다(8절).

모든 일이 사무엘의 말대로 일어났다. 사람들은 사울이 황홀경에 빠져 예언하는 광경을 보고 "기스의 아들에게 무슨 일이 일어났는가? 사울이 예언자가 되었는가?"(11절)라고 말하며 의아해했다고 한다. 이런 우여곡절을 겪고 귀가한 사울은 어디 다녀왔냐고 묻는 삼촌의 물음에 암나귀들을 찾으러 갔다고 이야기했지만 사무엘을 만난 이야기는 하지 않았단다. 왜 그는 사무엘을 만난 이야기는 하지 않았을까? 자기가 왕이 될 거라는 말을 믿지 않았기 때문일까? 천기를 누설하지 않으려 했던 걸까?

그 후 사무엘은 백성들을 미스바로 불러서 하느님의 말씀을 전했다. 그는 제비를 뽑아 왕을 세우자고 했다. 백성들의 요구를 드디어 받아들인 것이다. 제비는 넓은 범위에서 시작해서 차차 좁아지더니 결국 사울이 뽑혔는데 그는 짐짝 사이에 숨어 있다가 사람들 손에 끌려나왔다. 사무엘이 그를 야훼가 선택한 사람으로 소개하자 온 백성이 환호성을 지르며 "임금님 만세!"를 외쳤다(10:24). 사무엘은 다시 한 번 사울과 백성들에게 경고하기를 잊지 않았다. 그는 '왕의 제도'를 백성에게 일러 준 후 그것을 책으로 만들어 보관해두고서야 백성들을 각자의 집으로 돌려보냈다(10:25). 이 예식은 백성들을 둘로 갈라놓았다. '하느님에게 감동받은 용감한 사람들'은 사울을 따랐지만 '몇몇 불량배들'은 "이런 사람이 어떻게 우리를 구할 수 있겠느냐?"(27절)며 사울을 업신여기고 그에게 예물도 바치지 않았다는 것이다. 사울은 만장일치로 왕이 되지는 않았던 셈이다. 사울은 그들의 비난을 못들은 척했단다 (10:27).

상당한 세월이 흐른 후에 길르앗의 야베스가 암몬 사람 나하스에게 포위당하는 일이 벌어졌다. 길르앗은 요단강 동쪽에 위치한 지역이다. 야베스 사람들은 나하스와 조약을 맺고 그들을 섬기겠다고 했지만 나하스는 그들 오른쪽 눈을 모조리 빼내고 나서야 조약을 맺겠다고 살벌하게 응답했다. 이에 장로들은 7일의 말미를 주면 동족에게 도움을 청해보고 응답이 없으면 항복하겠다고 나하스에게 애원했다. 나하스는 의외로 이 제안을 받아들였다. 그는 이스라엘의 어떤 지파도 이들을 돕지 않을 것으로 확신했던 것이다. 그의 눈에는 이스라엘은 연대할 수 없는 종족이었기 때문이다. 그는 새로 왕이 된 사울의 존재를 계산에 넣지 않았다. 이런 점에서 그는 사울을 업신여긴 '몇몇 불량배들'들과 다를 바 없었다.

사울이 밭에서 소를 몰고 오다가 사정 이야기를 들었을 때 "하느님의 영이 (그에게) 세차게 내리니 그가 무섭게 분노를 터뜨렸다"(11:6). 그는 소 두 마리를 잡아서 토막 낸 후에 그것을 전령들에게 주면서 동족 전체에게 "누구든지 사울과 사무엘을 따라나서지 않으면, 그 집의 소 들도 이런 꼴을 당할 것이다"(11:7)라고 말했다. 이에 온 백성이 모두 하나 같이 그를 따라나서서 암몬 사람들과 전투를 벌여 승리했다. 그 후 백성들이 사무엘에게 사울을 반대했던 자들을 죽이자고 주장했지 만 사울은 야훼가 구원한 날에 살인이 웬 말이냐며 이를 만류했다. 사 무엘은 백성들을 길갈로 불러서 다시 한 번 사울을 왕으로 세우고 야 훼에게 제사를 지내니 모두가 크게 기뻐했다고 한다.

───── 샤울 바(Shaul Bar)는 사울이 자기를 반대했던 자들을 죽이는 걸 금 했다는 이야기를 권력이 사무엘에게서 사울에게로 넘어갔음을 보여주는 이야기로 읽는다. 전 같으면 사무엘이 내렸을 결정을 사울이 내렸다는 것 이다. 흥미로운 해석이다. 이 이야기가 권력 이양을 보여주는지 여부와는 별도로 권력이 사무엘에게서 사울에게로 넘어가는 것은 필연적이다(Shaul Bar, *God's First King: The Story of Saul*, 20쪽).

사무엘은 백성들의 요청대로 왕을 세웠으니 비록 젊어서부터 지금 까지 백성들을 이끌어왔고 (악행을 일삼는) 아들들도 백성들과 함께 있지 만 자신은 늙었으니 이제부터는 왕이 그들을 이끌 거라고 말한다. 그 는 자기가 신실하게 백성들을 이끌어왔다고 말한 다음에 조상 야곱 이 래로 야훼는 백성들이 부르짖을 때마다 원수들 손에서 그들을 건져내 줬지만 나하스의 공격에 직면해서 왕을 요청했다며 지난 일을 되새겼 다. 그 다음에 그는 사울을 왕으로 백성들 앞에 세우면서 이렇게 선언했다.

만일 당신들이 야훼를 두려워하여 그분만을 섬기며 그분에게 순종하여 야훼의 명령을 거역하지 않으며 당신들이나 당신들을 다스리는 왕이 다같이 야훼 하느님을 따라 산다면 모든 일이 잘 될 것입니다. 그러나 야훼께 순종하지 않고 야훼의 명령을 거역한다면 야훼께서 손을 들어 조상들을 치신 것처럼 당신들을 쳐서 멸망시키실 것입니다(12:14-16).

여기에는 전형적인 신명기사가의 견해가 반영되어 있다. 그는 앞으로도 야훼를 잘 섬기라고 권면하면서 자기도 백성들이 "가장 선하고 가장 바른길로 가도록 가르치겠다"고 약속했다(12:23). 그는 늙었지만 지도자로서의 의욕과 에너지가 대단했다.

2

사무엘은 왕을 달라는 장로들을 설득하는데 실패했다. 야훼도 그들의 요구를 들어주라고 했으니 그로서는 할 수 있는 게 없었다. 이제 설화자는 첫 왕 후보자인 사울에게 초점을 맞춘다. 기스 집안의 유력한 가문 출신인 그는 빼어난 용모의 소유자였다. 용모가 인격의 표현은 아니지만 구약성서에는 빼어난 용모의 소유자가 하느님의 총애를 받은 경우들이 있다. 요셉이 그랬고("요셉은 용모가 준수하고 잘생긴 미남이었다."[창세기 39:6]) 다윗이 그랬으며("그는 눈이 아름답고 외모도 준수한 홍안의 소년이었다."[16:12]), 에스더도 그랬다("에스더는 몸매도 아름답고 얼굴도 예뻤다."[에스더 2:7]). 사울도 이들처럼 야훼의 총애를 받을 수 있을까?

사무엘과 사울이 만나게 된 것은 야훼의 섭리 덕분이었다는 게 설화자의 시각이다. 사울은 잃어버린 암나귀들을 찾으러 돌아다니다가 우여곡절 끝에 사무엘을 만났다. 사울도 모르는 사무엘의 존재와 위치를 종은 알고 있었다. 그는 어디서 이 정보를 얻었을까? 사무엘에게 줄 예물이 없어서 망설이는 사울을 자기가 갖고 있던 소소한 예물로 설득한 이도 종이었다. 설화자가 명시하지는 않지만 이것도 야훼의 섭리였음에 분명하다. 사울은 사무엘과의 만남 전과 후를 막론하고 적극적이지 않았다. 사울의 소극성과 야훼의 섭리를 대조하려는 설화자의 의도가 엿보이는 대목이다.

두 사람이 만난 후에도 주도권은 사무엘이 쥐고 있다. 사울은 사태 파악이 제대로 되지 않은 상태에서 얼떨결에 기름 부음 받았다는 인상을 준다. 사무엘은 사울 일행이 귀갓길에 겪을 표징을 예언함으로써 주도적인 역할을 유지했던 반면 사울은 내내 수동적이었다. 월터 브뤼그만은 이에 대해 "사울은 왕좌를 받았지만 권력을 움켜쥐지는 않았다"(Saul receives the throne but he does not grasp power)라고 표현했다(Walter Brueggmann, *First and Second Samuel*, 71쪽). 사울이 왕 되기를 꺼린 것처럼 보이는 이유다.

사무엘과 사울, 두 사람만이 행한 첫 번째 즉위식은 은밀하게 이루어졌고 제의적인 사건으로 표현됐다. 사무엘이 산당으로 사람들을 초대해서 벌인 잔치도, 사울 일행을 배웅하면서 둘만 따로 가진 기름 부음 의식도 모두 제의적 성격이 강하다. 기름 부음 의식은 권위와 힘을 부여하는 의식이자 기름 부음을 받는 자가 그 직책에 정당성을 가진다는 것을 확인하는 의식이다. 이런 의식은 장로들이 왕을 요구한 이유와는 거리가 있게 표현되어 있다. 사울의 왕위 즉위에 대한 이와 같은 성격규정은 나중에 벌어질 사건들을 이해하는 데도 중요한 역할을 한다.

──── 학자들은 사울이 '왕'(히브리어로 '멜렉')으로 기름 부음 받은 것이 아니라 '영도자'(히브리어로 '나기드'인데 『개역개정 성서』에는 '지도자'로, 『공동번역 성서』에는 '수령'으로 번역되었다)로 기름 부음 받았다며 둘을 구분한다. 구약성서 마소라 본문에서 '나기드'는 모두 44번 사용됐는데 사무엘상-열왕기하에서는 이미 왕이 됐거나 장차 왕이 될 사람에게만 이 단어가 적용됐다. '나기드'는 왕을 의미하는 '멜렉'과 동의어는 아니다. 누군가를 '나기드'로 지명하는 이는 대개 하느님이지만 다윗과 르호보암은 자기 아들인 솔로몬과 아비야를 '나기드'로 지명했다(열왕기상 1:35; 역대기하 11:2). '나기드'는 첫째, 군주제 이전에는 지도자를 지칭할 때 사용된 적이 없다. 둘째, 제왕시편에서는 사용되지 않았다. 셋째, 사무엘은 다윗에게 기름 부었을 때 이 말을 쓰지 않았다. 넷째, 다윗이 북 이스라엘 왕이 됐을 때는 이 말이 사용됐지만 남 유다의 왕이 됐을 때는 이 말이 쓰이지 않았다. '나기드'는 본래 세속적인 '지도자'를 칭할 때 사용됐다가 나중에 지명의 주체가 하느님이 되면서 신학적인 의미로 쓰였다고 보인다(T. N. D. Mettinger, *King and Messiah: The Civil and Sacral Legitimation of the Israelite Kings*, 152-171쪽).

사울 일행이 귀갓길에서 예언자 무리를 만나 황홀경 예언을 했던 일에는 중요한 의미가 있다. 사무엘은 사울에게 '야훼의 영'이 강하게 내려서 그가 예언자 무리와 함께 춤추고 소리치고 예언하면서 "전혀 딴 사람으로 변할 것"(10:6)이라고 예언했다. 사울 일행이 귀갓길에 오르려는 순간 하느님이 사울에게 '새 마음'(히브리어로는 '다른 마음', 9절)을 주었다고도 했다. '야훼의 영'과 '딴 사람' 그리고 '다른 마음'은 서로 연결되어 있고 이들 모두는 무아경의 예언행위와도 연결되어 있다. 순서를 따지면 사울은 야훼의 영을 받아서 다른 마음을 갖게 됐고 그럼으로써 전혀 딴 사람으로 변했다고 볼 수 있다. 하지만 설화자가 여기서 중단하므로 야훼의 영을 받아 다른 마음을 갖게 됐고 딴 사람이 된다는 게 어떤 것인지는 훗날 사울이 보인 언행을 통해서 추측할 수밖에 없다.

———— 브뤼그만은 이에 대해 "이스라엘의 새로움의 문턱에 사울 자신을 초월하는 자유, 무아경, 자기초월의 선물이 주어졌다"라고 이해했고, 이 에피소드에서 군주제의 등장은 냉정한 힘의 재분배에 그치지 않고 정치적 과정이 진행되는 와중에 새로운 사회적 가능성으로 이스라엘을 인도하는 새로운 힘의 분출이라고 보았다(Walter Brueggemann, *First and Second Samuel*, 75-76쪽). 브뤼그만의 상상력 충만한 해석에는 주석적 진실과 허구 사이를 묘하게 넘나드는 묘미가 느껴진다.

문제 되는 대목은 10장 7-8절이다. 사무엘은 사울이 야훼의 영을 받아 예언자 무리와 함께 무아경 예언을 하는 것은 하느님이 사울과 함께 하신다는 증거이니 하느님이 인도하는 대로 마음대로 따라 하라고 말했다(10:7 "do whatever you see fit to do, for God is with you"). 이제 하느님이 사울의 든든한 배경이 됐으니 사울은 <u>스스로 옳다고 여기는</u> 일을 하라는 뜻이다. 사울에게 무엇이든 할 수 있는 자유가 주어졌다는 거다. 하지만 바로 다음 절에서 사무엘은 사울에게 이렇게 명령한다.

> 그대는 나보다 먼저 길갈로 내려가십시오. 그러면 나도 뒤따라 그대에게 내려가서 번제와 화목제물을 드릴 것이니 내가 갈 때까지 이레 동안 기다려 주십시오. 그때에 가서 하셔야 할 일을 알려 드리겠습니다(8절).

사무엘은 바로 앞에서 한 말을 뒤집어버렸다. 하느님이 사울과 함께 계시니 마음대로 하라고 해놓고 곧바로 어디서 언제 무엇을 하라고 명령했다. 방금 했던 말을 이렇게 뒤집어버리니 학자들이 이 대목을 해석하기가 쉽지 않은 것도 당연하다 하겠다. 이 모순은 훗날 두 사람을 갈라놓은 계기가 됐다(13:8-14). 이에 대해서는 나중에 자세히 살펴보겠다.

사울이 제비뽑기로 왕이 되었다는 이야기는 우화(fable)처럼 들린다. 그는 백성들을 미스바에 모아놓고 제비뽑기를 시행했다. 현대인에게는 동화 같은 이야기지만 실제로 고대 중동지역에서는 중대한 문제를 제비뽑기로 결정한 경우가 드물지 않았다. 백성이 사울을 왕으로 선택한 것이 아니라 야훼가 선택했음을 보여주는 한 방법이었다. 의식을 이끈 사무엘의 위상도 설화자의 관심사 중 하나였다.

───── 구약성서에도 제비뽑기가 여러 번 등장한다. 벌어진 일의 원인제공자를 골라낼 때(여호수아 7장의 아간; 사무엘상 14장의 사울과 요나단; 요나 1장의 요나)나, 땅을 분배했을 때(민수기 26:55; 여호수아 14:2), 그리고 제사제물을 고

를 때(레위기 16:7-10) 제비뽑기를 했다. 송사나 다툼의 경우에도 제비뽑기를 했다(잠언 18:18). 왕을 선출하는 중대사에 제비뽑기를 하는 것을 현대인이 받아들이기는 힘들지만 신(들)이 인간사에 직접 개입한다고 믿었던 고대인들에게 제비뽑기는 이상한 일이 아니었다. 제사장이 갖고 있던 우림과 둠밈도 일종의 제비뽑기였다. 하지만 우림과 둠밈을 포함한 제비뽑기를 통해 하느님의 뜻을 물었던 이스라엘이 점과 마술 따위는 금지했다는 사실은 흥미롭다(신명기 18:10-11). 사울도 무당과 박수를 이스라엘에서 내쫓았다(28:3).

이로써 사무엘과 사울 사이에 은밀하게 이뤄졌던 사울의 즉위가 백성들이 모인 가운데 공식화됐다. 사울은 여기서도 소극적으로 행동했다. 그는 제비뽑기로 뽑혔을 때도 짐짝 사이에 숨어 있다가 끌려나오다시피 했다. 싫다는 사람을 억지로 왕좌에 앉힌 것이다. 이런 사울이 나중에는 지독하다 할 정도로 왕좌에 집착했지만 말이다. 남은 순서는 사울이 스스로 왕의 자격을 갖췄음을 보여주는 일이었다. 마침 암몬 사람 나하스가 길르앗 야베스로 쳐들어왔다. 가장 중요한 왕의 자격요건인 전쟁지도자의 능력을 보여줘야 할 때가 온 것이다. 그런데 사울이 '밭에서 소를 몰고 오다가' 나하스의 길르앗 야베스 침공 소식을 들었다는 서술은 독자들을 의아하게 만든다. 왕이 밭에서 소를 몰고 왔다는 이야기가 수긍이 가지 않기 때문이다.

──── 학자들은 사울의 즉위 이야기에 여러 자료가 혼합되어 있기 때문이라고 주장한다. 사울이 여러 번 즉위식을 가졌던 이유도 다수의 자료가

공존하기 때문이란 것이다. 11장에는 암몬 족속을 물리친 후에 길갈에서 왕위에 오른 이야기(11:12-15)가 나온다. 그러니까 사울은 10장에서 두 번(10:1, 17-27), 11장에서 한 번, 모두 세 번의 즉위식을 가진 셈이다.

사울이 겨릿소 두 마리를 토막 내서 이스라엘의 전 지역에 보내 암몬과의 전투 참여를 독려했다는 이야기는 사사기 19장에 나오는 어떤 레위 사람의 첩 이야기와 매우 유사해서 둘 사이의 관련성을 부정할 수 없을 정도다. 학자들은 이를 사울 왕권이 이전 시대 사사 권력의 연장선상에 있다고 말함으로써 사울에 대한 사무엘의 우위를 보여주려는 의도라고 해석한다.

백성들은 사울의 호출에 응했고 사울은 그들을 이끌고 나가서 승리했다. 길르앗 야베스 사람들은 사울이 도울 줄 알면서도 암몬 사람들에게는 항복하겠다고 거짓말을 했다. '하느님의 백성'이 거짓말로 남을 속인 것이다. 그때는 십계명이 가볍게 여겨졌던 걸까?

──── 매튜 뉴커크(Matthew Newkirk)는 사무엘서에 전해지는 다양한 거짓말의 사례의 동기와 결과를 연구했다. 그는 사무엘서에는 죽음과 해악을 막기 위한 거짓말, 죽음과 해악을 초래한 거짓말, 누군가에게 이득이 된 거짓말, 거짓말쟁이에게 이득이 된 거짓말 등으로 거짓말을 분류해서 해설한다. 이 책을 읽으면 사무엘서에 이 정도로 많은 거짓말이 등장한다는 사실에 우선 놀라게 된다(Matthew Newkirk, *Just Deceivers: An Exploration of the Motif of Deception in the Books of Samuel*, 참조).

사울이 야베스 길르앗을 구출하자 백성들은 사울의 반대자를 찾아서 죽이겠다고 나선다. 사울이 제비뽑기로 왕이 됐을 때 그를 인정하지 않았던 '몇몇 불량배들'(10:27)을 겨냥한 말로 보인다. 이 이야기는 짧지만 10장과 11장을 연결하는 역할을 한다. 사울은 승리의 날에 살인이 웬말이냐며 이 제안을 거부했고 백성들은 길갈에서 사울의 왕권을 재차 확인하는 의미의 즉위식을 가졌다. 사울은 아무도 부정할 수 없는 왕이 된 것이다.

———— 토니 카트리지(Tony Cartledge)는 여기서 이스라엘을 둘로 분리할 갈등이 드러났다고 주장한다(*1 & 2 Samuel*, 144쪽). 사울 지지자들은 사울 집안처럼 부유한 사람들이고 다윗 지지자들은 가난한 사람들이었다는 것이다. 하지만 다윗 역시 사울 못지않게 유력한 집안 출신이므로 출신배경만으로 둘을 나눌 수는 없어 보인다. 다윗 지지자가 가난한 사람들이었다는 주장은 22장 1-2절에 아둘람 굴에 숨어 지낼 때 그에게 몰려든 사백 명의 사람들이 주로 "압제를 받는 사람들과 빚에 시달리는 사람들과 원통하고 억울한 일을 당한 사람들"이었다는 서술에 근거하는데 이것 하나만 갖고 다윗 지지자들이 가난한 사람들이었다고 보기는 어렵다. 사울이든 다윗이든 안정된 왕권이 자기들에게 도움이 된다고 여겼던 집단이 이들을 지지하고 후원했다고 보는 것이 옳다고 생각된다. 월터 브뤼그만도 카트리지와 비슷한 주장을 펼친다(Walter Brueggemann, *First and Second Samuel*, 82쪽).

이제 이야기의 초점은 사무엘에게로 향한다. 12장에서 사무엘은 다시 한 번 긴 연설을 했는데 요점은 세 가지다. 첫째는 자기는 사사 직책을 정당하게 수행했다는 것이고, 둘째는 과거 역사를 회고하면서 백성들이 줄곧 야훼를 배신하고 이방신들을 섬겨오더니 급기야는 왕을 요구했다는 것이며, 셋째는 앞으로도 왕과 백성들은 야훼에게 순종해야 한다는 것이었다. 그는 야훼가 백성들을 버리지 않을 것이라며 이렇게 약속했다.

> 나는 당신들이 잘 되도록 기도할 것입니다. 내가 기도하는 일을 그친다면 그것은 내가 하느님께 죄를 짓는 것입니다. 그런 일은 없을 것입니다. 오히려 나는 당신들이 가장 선하고 가장 바른길로 가도록 가르치겠습니다(12:23).

많은 학자들이 12장을 사무엘의 '고별연설'로 이해하지만 연설의 내용으로 보거나 이후에 그가 한 행동을 보아도 이는 '고별연설'이 아니었다. 그는 백성들을 계속해서 '가르치겠다'고 말했으니 은퇴하지 않겠다고 말한 것이나 다름없다. 사무엘의 연설은 모세의 고별연설(신명기 전체)이나 여호수아의 그것(여호수아 23-24장)과는 성격이 다르다. 그는 사울과 갈등관계를 유지하면서 한 동안 활동을 계속했다.

────── 토니 카트리지는 '이스라엘은 왕을 갖고서도 여전히 야훼에게 충실할 수 있을까? 군주제(monarchy)와 신정정치(theocracy)는 서로 배타적인가? 서로 공존할 수 있을까? 하느님과의 관계에서 왕의 역할은 어떻게 정의될 수 있을까?' 등이 사무엘 연설의 주제라고 주장한다(*1 & 2 Samuel*, 159쪽). 연설의 내용을 정확하게 파악한 서술로 보인다.

사울이 군주제를 어떻게 생각했는지는 파악하기 어렵다. 군주제에 대한 그의 생각은 알 수 없지만 자신이 왕이 되는 것에는 매우 소극적이었음이 사실이다. 왜 그랬는지 이유는 알 수 없다. 그가 군주제 그 자체를 반대했는지, 군주제는 반대하지 않지만 자신이 왕이 되는 것에만 반대하는지, 아니면 둘 다 반대했는지 우리는 알지 못한다. 단지 수줍은 성격 때문에 소극적이었을 수도 있다. 설화자가 침묵하니 우리로서는 알 도리가 없다. 하지만 군주제나 자신이 왕이 되는 데 대한 사울의 소극적 태도를 심리적으로만 이해하는 것은 옳지 않다. 당시 역사적 상황을 감안해서 그가 왜 그런 태도를 가졌는지 추측해보는 것이 의미가 있겠다.

사울 당시에 군주제는 낯선 제도가 아니었다. 이집트와 메소포타미아는 물론이고 주변 작은 종족들의 정치체제도 대개는 군주제였다. 이스라엘에게 군주제가 문제였던 이유는 낯설기 때문이 아니라 '야훼가 우리의 왕이다'(YHWH is our king)라는 오래된 신학/이데올로기와 양립하는지가 분명하지 않기 때문이었다. 왕을 요구한 장로들에게는 둘 사이에 모순이 없었던 것으로 보이지만 사무엘에게는 그렇지 않았다. 그에게 인간 왕을 요구하는 것은 야훼가 이스라엘의 유일한 왕이 아니라고 주장하는 것과 같았다. 둘 사이의 입장 차이는 명확했다. 하지만 야훼의 입장은 모호했다. 야훼는 왕에 대한 요구가 사무엘이 아닌 자신을 버리는 것이라면서도 그걸 허락했으니 말이다.

학자들이 그 이유에 대해 다양한 해석을 내놓은 데는 야훼는 마음만 먹으면 왕을 달라는 장로들의 요구를 얼마든지 묵살할 수 있다는 전제를 갖고 이 대목을 해석하기 때문이다. 야훼는 그것이 자신을 저버리는 것인 줄 알면서도 왕을 달라는 요구를 거부하지 않았다. 막을 수 있었음에도 그랬을까? 아니면 막을 수 없어서 그랬을까? 본문만 갖고는 어느 편인지 알 수 없지만 좌우간 야훼는 백성들이 자기를 버리는 것을 막지 않았다(못했다?).

———— 창세기 3장에서 야훼는 에덴동산의 모든 나무열매는 다 먹어도 괜찮지만 선악과만은 먹지 말라고 명령했다. 그러나 아담과 하와는 기어코 그것을 따먹었다. 야훼는 그들을 막을 수 있었을까? 야훼는 그들이 선악과를 따먹었는지 나중에 비로소 알았다(3:11). 또 야훼는 모리아 산에서 아브라함이 이삭을 제물로 바치려고 칼을 처들었을 때까지 그가 아들을 바칠지 여부를 몰랐다. 그렇지 않다면 야훼가 "내가 이제야 알았다"(22:12 Now I have come to know)라고 말할 리 없다. 야훼에게도 '비로소' 알게 된 것들이 있다는 이야기다. 물론 이것들은 설화 안에서 야훼의 성격이 그렇게 규정되어 있다는 의미다.

사사시대에서 군주시대로의 이행은 패러다임 교체에 준하는 사건이었다. 이 상황에서 사울의 소극적인 태도는 성격 탓이 아니라 변화가 가져올 결과에 대한 불안과 무지 때문이라고 보는 게 타당하다. 그 이행이 어떤 결과를 가져올지는 사울도 장로들도, 사무엘도 알 수 없었다. 한편 사울이 길르앗 야베스 소식을 듣고 분노하며 윤간당한 첩을 둔 사사시대 레위인처럼 행했던 것은 그가 여전히 사사시대와 밀착

되어 있었음을 보여준다. 그는 왕이 됐지만 군주제라는 새로운 질서보다는 전통적인 사사시대 질서에 더 친숙했던 것이다. 하지만 사무엘이 사울의 갈등을 고려한 흔적은 보이지 않는다.

사무엘은 왜 군주제를 막으려 했을까? 그 요구가 하느님을 왕으로 인정하지 않는다는 게 그의 명분이었던 점에서 그는 야훼와 같은 입장을 가졌었다. 군주제로 인해 야훼의 언약백성으로서 이스라엘의 성격과 지위가 심각하게 타격을 받는다고 여겼던 것이다. 장로들은 "다른 모든 이방나라들처럼" 왕을 달라고 요구했으니 말이다(8:5).

——— 많은 해석자들이 "다른 모든 이방나라들처럼"이란 구절을 과도하게 해석한다. 하지만 이스라엘에 군주제가 들어선 이후에 백성들이 야훼의 절대적인 왕권을 부정한 흔적은 찾아볼 수 없다. 군주제 이전과 이후에 야훼에 대한 태도에 변화가 있었다고 볼 근거는 없다는 이야기다. 사무엘의 연설만 봐도 백성들은 군주제 이전, 이후 할 것 없이 야훼를 배신하고 이방신을 쫓아다녔다고 하지 않았나. 장로들의 요구에서 "다른 모든 이방나라들처럼"이란 말이 결정적인 죄악이란 해석은 지나친 해석이다.

사무엘은 '자기와 함께' 왕이 야훼에게 순종하고 그의 명령에 복종한다면 만사형통하리라고 말했다. 왕과 백성이 야훼와의 언약에 충실하다면 왕정은 무탈하게 이어질 것이란 이야기다. 순수하게 종교적, 신학적 진술로 보이는 이 말의 배후에는 그 자신의 정치적인 입장이 스며들어 있다. 사무엘은 자신이 독점해온 권력을 사울과 나누는 것을 원하지 않았다. 그래서 왕이 들어서는 것을 극구 반대했을 뿐 아니라 사울이 왕에 오른 후에도 그보다 더 큰 권력을 행사하려고 계속 사울과 경쟁을 벌였다. 이 사실은 13장과 15장에서 잘 드러난다. 따라서 사무엘의 연설은 사울과 자기와 적절하게 권력을 분배한다면 군주제가 무리 없이 작동되리라는 의미로 읽을 수 있다.

이런 점들을 감안하면 사무엘을 '순수한' 동기를 가진 예언자/사사로만 보기 어렵다. 야훼에게 제물을 바치는 것보다는 순종이 더 중요하다고 말한 것이나 권좌에서 내려올 때가 됐지만 여전히 백성을 위해 기도하겠다는 말은 야훼에 대한 '순수한' 믿음과 함께 자신의 정치적 의지를 표현한 것으로 볼 수 있다.

사울은 훗날 다윗에 대한 시기와 질투 때문에 히스테리적인 행동을 하며 왕권에 집착했지만 그를 단순히 '비극적인 영웅' 또는 '실패한 영웅'으로 보는 것도 옳지 않다. 그는 야훼와 사무엘 때문에 원치도 않은 왕좌에 앉았고 그 둘에 의해서 그 자리에서 내쳐졌다. 야훼는 그에게서 자기 영을 거두어갔을 뿐 아니라 '악한 영'을 보내서 그 사울이 다윗을 죽이려는 집착에 빠뜨렸다.

사무엘상에서 '하느님의 영'은 순수한 종교적인 체험이 아니라 사회적, 정치적 실천을 동반한 권한부여(empowerment)의 행위다. '하느님의 영'이 옮겨진다는 것은 그런 권한이 이동했다는 뜻이다. 사무엘은 전쟁터에 나간 사울에게 그가 야훼에게 버림받았다고 선언함으로써 그를 절망에 빠뜨렸다. 앞으로 우리 과제는 설화자가 사울을 이렇게 그린 이유가 무엇인지를 파악하고 다르게 그릴 가능성을 타진해보는 일이 되겠다.

일그러진 영웅 vs 만들어진 영웅

3장

사울, 왕이 되자마자 버림받다

1

설화자는 독자의 시선을 사울에게로 이끈다. 마소라 텍스트 13장 1절을 직역하면 "사울이 다스리기 시작했을 때 그의 나이는 한 살이었다. 사울이 이스라엘을 다스린 지 2년이 됐을 때……"인데 이 텍스트는 누가 봐도 이치에 맞지 않는다. 한 살에 왕이 됐다는 것도 그렇고 그 많은 일들이 2년 안에 일어났다는 것도 모두 말이 안 된다. 그래서 이 대목을 비워놓은 성서도 많다. 『새번역 성서』는 『칠십인 역』 중에서도 후기 사본을 채용해서 "사울이 왕이 되었을 때에 그의 나이는 서른 살이었다. 그가 이스라엘을 다스린 것은 마흔두 해였다"라고 번역했다. 실제로 그가 몇 살에 즉위해서 몇 년 동안 왕좌에 있었는지는 알 수 없다.

왕의 가장 큰 존재이유는 블레셋을 비롯한 외적과의 전투를 이끄는 데 있었다. 사울이 존재이유를 실현할 기회가 왔다. 먼저 그의 군대가 블레셋 수비대를 공격하자 블레셋 군이 전투하러 나왔다고 했다. 이스라엘이 선공을 함으로써 벌어진 국지전이 전면전으로 확대된 모양새다. 이스라엘 군인들은 막강한 전력을 가진 상대방이 자기들을 포위하자 도망치기 시작했다. 사울은 아군 병력이 점점 줄어들기에 한시라도 빨리 전투를 개시해야 했다. 하지만 그럴 수 없었던 이유는 앞서 사무엘이 한 명령 때문이었다.

개전에 앞서 신에게 제사를 하는 일은 이스라엘을 포함해서 고대 중동지역 종족들의 오랜 관습이었다. 그런데 제사를 주관할 사무엘이 도착하지 않아서 전투를 시작할 수 없었던 것이다. 앞에서 사무엘이 사울에게 "그대는 나보다 먼저 길갈로 내려가십시오. 그러면 나도 뒤따라 그대에게 내려가서 번제와 화목제물을 드릴 것이니 내가 갈 때까지 이레 동안 기다려 주십시오. 그때에 가서 하셔야 할 일을 알려 드리겠습니다"(10:8)라고 명령했기에 사울은 이레 동안 그를 기다렸지만 그는 오지 않았다. 사울이 얼마나 답답하고 불안했겠나? 이레를 기다렸지만 사무엘이 오지 않자 그는 자신이 주재해서 야훼에게 번제를 드렸더니 제사가 끝나기를 기다렸다는 듯이 사무엘이 나타나 왜 그랬냐고 따졌다. 사울은 사정을 설명했지만 사무엘은 듣지 않고 그가 '야훼의 명령'을 어겼다며 이렇게 선언했다.

(임금님이) 명령을 어기지 않으셨더라면 임금님과 임금님의 자손이 언제까지나 이스라엘을 다스리도록 야훼께서 영원토록 굳게 세워 주셨을 것입니다. 그러나 이제는 임금님의 왕조가 더 이상 계속되지 못할 것입니다. 야훼께서 임금님께 명하신 것을 임금님이 지키지 않으셨기 때문에

야훼께서는 달리 마음에 맞는 사람을 찾아서 그를 당신의 백성을 다스릴 영도자로 세우셨습니다(13:13-14).

그는 사울 면전에서 그가 야훼에게 버림받았다고 선언했다. 사울은 이를 어떻게 받아들였을지 궁금하다. '설마 그럴리가……' 하며 대수롭지 않아했을까? 아니면 기가 죽고 혼이 빠져서 안절부절 했을까? 전자였는지는 알 수 없지만 후자가 아니었던 것은 분명해 보인다. 그는 겨우 육백 명 정도의 군인들을 이끌고 블레셋과의 전투에서 승리했다. 설화자는 전투 과정을 상세히 기술하지만 요약하면 사울의 아들 요나단의 기습공격이 승리의 실마리가 됐다는 것이다. 그는 사울도 모르게 소수정예군을 이끌고 기습하여 블레셋 군 스무 명 정도를 죽였는데 이에 사울 군대가 여세를 몰아 크게 승리했다.

야훼에게 버림받았다는 낙인이 찍힌 사울 왕의 군대가 블레셋에게 이겼다는 것은 의외가 아닐 수 없다. 이 과정에서 요나단이 승패 여부를 묻는 징조를 야훼께 구했다는 이야기, 승리한 사울 군대가 전리품인 짐승의 피까지 먹었다는 이야기, 사울이 블레셋 군대를 추적할지 야훼에게 물었지만 답을 얻지 못해서 원인제공자를 우림과 둠밈으로 가렸더니 요나단이 뽑혔다는 이야기, 이 때문에 요나단이 죽을 뻔했지만 백성들이 이구동성으로 사울을 만류하는 바람에 목숨을 건졌다는 이야기 등이 전개된다(14:1-46).

다음으로 야훼는 사울에게 아말렉과의 전쟁을 명령했다(15:1). 마치 야훼가 사울을 버린 적이 없다는 듯이 말이다. 야훼는 이스라엘과 아말렉의 오래된 악연을 언급하고서 아말렉 종족을 "남자와 여자, 어린

아이와 젖먹이, 소 떼와 양 떼, 낙타와 나귀 등 무엇이든 가릴 것 없이 죽여라"고 명령했다(15:3). 이른바 '헤렘'(진멸)의 명령이 떨어진 것이다. 이유는 이스라엘이 이집트에서 나올 때 길을 막고 대적했기 때문이라고 했다.

사울 군대는 아말렉과의 전투에서도 승리했지만 설화자의 관심은 승패보다는 '헤렘'의 명령 준수여부에 가 있다. 사울은 아멜렉 왕 아간을 죽이지 않고 포로로 잡아왔고 "양 떼와 소 떼 가운데서도 가장 좋은 것들과 가장 기름진 짐승들과 어린 양들과 좋은 것들은 무엇이든지 모두 아깝게 여겨 진멸하지 않고 다만 쓸모없고 값없는 것들만 골라서 진멸하였다"(15:8-9)고 했으니 '헤렘'의 명령을 어긴 셈이다.

이에 야훼는 "사울을 왕으로 세운 것이 후회된다"는 심경을 사무엘에게 밝혔다. "그가 나(야훼)에게서 등을 돌리고 나의 명령을 따르지 않는다"는 것이다. 그러자 사무엘은 "괴로운 마음으로 밤새도록 야훼께 부르짖었다"(15:11). 히브리 원문을 직역하면 "사무엘은 (야훼에게) 화가 나서 밤새도록 야훼께 부르짖었다"(Samuel was angry; and he cried out to the LORD all night)가 된다. 사무엘은 왜 그토록 야훼에게 화가 났을까? 그는 야훼가 사울을 버렸음을 알고 있었다. 사울 대신 다른 사람을 세우리라는 것도 알았다. 그런데 왜 그는 야훼의 후회에 대해 그처럼 화를 냈을까?

사무엘은 길갈에서 사울을 만났다. 사울은 그를 보고 "야훼께서 주시는 복을 받으시기 바랍니다. 나는 야훼의 명령대로 다 하였습니다"라고 말했다(15:13). 사무엘을 속일 작정이었을까, 아니면 정말 자기는 야훼의 명령을 수행했다고 믿었을까? 만일 후자라면 그가 '헤렘'의 명령을 어떻게 이해했는지 궁금해진다. 사무엘은 그렇다면 자기 귀에 들리는 짐승 소리는 뭐냐며 그를 다그쳤고 사울은 그제야 그것들은 전리품이라면서 "우리 군인들이 예언자께서 섬기시는 야훼 하느님께 제물로 바치려고 양 떼와 소 떼 가운데서 가장 좋은 것들을 남겼다가 끌어왔습니다. 그러나 나머지 것들은 우리가 진멸하였습니다"라고 둘러댔다(15:15). 이에 사무엘은 그를 이런 말로 질책했다.

임금님이 스스로를 하찮은 사람이라고 생각하시던 그 무렵에 야훼께서 임금님께 기름을 부어 이스라엘의 왕으로 세우셨습니다. 그래서 임금님이 이스라엘 모든 지파의 어른이 되신 것이 아닙니까? 야훼께서는 임금님을 전쟁터로 내보내시면서 저 못된 아말렉 사람들을 진멸하고 그들을 진멸할 때까지 그들과 싸우라고 하셨습니다. 그런데 어찌하여 야훼께 순종하지 아니하고 약탈하는 데만 마음을 쏟으면서 야훼께서 보시는 앞에서 악한 일을 하셨습니까?(15:17-19)

사울은 이 질책을 받아들이지 않았다. 그는 야훼께 순종해서 전쟁터에 나갔고 아각도 붙들어왔으며 아멜렉 사람들도 진멸했는데 잘못한 게 뭐냐는 식으로 대답했다. 군인들이 "예언자께서 섬기시는 야훼 하느님에게 제물로 바치려고 진멸할 짐승들 가운데서 가장 좋은 것으로 골라"왔을 뿐이므로 문제될 게 없다는 식이었다(15:21).

이 대목에서 사무엘은 지금껏 인구에 회자되는, 야훼에게는 순종이 제사보다 낫고 명령을 따르는 것이 숫양의 기름보다 낫다는 명언을 말한다(15:22). 사울은 재차 야훼에게 버림받았다는 말을 듣고 나서 비로소 자기가 야훼의 명령과 사무엘의 말을 어겼다고 인정했다. 하지만 군인들이 두려워서 그들이 하자는 대로 했을 뿐이라고 핑계를 대면서 명령 불복종의 책임을 끝까지 군인들에게 전가하려 했다. 이런 사울의 모습은 안쓰러울 정도로 초라하다. 무엇이 그를 이처럼 초라하게 만들었을까? 하지만 아직 끝나지 않았다. 그는 사무엘에게 자기와 동행해서 체면을 세워달라고 사정하지만 사무엘은 이 요청도 거절하면서 "임금님께서 야훼의 말씀을 버리셨기 때문에 야훼께서도 이미 임금님을 버리셔서 임금님이 더 이상 이스라엘을 다스리는 왕으로 있을 수 없도록 하셨습니다"라고 못을 박았다(15:26). 여기서 사울이 사무엘의 옷자락을 붙들고 늘어지니 옷자락이 찢어지고 말았다.

> 야훼께서 오늘 이스라엘 나라를 이 옷자락처럼 찢어서 임금님에게서 빼앗아 임금님보다 더 나은 다른 사람에게 주셨습니다. 이스라엘의 영광이신 하느님은 거짓말도 안 하시거니와 뜻을 바꾸지도 않으십니다. 하느님은 사람이 아니십니다. 그러므로 하느님은 뜻을 바꾸지 않으십니다 (15:28-29).

하느님은 거짓말도 안 하고 뜻을 바꾸지도 않는다는 말은 학자들을 골치 아프게 만들어왔다. 사무엘은 사울을 측은하게 여겨서 그와 동행해서 야훼에게 제사를 지낸 후에 아각을 손수 처형했다. 그 후로 사무엘은 죽는 날까지 사울을 만나지 않았다(15:35). 야훼가 사울을 왕으로 세운 일을 후회했다는 사실을 반복해서 서술한 것을 보면 그 일은 설화자에게 매우 중요했던 모양이다. 이 말만 있으면 문제를 느끼지 않고 그러려니 하겠지만 바로 앞에서 야훼는 사람이 아니므로 뜻을 바꾸지 않는다고 말했으니 심각한 문제가 아닐 수 없다("이스라엘의 영광이신 하느님은 거짓말도 안 하시거니와 뜻을 바꾸지도 않으십니다. 하느님은 사람이 아니십니다. 그러므로 하느님은 뜻을 바꾸지 않으십니다"[15:29]). 후회는 하지만 뜻은 바꾸지 않는다는 뜻인가? 아니면 뜻을 바꾸지는 않지만 후회는 한다는 뜻인가? 야훼에 대해서 이만큼 모순된 선언이 또 있을까 싶다. 설화자는 상반되는 두 가지 진술을 남김으로써 독자를 혼란에 빠뜨렸다. 이에 대해서는 나중에 더 풀어 보겠다.

2

이제 13-15장이 전하는 사울의 몰락에서 중요한 대목들을 살펴보자. 본문을 피상적으로만 읽으면 사무엘과 사울이 어떤 사람인지 파악할 수 없고 한 걸음 더 파고 들어가야 비로소 이들의 면모를 어느 정도나마 밝혀낼 수 없다.

13장이 전하는 블레셋과의 전투에서 양쪽 군사력은 비교할 수 없을 정도로 블레셋이 우세하다. 블레셋 군대는 병거 삼천, 기마 육천에 보병은 셀 수도 없을 정도였는데 사울 군대는 기병, 보병 구분 없이 고작 삼천이었다니 말이다. 무기는 더 형편없다. 당시 이스라엘에는 대장장이가 한 명도 없었다. 히브리인들이 칼, 창을 만드는 걸 블레셋 사람들이 허용하지 않았다느니, 그들이 농기구를 벼리려면 블레셋 사람에게 가야 했다느니, 그래서 전쟁 때 이스라엘 군인에게는 칼이나 창이 없었다느니 하는 이야기들은 이스라엘의 무장수준이 블레셋의 그것과는 상대도 되지 않았음을 보여준다(13:19-22). 사울과 요나단만 무기다운 무기를 갖고 있었다니 이런 상태에서 무슨 전투를 하겠나 싶다. 일반군인들은 낫이나 도끼 같은 농기구를 들고 나왔으리라고 추측된다.

이런 점들을 생각하면 사울 군대가 도망친 사정도 이해 못할 바는 아니다. 전투가 시작되면 죽을 게 뻔한 데 누가 남으려 했겠는가. 사울의 군인들은 하나둘 씩 몸을 숨기거나 도망쳤고 그래서 한시라도 빨리 전투를 시작했어야 했다. 하지만 기다리는 사무엘은 소식도 없이 오지 않았고 약속된 이레가 지나자 사울은 제사를 집전했던 것이다. 사무엘이 제사가 끝나자마자 나타난 것은 아무래도 의도적으로 보인다.

그는 사울을 크게 질책하고서 사울이 하느님의 명령을 지켰더라면 "임금님과 임금님의 자손이 언제까지나 이스라엘을 다스리도록 야훼께서 영원토록 굳게 세워 주셨을 것"이라고 했다(13:13). 이 선언을 납득하기 어려운 몇 가지 이유가 있다.

첫째로 야훼가 정말 사울에게 그런 명령을 내리긴 했을까? 10장 8절에서 사울에게 길갈에 가서 이레 동안 기다리라고 말한 이는 야훼가 아니라 사무엘이었는데 본문 어디에도 야훼가 그 명령을 사무엘에게 했다는 언급이 없다. 이처럼 중요한 명령을 말이다. 사무엘은 야훼가 하지도 않은 명령을 했다고 거짓말을 했을까? 그게 아니면 사무엘이 하느님의 명령과 자기 명령을 동일시한 근거는 무엇일까? 사무엘은 예언자였기 때문에 야훼에게 받지도 않은 말을 제 멋대로 해서는 안 되었다. 야훼는 "내가 말하라고 하지 않은 것을 제 마음대로 내 이름으로 말하거나 다른 신들의 이름으로 말하는 예언자는 죽임을 당할 것이다"라고 선언한 적이 있다(신명기 18:20). 독자는 이 명령이 야훼에게서 왔는지 여부를 알 수 없다. 사무엘이 그렇다고 하니 의심하지 않고 그렇게 여겨왔을 뿐이다.

둘째로 사울에게 내린 명령의 '내용'이 무엇인지 불분명하다. 이레 동안 기다리라는 것인지, 제사를 집전하지 말라는 것인지가 분명치 않다. 전자라면 사울이 이레 동안 기다렸으니 사무엘은 부당하게 사울을 질책한 셈이다.

유명한 중세 유대인 성서학자 다비드 킴히(David Kimchi)는 이레째 되는 날 밤중까지 기다렸어야 했는데 사울은 아침까지만 기다렸기 때문에 질책 받아 마땅하다고 해석했다. 하지만 그렇게 해석할 근거는 어디에도 없다. 만일 후자라면 이레든 열흘이든 상관없이 제사장이 아닌 사울이 제사를 집전했으니 무조건 그가 잘못했다고 볼 수 있다. 설화자는 이 점을 애매하게 처리한다. 사울이 제사장 아닌 게 문제였다면 훗날 솔로몬이 제사를 집전한 것(열왕기상 3:3)은 어떻게 봐야 할까? 솔로몬은 괜찮지만 사울은 안 된다? 그럼 사울이 너무 억울하지 않은가.

──── 사울은 '할 수 없이 번제를 드렸다"고 말했다(13:12). 히브리 원문에는 '강제하다'라는 의미를 가진 '아파크'라는 동사의 수동형이 사용됐다. 그는 원치 않았지만 할 수 없이 자신을 강제해서 번제를 드렸다는 의미가 된다. 사울이 충동적으로 그렇게 한 게 아니라 극도의 자제력을 발휘했지만 그렇게 할 수밖에 없었다는 뉘앙스가 담겨 있다.

셋째로 설사 사울이 명령을 어겼다 해도 처벌이 지나치게 너무 무겁다는 점을 지적할 수 있다. 명령 불복종의 잘못에 대한 처벌이 왕조(dynasty)의 단절이라니 잘못에 대한 처벌치고는 과중하지 않느냐는 거다. 만일 사울이 명령을 지켰다면 "임금님과 임금님의 자손이 언제까지나 이스라엘을 다스리도록 야훼께서 영원토록 굳게 세워 주셨을 것"이었을 텐데 그걸 지키지 않아서 큰 벌을 받게 됐다.

여기서 사울이 받을 뻔 한 축복은 사무엘하 7장에서 다윗에게 약속한 축복과 내용이 똑같다. 차이가 있다면 사울은 이 정도의 일로 약속이 취소됐지만 다윗은 그보다 더 큰 죄악(간음죄와 살인죄)을 저질렀음에도 불구하고 약속이 취소되지 않았다는 점이다.

하지만 야훼는 사울의 자손이 영원히 다스리게 해주겠다는 약속을 하지 않았다. 본문 어디에도 야훼가 그런 약속을 했다는 내용이 없다. 사무엘이 그렇게 말한 것이 유일하다. 야훼가 사울에게 그런 약속을 했을까? 아니면 이것도 사무엘의 '창작'일까? 안타깝게도 설화자는 이에 대해서도 아무 말도 하지 않는다.

──── 학자들은 사무엘이 이레 동안 자기를 기다리라고 지시한 시점과 실제 블레셋과 전투가 벌어진 시점 사이의 시간차가 너무 길다는 점도 지적한다. 10장에서 사울이 비밀리에 기름 부음을 받았을 때 그가 몇 살이었는지는 분명치 않지만 대략 미혼의 청년이었으리라 짐작되는데 그가 블레셋과 전쟁을 벌였을 때는 아들 요나단이 성인이 되어 전쟁터에 나왔다고 했으니 두 사건 사이에는 적어도 10년 이상의 시간차가 있다고 봐야 한다. 그렇다면 사울은 이레 동안 자기를 기다리라는 사무엘의 지시를 긴 세월 동안 기억했어야 한다는 이야기가 된다. 이게 타당한 이야기일까?

사무엘상 14장이 전하는 사울 군대와 블레셋 군대의 전투에 대한 이야기는 사울과 아들 요나단 두 사람에게 초점이 맞춰져 있다. 여기서 요나단은 아버지이며 군사령관인 사울 몰래 블레셋 전초부대를 기습했고 사전에 알지 못했지만 사울이 내린 금식명령을 어기고 막대기에 꿀을 찍어 먹었다. 요나단의 기습공격이 성공한 데 힘입어 이스라엘은 블레셋을 물리쳤지만 상황은 거기서 끝나지 않았다. 사울의 금식명령을 지켰던 군인들이 승리한 후 명령이 해제되자 전리품 짐승들의 피까지 먹었다고 한다. 계명은 짐승의 피까지 먹는 것을 엄격하게 금하는데도 불구하고 말이다. 그들은 피에 생명이 깃들어 있다고 믿었으므로 피는 반드시 제단에 뿌려서 야훼께 바쳐야 했다(레위기 17:10-16). 사울은 놀라서 피까지 먹는 걸 금한 후 제단을 쌓아 사태를 수습했다.

이후 사울은 블레셋 군대를 쫓을지 여부를 야훼께 물었지만 답이 주어지지 않자 책임자 색출을 위해 제비뽑기의 일종인 우림과 둠밈을 사용했는데 요나단이 뽑혔다. 그때까지 침묵하던 요나단은 그제서야 자기 잘못을 고백했는데, 사울이 범인을 찾아내서 반드시 죽이겠다고 맹세했다는 것이 문제였다. 사울은 맹세한 대로 요나단을 죽이려 했지만 백성들의 반대에 부딪쳐 실행하지 못했다. "이스라엘을 구원하신 야훼의 살아 계심을 두고 맹세합니다. 허물이 나의 아들 요나단에게 있다고 하더라도 그는 반드시 죽을 것입니다"(14:39)라는 사울의 맹세가 "이스라엘에게 이렇게 큰 승리를 안겨 준 요나단을 죽여서야 되겠습니까? 절대로 그럴 수는 없습니다! 야훼께서 살아 계심을 걸고 맹세합니다. 그의 머리털 하나도 땅에 떨어져서는 안 됩니다"(14:45)라는 백성들의 맹세를 넘어서지 못했던 것이다. 벌써 사울이 힘을 잃기 시작한 걸까?

전쟁은 전쟁을 부르고 평화는 평화를 부른다고 했다. 사울은 블레셋을 물리친 다음 아말렉과 전쟁을 치렀다. 야훼는 이스라엘과 아말렉 사이의 악연을 짧게 서술한 다음에 이들과 전쟁하라고 명령한다.

———— 아말렉 종족은 이삭의 아들이고 야곱의 쌍둥이 형인 에서의 후손으로(창세기 36:12) 이스라엘이 출애굽했을 때 그들을 가로막았던 적이 있다. 야훼는 모세를 통해 이들을 멸절하라고 명령했다("너[모세]는 오늘의 승리를 책에 기록하여 사람들이 잊지 않도록 하고 여호수아에게는 '내가 아말렉을 이 세상에서 완전히 없애서 아무도 아말렉을 기억하지 못하게 하겠다'고 한 나의 결심을 일러주어라"[출애굽기 17:14]. "야훼 당신들의 하느님이 유산으로 주셔서 당신들로 차지하게 하시는 땅에서 야훼 당신들의 하느님이 당신들 사방의 적들을 물리치셔서 당신들로 안식을 누리게 하실 때에 당신들은 하늘 아래에서 아말렉 사람을 흔적도 없이 없애버려야 합니다. 이것을 잊지 말아야 합니다"[신명기 25:19]).

설화자의 관심은 전쟁의 승패 여부가 아니라 사울이 '헤렘'(진멸)의 명령을 '사무엘이 명한대로' 수행했는지 여부에 있다. 야훼는 사울에게 "너는 이제 가서 아말렉을 쳐라. 그들에게 딸린 것은 모두 전멸시켜라. 사정을 보아 주어서는 안 된다. 남자와 여자, 어린아이와 젖먹이, 소 떼와 양 떼, 낙타와 나귀 등 무엇이든 가릴 것 없이 죽여라"(15:3)라고 명령했지만 사울은 아말렉 왕 아각과 짐승들 중 기름진 것들을 죽이지 않았다. 야훼는 이 때문에 사울을 왕으로 세운 걸 '후회'했다(15:11). 표면적으로는 명령하달-불복종-후회-징벌의 순서로 이야가 전개됐다. 하지만 한 걸음만 더 깊이 들어가 보면 여기서도 이해하기 힘든 점들이 한둘이 아니다. 설화자는 전쟁의 결과에 대해서 "사울은 하윌라에서부터 이집트의 동쪽에 있는 수르 지역에 이르기까지 아말렉 사람을 쳤다"(15:7)라고 한 줄로 요약하고 나머지는 사울이 '헤렘'의 명령을 준수했는지 여부에 집중한다. 아말렉과의 전투는 야훼의 말대로 오랜 악연을 풀기 위해서였을까, 아니면 사울을 옭아매기 위해서였을까?

야훼가 아말렉과 싸우라는 명령을 내렸다는 점부터 의심스럽다. 아말렉은 이스라엘에서 먼 남쪽 이집트에서 가나안으로 오는 길목에 자리 잡고 있다. 이스라엘이 출애굽 때 이들과 맞부딪쳤던 것도 이들의 위치 때문이다. 블레셋을 비롯해서 침략하려고 노리는 종족들이 주위에 한둘이 아닌데 멀리까지 원정해서 이들과 전쟁을 치러야 할 이유가 무엇인지 납득할 수가 없다. 당장 위협이 되는 것도 아닌데 말이다. 오랜 악연을 이유로 내세운 것도 전쟁해야 할 이유가 없었기 때문이 아닐까? 그렇다면 아말렉 원정의 이유는 '헤렘'의 명령이 그들과 결부되어 있기 때문이겠다. 그것으로 사울의 복종심을 시험해볼 수 있으니 말이다. 그래서 학자들은 이 에피소드를 역사적 신빙성이 희박한 '픽션'으로 본다.

다음은 승전 후 사울의 태도에 대한 의문이다. 승리한 후 사울은 사무엘에게 "야훼께서 주시는 복을 받으시기 바랍니다. 나는 주님의 명령대로 다 하였습니다"(15:13)라고 말했다. 그는 자기가 야훼의 명령을 다 수행했다고 자신 있게 말한 것이다. 사울은 자신이 '헤렘'의 명령을 수행했다고 확신한 것으로 보인다. 알다시피 사무엘의 생각은 달랐다.

사무엘은 아각과 짐승 중 일부를 생포해왔으니 사울은 '헤렘'의 명령을 어겼고 야훼의 눈에 악을 행했다고 생각했다. 하지만 사울은 야훼의 명령에 순종했는데 자신이 아닌 군인들이 "야훼 하느님께 제물로 바치려고 진멸할 짐승들 가운데서 가장 좋은 것으로 골라"(15:21)왔을 뿐이므로 자기는 잘못한 게 없다는 거다.

사울은 잘못을 저지른 줄 알면서 짐짓 모른 채 한 걸까, 아니면 잘못한 게 없다고 생각했던 걸까? 사울이 한 말만 갖고 보면 후자일 가능성이 더 커 보인다. 그는 '헤렘'의 명령을 지켰다고 생각했다는 이야기다. 그렇다면 '헤렘'의 명령에 대한 그의 '해석'이 사무엘의 그것과 달랐던 걸까?

──── 모든 계명/명령에는 그걸 지켜야 하는 '이유'와 '목적'이 있다. 그것들 없이 주어지는 계명/명령은 없다. 그것들이 쉽게 이해되지 않는 경우는 있지만 그것들 없이는 계명/명령이 주어질 수 없다. '헤렘'의 명령도 이유와 목적이 있을 텐데 그게 무엇인지 쉽게 이해되지 않는다. 적군을 노예로 삼고 전리품을 획득하는 것이 전쟁의 목적일 텐데 그걸 전부 포기하라고 명령하는 것이니 그에 대한 합리적 이유를 찾기 어려울 수밖에 없다.

학자들은 '헤렘'의 명령이 '거룩한 전쟁'(Holy War) 이데올로기에 기원을 둔다고 추론해왔다. '거룩한 전쟁' 또는 '야훼의 전쟁'(War of YHWH)은 사람들 간의 전쟁을 그 이면에서 벌어지는 신들 간의 전쟁이 겉으로 드러난 걸로 본다. 이스라엘이 야훼의 명령에 따라 치른 전쟁들은 모두 '거룩한 전쟁'으로 여겼다. 실제로 전쟁터에서 싸우는 이는 사람이 아니라 야훼라고 여겼다는 이야기다. 성서는 '거룩한 전쟁' 대신 '야훼의 전쟁'이란 말로 표현하는데 내용은 '거룩한 전쟁'과 대동소이하다. 가끔은 '야훼의 전쟁'이 수행될 때 이스라엘 군인은 가만히 있는데 야훼가 적군을 무찌르기도 한다. 학자들은 '헤렘'의 명령의 목적을 두 가지로 든다. '야훼의 전쟁'에서 승리의 주역은 야훼임을 확실히 하는 것이 하나이고, 전쟁 자체가 '제사행위'이 므로 사람이 전리품을 취해서는 안 된다는 것이 다른 하나다. 이 주제에 관한 저작으로는 지금은 반론이 많지만 폰 라트의 기념비적 연구가 유명하다 (Gerhard von Rad, *Holy War in Ancient Israel*).

데이비드 건(David M. Gunn)은 왜 사울이 아각과 일부 짐승을 산채로 끌고 왔는지 설명해보려고 애쓴 학자들 중 하나다. 그는 사울이 탐욕에 사로잡혔거나 짐승들이 아까워서 생포해온 게 아니라 제물로 바치려 했기 때문이라고 주장했다. 사울의 말에는 어느 정도 진실성이 담겨 있지만 '제물'(sacrifice)에 대한 사울의 이해가 잘못됐다고 봤다.

사울은 '헤렘'을 일반적인 '제물' 곧 '쩨바'로 이해했다. 그는 "예언자께서 섬기시는 야훼 하느님께 '제물'로 바치려"고(15:15) 짐승 일부를 산 채로 가져왔다고 말했다. 여기서 '제물로 바치다'라는 동사 '짜바'의 부정사가 사용됐다. 사울이 '헤렘'을 '짜바'로 오해했다는 것이다 (David M. Gunn, *The Fate of King Saul*, 41–56쪽).

'헤렘'은 흔히 오해되는 것처럼 증오나 복수심 때문에 사람과 짐승을 살육하는 게 아니라 야훼께 바치는 제물의 한 형태였다. 제물이란 점에서는 '헤렘'과 '쩨바'가 다르지 않지만 둘 사이의 차이는 '헤렘'은 전쟁터에서 수행됐고 '쩨바'는 성소(sanctuary)에서 행해졌다는 데 있다. 사울은 전리품을 길갈 같은 성소로 가져와서 야훼에게 '쩨바'로 바치려 했기에 잘못한 게 없다고 주장했던 반면 사무엘은 그것들을 전쟁터에서 '헤렘'으로 바쳤어야 했다고 주장했다는 것이 데이비드 건의 주장이다. 하지만 그의 주장에는 아각을 생포해온 이유를 설명하지 못한다는 허점이 있다. 이스라엘에서는 오래 전부터 야훼에게 사람을 제물로 바치는 게 엄격히 금해졌으므로 사울이 아각도 '쩨바'로 바치려 했다고 보기는 어렵다. 이 점이 단점이긴 하지만 사울의 명령불복종의 이유를 탐욕이 아닌 다른 데서 찾으려 했다는 점에서 그의 주장은 의미가 없지 않다. 다른 경우에도 사울은 특별히 탐욕적이지는 않았다.

데이비드 건의 주장이 옳다면 사무엘과 사울은 '헤렘'의 명령에 대한 해석이 다를 수 있음을 보여줬다고 볼 수 있다. 그렇다면 어느 해석이 옳고 어느 해석이 그른지를 판단할 '기준'과 '권한'이 무엇인가 하는 질문을 던지지 않을 수 없다. 원칙적으로 해석의 기준과 권한이 야훼에게 귀속된다고 말해도 문제는 해결되지 않는다. 그렇게 되면 야훼의 기준이 무엇인지 물어야 하기 때문인데 그것을 알 수 없다면 계명/명령을 해석하는 데 있어서 사람들 사이에 의견의 차이는 피할 수 없다.

이 경우 해석의 기준과 권한은 대개 힘 있는 편이 정하기 마련이다. 자기가 하느님을 배경으로 갖고 있다고 주장하는 것은 도움은 될지라도 절대적이지는 않다. 사무엘과 사울은 모두 하느님 편이라고 믿었을 터이니 말이다. 자기 편이라고 믿는 하느님이 '어떤' 하느님이냐가 문제가 될 수밖에 없다. 사무엘은 이스라엘 역사에서 오래된 전통인 '헤렘'에 집착했다. '헤렘'이 모조리 죽이라는 명령이라고 해서 해석의 여지도 없다고 할 수는 없다. 여기에도 해석의 여지가 존재한다. 사무엘은 이 명령을 글자 그대로 해석한 반면 사울은 이를 '쩨바'와 연결시켜서 해석했다. 사울은 짐승 일부를 길갈 성소로 가져가서 '쩨바'로 바쳐도 괜찮다고 해석했다. 이전에는 아무도 '헤렘'의 명령을 이렇게 해석하지 않았다. 그는 새로운 해석을 시도한 것이다. 하지만 설화자는 사무엘의 손을 들어줬다. 새로운 해석에 대해 전통적인 해석의 승리를 선언한 셈이다. 사무엘의 해석이 더 정당했기 때문일까, 아니면 그가 더 큰 권력을 갖고 있었기 때문일까? 훗날 다윗도 아말렉과 싸운 적이 있는데 그때 그는 '헤렘'의 명령을 지키지 않았음에도 불구하고 징계를 받지 않았다. 물론 그때는 그 명령이 명시적으로 주어지지는 않았지만 말이다.

사울은 무엇을 근거로 해서 '헤렘'의 명령을 그렇게 해석했을까? 전통 어딘가에 새로운 해석을 행할만한 실마리가 있었을까? 구약성서 어디에도 그럴만한 근거는 없다. 그렇다면 사울이 굳이 그런 근거를 찾을 필요가 없다고 믿었을 가능성이 남는다. '내가 왕인데 왜 굳이 과거 전통에 매달려야 하나?'라고 생각했을 수 있다는 이야기다. 하지만 이 대결에서 사울이 졌다. 그는 "내가 죄를 지었습니다. 야훼의 명령과 예언자께서 하신 말씀을 어겼습니다. …… 제발 나의 죄를 용서해 주시고……"(15:24)라며 사무엘에게 고개를 숙였다. 그는 '헤렘'의 명령에 대한 해석을 두고 벌어진 사무엘(이 대표하는 전통세력)과의 권력투쟁에서 패했던 것이다.

똑같은 논증이 13장에도 적용될 수 있다. 이레 동안 자기를 기다리라던 사무엘과 이레를 기다렸지만 그가 오지 않자 스스로 제사를 주관했던 사울 간의 갈등 역시 누가 옳고 누가 그른지를 따지지 말고 누가 더 큰 권력을 가졌는지 따져보면 이해하기가 그리 어렵지 않다. 양쪽에서 사무엘은 야훼의 명령과 자신의 명령을 동일시할 권력을 기반으로 해서 '헤렘'의 명령을 자기에게 유리하게 해석할 수 있는 권력을 갖고 있었던 것이다.

　마지막으로 야훼가 '후회'했다는 말을 어떻게 이해할까 하는 문제가 있다. 설화자는 야훼가 사울을 왕으로 세운 걸 '후회'했다고(15:11) 서술한다. 야훼도 사람처럼 후회를 한다는 거다. 사람도 후회해봐야 달라지는 게 없으니 쓸모없다고 여기는데 그것을 야훼가 한다는 게 말이 되는가. 설상가상으로 몇 절 아래에서 사무엘은 "이스라엘의 영광이신 하느님은 거짓말도 안 하시거니와 뜻을 바꾸지도 않으십니다. 하느님은 사람이 아니십니다. 그러므로 하느님은 뜻을 바꾸지 않으십니다"(15:29)라고 선언하니 이를 어찌해야 하나. 사무엘은 '후회'라는 말을 직접 사용하지는 않았지만 결국 그런 뜻이다. 게다가 몇 줄 또 내려가면 "그 다음부터 사무엘은 사울 때문에 마음이 상하여 죽는 날까지 다시는 사울을 만나지 않았고 야훼께서도 사울을 이스라엘의 왕으로 세우신 것을 후회하셨다"(15:35)라고 서술하니 대체 야훼는 후회를 한다는 말인지 안 한다는 말인지 갈피를 잡을 수 없다. 성서에서 하나의 주장이 이처럼 우왕좌왕하고 엎치락뒤치락하는 경우도 드물 터이다.

───── 이 주제를 갖고 테렌스 프레타임(Terence E. Fretheim)과 존 윌리스(John T. Willis)가 각각 "The Repentance of God: A Study of Jeremiah 18:7-10"과 "The 'Repentance' of God in the Books of Samuel, Jeremiah, and Jonah"라는 논문을 썼다. 프테타임은 예레미야 18장의 비

유에서 토기장이는 창조주 하느님을 가리키지 않는다고 주장했다. 피조물로서의 사람은 수동적인 토기가 아니기 때문이란다. 사람은 미래에 열려 있고 미래를 열어갈 능력과 책임도 부여받았으므로 잘못된 결과에 대해서는 책임을 져야 한다는 점에서 토기와는 다르다는 것이고 그렇기에 역설적으로 하느님은 '후회'할 수 있다는 것이다. 그는 사람의 자기결정권이 하느님의 후회를 가능하게 했다고 주장한다.

월리스는 사무엘서, 예레미야서, 요나서에 나오는 하느님의 '후회'에 관련된 구절들을 연구했다. 구약성서에 하느님이 후회한다거나 후회하지 않는다는 서술은 모두 서른여섯 번 등장하는데 그 중 열일곱 번이 사무엘서에 등장한다. '하느님의 후회'가 어려운 주제인 까닭은 첫째, 성서 저자들이 여러 곳에서 하느님은 후회하지 않는다고 말하고 둘째, 후회는 하느님의 전능함과 배치되며 셋째, 하느님의 완전함과도 양립할 수 없고 넷째, 하느님의 탄식(grieving)과도 관련되며 다섯째, 우리가 하느님의 초월을 강조하는 그리스적 사고에 익숙해져 있기 때문이다. 그는 사무엘서 저자가 하느님의 후회에 대해 엎치락뒤치락 하는 까닭은 첫째, 하느님은 후회하지 않는다는 '불변함'을 강조함으로써 사람들이 무책임하고 변덕스러운 힘에 사로잡혀 있지 않음을 강조하면서 둘째, 하느님은 때로 후회한다는 '가변성'을 드러냄으로써 불변하는 원칙의 포로가 아님을 강조하려 하기 때문이라고 주장한다. 하느님은 사무엘하 24장 16절에서 보듯이 자신이 백성들에게 재앙 내린 것을 후회하는 '사랑의 하느님'이라는 것이다.

성서가 하느님을 '하느님답지 않게' 서술할 때 독자는 당황한다. 하느님이 질투한다거나 후회한다거나 하는 것뿐 아니라 사소한 일에도 과도하게 칭찬/축복하거나 질책/징벌한다는 서술이 그런 경우다. 지나치게 '사람처럼'(anthropomorphically) 묘사하는 경우도 마찬가지다. 이런 표현들은 하느님을 '영적 존재'(spiritual being)로 믿는 현대인에게는 매우 낯설어서 받아들이기 힘들다. 성서구절을 '직설적'이 아니라 '은유적으로'(metaphorically) 해석하려는 경향이 여기서 비롯된다. 이런 경우 성서는 하느님에 대해서 논리를 갖춰서 교리적으로 설명하는 책이 아니라는 사실을 기억할 필요가 있다. 성서는 하느님에 대한 생각을 논리적으로 설명하는 '논문'이 아니라 '이야기'나 '시'에 가깝다. 성서의 하느님은 이야기 속에 있는 하나의 '캐릭터'이거나 시 속의 하나의 '은유'로 표현되어 있으므로 이 점을 명시하고 읽을 필요가 있다.

야훼가 후회하고 뜻을 바꾸는 하느님인지, 사람과는 달리 후회하지도 않고 뜻을 바꾸지도 않는 하느님인지에 대해 교리적인 답을 찾는 일은 사울-다윗 이야기를 해석하는 데 도움이 되지 않는다. 독자가 만나는 야훼는 '사울-다윗 설화 속의 한 캐릭터로서의 야훼'(YHWH as a character in the Saul-David narrative)이지 교리적인 탐구의 대상으로서의 야훼가 아니다. 사울-다윗 이야기 속의 야훼는 사울에 대해서는 후회하는 하느님이고 다윗에 대해서는 후회하기는커녕 고집스럽게 뜻을 바꾸지 않는 하느님이다. 야훼가 다윗을 어떻게 대했는지에 대해서는 나중에 자세히 다루게 된다.

야훼가 사울을 왕으로 세운 걸 후회한다고 말하자 "사무엘은 괴로운 마음으로 밤새도록 야훼께 부르짖었"던(15:11) 이유가 무엇인지도 궁금하다. 『새번역 성서』는 '괴로운 마음으로'라고 번역했지만 원문에는 '화를 내며'로 되어 있다는 이야기는 앞에서 했다. 사무엘은 왜 후회하는 야훼에게 화를 내며 밤새도록 그에게 부르짖었냐는 것이다. 사무엘도 사울이 버려지기를 원했으니 야훼의 후회를 기꺼이 받아들일 법한데 반대의 반응을 보였다니 이유가 궁금하지 않을 수 없다. 학자들은 대체로 후회하는 야훼의 아픈 심경에 사무엘이 공감했기에 괴로워했다고 해석한다(학자들은 사무엘이 '화를 냈다'는 원문에 관심을 두지 않는다). 그렇다면 사무엘은 밤새도록 뭐라고 야훼에게 부르짖었을까? 한시라도 빨리 사울을 내쳐달라고 부르짖었을까?

이에 대해서 데이비드 조블링(David Jobling)이 흥미로운 해석을 내놓았다. 그는 사무엘상 13장과 15장이 전하는 이야기를 철저하게 사무엘과 사울 사이의 권력투쟁이라는 시각으로 바라본다. 사무엘이 자기를 이레 동안 기다리지 않고 제사를 주관했다고 사울에게 심판을 선언한 것도, '헤렘'의 명령을 '자기가 해석한대로' 지키지 않았다고 사울이 왕권을 잃을 뿐 아니라 후손까지 왕좌에 오르지 못할 거라고 선언한 것도 모두 권력투쟁의 눈으로 바라봐야 한다는 거다.

야훼의 이름이라는 전통적 권위를 등에 업고 있던 사무엘과, 군주제라는 새로운 제도의 수장으로서 백성들의 후원을 배경으로 하고 있던 사울 사이에 벌어진 권력투쟁이 아니라면 이 사건들의 의미를 포착할 수 없다는 것이다. 사울이 사무엘 없이 제사를 주관한 것도, '헤렘'의 명령을 '자기 방식대로' 해석한 것도 모두 왕이라면 마땅히 그 정도의 권력을 행사할 수 있다고 여겼기에 그렇게 행동했지만 결과적으로는 시기상조였던 것이다. 그때까지는 새로운 권력이 전통적 권력을 누를 수 없었으므로 사울은 사무엘에게 무릎을 꿇지 않을 수 없었다. 사무엘이 후회하는 야훼에게 화를 내고 밤새 부르짖었던 까닭은 이제 겨우 사무엘이 사울을 자기 밑에 주저앉혔는데 그를 '사울보다 더 나은 다른 사람'(15:28)으로 교체한다면 자신의 입지가 불안해지리라고 봤기 때문이라는 것이 조블링의 해석이다(David Jobling, *1 Samuel, Berit Olam Series*, 85-88쪽). 텍스트 상의 근거는 희박하지만 이만 하면 그럴 듯한 상상력이 아닌가 싶다.

3

사무엘은 야훼 신앙에 충실한 예언자이자 사사이자 제사장으로 여겨져 왔다. 그는 백성들이 야훼를 유일한 왕으로 받아들이지 않고 인간 왕을 세워달라고 요구한 데 분노를 느꼈고, 그들의 요구를 받아들여 왕을 세워주라는 야훼의 명령을 이해하지 못했다. 하지만 그는 야훼의 섭리대로 사울을 만나서 그를 왕으로 세우는 킹메이커 역할을 수행했다. 처음에는 비밀스럽게 기름을 부어 그를 '지도자'(나기드)로 세웠고 두 번째는 미스바에 백성들이 모인 자리에서 제비뽑기를 통해 그를 왕으로 소개했으며 마지막으로 사울이 이끄는 이스라엘 군대가 암몬과의 전투에서 승리한 후에 길갈에서 그를 왕으로 '새롭게' 선포했다. 그는 처음에는 사울을 왕으로 세우는 데 반대했지만 결국 야훼의 뜻에 순종했다.

하지만 그 이후 그의 행동은 야훼가 왕으로 세운 사울에게 충성했다기보다는 그를 왕좌에서 끌어내리려 애썼다고 볼 수 있다. 그는 두 번이나 사울을 왕좌에서 끌어내리려고 했다. 그는 자기 생각을 야훼의 생각이라고 간주했고 자기의 지시를 야훼의 명령인 것처럼 말했다. 야훼는 사울에게 이레 동안 기다리라고 지시한 적이 없었다. 사무엘은 자기의 지시를 '하느님의 명령'인 것처럼 말했다. 야훼의 명령을 지킨다면 사울의 자손이 영원히 이스라엘을 다스리리라고 야훼가 약속한 적이 없었다. 사무엘은 야훼가 그렇게 약속했다고 말했지만 야훼가 그렇게 약속했다는 이야기는 어디에도 없다. 설화자가 야훼의 약속을 전하지 않았거나 하지도 않은 약속을 야훼가 했다고 사무엘이 거짓말을 했거나, 둘 중 하나다.

필자는 두 가지 이유 때문에 후자일 가능성이 크다고 추측한다. 첫째, 사무엘은 이레 동안 자기를 기다리라는, 야훼가 하지 않은 지시를 했다고 말했다. 이런 행위가 반복되지 않았다고 보는 것도 무리는 아니다. 둘째, 만일 야훼가 사울에게 영원한 왕조를 약속했다면 설화자가 이를 빠뜨렸을 개연성은 낮다. 나중에 비슷한 약속이 다윗에게 주어졌을 때(사무엘하 7장)는 이를 빠뜨리지 않으니 말이다. 이런 점들을 감안하면 예언자로서 사무엘은 좋게 말하면 하느님의 명령을 탄력적으로 전달한 예언자이고 나쁘게 말하면 거짓 예언자로 볼 수 있겠다.

───── 예언자에게는 '탄력성'이라는 것이 문제가 된다. 야훼가 말하지도 않은 것을 예언자가 마음대로 야훼의 말이라고 선포하면 죽임을 당할 것이라고 했다(신명기 18:18 이하). 설화자가 전한 것이 전부라면 사무엘은 야훼가 말하지도 않은 것을 자기 마음대로 야훼의 이름으로 말했다고 볼 수 있다. 신명기의 선언을 글자 그대로 적용하면 그가 그렇게 말하고도 죽지 않았으니 거짓 예언자는 아니라고 볼 수도 있지만 말이다. 하지만 신명기의 선언

이 그런 예언자가 '언제' 죽는지에 대해서는 말하지 않았으니 단지 죽지 않았다는 이유만으로 그를 참 예언자로 보기도 어렵다. 신명기는 예언자의 말이 야훼가 줬는지 여부를 구별하는 기준으로 예언자가 한 말이 그대로 이루어지면 야훼의 말이고 그대로 이루어지지 않으면 제멋대로 한 말이니 그런 예언자는 두려워하지 말라고 했다(신명기 18:22). 여기에도 문제는 예언이 '언제' 이루어져야 참 예언인지에 대해서 말하지 않는다는 데 있다. 1년이 지나고 10년이 지나고 100년이 지나도 이루어지지 않는 예언을 언제까지 기다려야 하는가 말이다.

사무엘은 사람이 왕이 되는 것은 야훼의 왕권에 대한 도전이요 거부라고 여겼다. 사울은 그렇게 생각하지 않았던 것 같다. 그는 자기의 왕권이 야훼의 왕권과 어떤 관계에 놓여 있는지를 보여줄 만한 언행을 남기지 않았다. 물론 사울도 자신의 왕권이 야훼의 왕권 위에 있다고는 생각하지 않았을 것이다. 이스라엘 사람치고 그렇게 생각할 사람은 없었을 테니 말이다. 하지만 그는 자신의 왕권이 사무엘의 권한 아래 있다고 여기지도 않았다. 적어도 둘은 대등한 권력관계이거나 권력을 나눠 가진 관계로 여겼다고 추측된다.

사울이 사무엘이 오지 않자 스스로 제사를 집전한 까닭은 자신에게도 제사 집전권이 있다고 믿었기 때문이다. 그가 첫 왕이므로 이에 관한 전례는 없었지만 주변 종족들도 왕이 제사를 집전했고 훗날 솔로몬처럼 그랬으니 그것이 절대 불가하다고 여기지는 않았을 터이다. 사무엘이 이 문제로 사울을 비난한 이유는 제사 집전에 관한 자신의 독점권을 사울이 침해했기 때문이었다고 추측된다. 겉으로는 둘이 야훼에 대한 충성심 경쟁을 벌인 것처럼 보이지만 실제로는 치열한 권력다툼을 벌였던 것이다.

사무엘과 사울의 성격은 아말렉과의 전투에서 '헤렘'의 명령과 관련해서 벌인 다툼에서도 볼 수 있다. 이에 대해서는 앞에서 설명했으므로 요점만 말하면, 사울이 아각과 일부 좋은 짐승들은 죽이지 않고 산채로 데려 왔던 것은 왕은 그렇게 해도 된다고 여겼기 때문이다. '헤렘'의 명령을 그렇게 해석할 수 있는 권한을 갖고 있다고 여겼다는 것이다. 게다가 그는 아각과 짐승들을 대중 앞에 전리품으로 내놓음으로써 정치적 효과를 거두려고 했을 수도 있다.

———— 다이아나 에델만(Dianna Vikander Edelman)은 이를 블레셋과 전투를 치렀을 때 자기 군인들에게 내린 금식명령과 비교한다. 금식명령은 승전의 전리품인 짐승을 먹지 말라는 것이었다. 사울은 정작 지켰어야 할 '헤렘'의 명령은 어기면서 불필요한 금식명령을 내려서 더 큰 승리를 거두지 못하게 했다는 것이다. 에델만은 사울이 야훼의 호의를 얻기 위해 금식명령을 내렸다고 보고 사울은 이미 야훼께 버림받은 상태였으므로 차기 왕이 될 요나단이 블레셋에 승리하는 걸 원치 않았다고 주장했다(Edelman, *King Saul and the Historiography of Judah*, 88-91쪽). 그녀의 주장이 옳다면 사울은 자신의 왕권을 유지하기 위해 기꺼이 아들을 희생시키려 한 것이 된다. 나중에 사울은 요나단이 다윗과 내통한다며 입에 담지 못할 말로 그를 비난했고 심지어 창으로 죽이려고까지 했다(20:30-34).

사울은 사무엘과의 이념대결에서 패했다. 그는 "야훼께서는 달리 마음에 맞는 사람을 찾아서 그를 당신의 백성을 다스릴 영도자로 세우셨다"(13:14)는 사무엘의 말에 한 마디도 대꾸하지 못했다. 하지만 이 싸움을 사무엘과 사울 개인의 대결로 보는 것은 정당하지 않다. 사무엘은 사사시대의 전통질서를 지키려는 집단의 후원을 받았고 사울(과 훗날 다윗)은 새로운 제도인 군주제가 정착시키려는 집단의 후원을 받았다. 한편은 선이고 다른 한편은 악으로 규정하는 것은 정당하지 않다.

당시 신학으로 보면 사무엘로 대표되는 전통질서가 정당한 것처럼 보이지만 다윗시대에는 상황이 역전되어 새로운 질서가 정당성을 얻었다. 사울은 '헤렘'의 명령을 자의적으로 해석했다고 해서 심판받았지만 다윗은 놉 성소에서 제물로 바쳐진 떡을 거짓말을 해가면서 먹었음에도 불구하고 어떤 처벌도 받지 않았다. '헤렘'의 명령에 대한 자의적인 해석은 '명령불복종'이고 무자격자가 제사 음식을 먹은 것은 '혁신'이라면 둘을 구분하는 기준은 과연 무엇일까? 둘이 다른 평가를 받은 이유는 전자는 사울의 행동이고 후자는 다윗의 행동이란 것 이외에 다른 데 있지 않다.

사울은 이행기의 첫 왕이었으므로 왕으로서 자기가 할 수 있는 일과 할 수 없는 일이 무엇인지 확실히 몰랐다. '선례'가 없었으므로 시행착오는 불가피했다. 주변 종족들에 왕이 있었으므로 그들을 보고 배울 수 있었겠지만 이스라엘의 군주제에는 '모든 이방나라들처럼' 되어서는 안 된다는 신념이 존재했다(8:5 참조). 따라서 사울은 왕으로서 마음대로 할 수 있는 여지가 작았다. 이방의 왕들처럼 할 수도 없었고 그들과 다른 길을 가려고 해도 선례가 없었기에 원점에서 새로 출발하다시피 해야 했다. 거기다가 사무엘은 도우미가 되기는커녕 전통을 내세우며 사사건건 발목을 잡았으니 그는 시작부터 어려움에 봉착할 수밖에 없었다. 그의 일생은 한편으로는 다윗과 싸워야 했고 다른 한편으로는 완고한 전통과 대결해야 했다. 그의 힘에 버거웠던 싸움이었기에 그는 끝내 싸움에서 패하고 말았다. 사무엘은 사울에게 기름을 부어 '지도자'로 세우면서 "이런 일들이 일어나거든 하느님께서 함께 하시는 것이니 할 수 있는 일은 마음대로 하시오"(10:7)라고 말했지만 실제 사울의 운신의 폭이 그리 넓지 않았다. 게다가 그를 가로막은 사람은 다름 아닌 사무엘이었으니 그의 말은 '립 서비스'에 불과했을까.

——— 10장 7절을 『새번역 성서』는 "이런 일들이 그대에게 나타나거든 하느님이 함께 계시는 증거이니 하느님이 인도하시는 대로 따라 하십시오"라고 번역했는데 이는 원문의 뜻을 왜곡한 번역이다. "이 징조가 네게 임하거든 너는 기회를 따라 행하라 하느님이 너와 함께 하시느니라"라는 『개역개정 성서』의 번역도 뜻을 왜곡하기는 마찬가지다. "이런 일들이 일어나거든 하느님께서 함께 하시는 것이니 할 수 있는 일은 무엇이든지 마음대로 하시오"라고 번역한 『공동번역 개정판 성서』가 원문의 뜻을 가장 잘 살렸다. 하지만 설화자는 다음 절에서 이레 동안 자신을 기다리라는 사무엘의 말(8절)을 덧붙임으로 앞 절의 말에 재갈을 씌웠다. 학자들은 이를 '신학적 정정'(theological correction)이라고 부르는데 그렇게 부드럽게 불러도 되나 싶다.

아말렉에게 승리한 후 신학적인 의미에서 사울의 버림받음은 완결된다. 이후에는 이 버림받음이 실제로 어떻게 실현되는지에 대한 이야기가 전개된다. 사울에 대한 야훼의 후회가 어떤 결과를 낳을지가 궁금하다. 실제로 야훼는 사울의 후임자를 물색하기 시작한다(13:14). 사울이 버젓이 왕좌에 앉아 있는데 사무엘은 야훼의 지시를 받아 비밀리에 야훼가 정해놓은 후보자를 찾아간다. 이로써 처음에는 똑같이 야훼의 선택을 받아 세상에 나왔고 왕이 됐지만 결말은 사뭇 달랐던 두 영웅의 대결 시대로 접어들었다.

──── 구약성서에서 이스라엘의 군주제는 야훼가 주도해서 시작됐고 예언자의 중재를 거쳐 정착된 제도로 서술된다. 신정정치적 군주제도(theocratic monarchy)의 정착에 있어서 왕과 예언자의 역할분담(권력분립)은 중요한 역할을 했다. 왕은 주로 군사적 역할을 담당했고 예언자는 하느님과 소통하여 그의 의사를 왕과 백성들에게 전달하는 역할을 했다. 사울과 사무엘의 대결 결과 내려진 결론은 왕은 예언자를 통해 주어지는 야훼의 지시를 받아서 역할을 해야 한다는 것이었다. 이에 관해 저명한 유대인 학자인 탈몬(S. Talmon)은 이렇게 썼다.

"군주제 이전의 이스라엘에서는 하느님의 영은 모세와 같은 지도자의 인격에만 배타적으로 드러났었다. …… 군주제의 정착과 함께 하느님 영의 임재 방식이 둘로 나눠졌다. 하느님은 카리스마적인 왕(사무엘하 7장, 특히 12-17절)과 메신저-예언자라는 두 가지 유형의 지도자에게 당신의 영을 드러냈다. 후자는 공적 영역에서 방향제시를 하는 데 있어서 자기가 전자보다 우위에 서는 것이 하느님의 뜻이라고 주장했다. 실제로 예언자는 하느님과 지도자-왕 사이를 잇는 중재자가 됐다"(S. Talmon, "Biblical Idea of Statehood," in G. Rosenburg et al. ed., *The Biblical World: Essays in Honor of Cyrus H. Gordon*, 244쪽).

사울에게 동정적인 입장을 가진 학자는 데이비드 건(David Gunn)이다. 그는 "사울이 왕으로서 실패한 이유는 그의 내적인 부적합성인가, 아니면 외부의 힘이나 환경이 그를 낙마시켰기 때문인가?"라고 묻고 그것이 사울 탓이 아니라고 할 수는 없지만 그가 전적으로 책임질 일도 아니라고 했다. 왕으로서의 사울의 역할은 야훼가 부여한 것이었고 사울은 자신의 의지로 하느님을 대적하지도 않았다. 그의 낙마는 준비되고 계산된 것이었다. 사울의 잘못은 도덕이 아니라 절차에 관한 것이었고 그는 저지른 잘못에 비해서 과도한 처벌을 받았다. 한 마디로 사울의 낙마는 그의 행위의 결과가 아니었다는 것이다. 그는 사울을 비합리적인 하느님에 의해 무고하게 피해를 당한 피해자로 봤다(David Gunn, *The Fate of King Saul: An Interpretation of a Biblical Story*, 115-123쪽). 정말 그런지는 앞으로 따져볼 일이지만 사울의 낙마가 면밀하게 준비되고 계획된 일이었다는 그의 주장에는 동의하지 않는다.

3부
쫓는 사울, 쫓기는 다윗

사울은 이미 통치 초기에 사무엘을 통해 야훼께 버림받았다는 선언을 들었다. 그는 야훼가 보낸 악한 영 때문에 고통스런 삶을 살았다. 다윗의 수금 연주 덕분에 그는 겨우 악몽과 공황에서 벗어날 수 있었다. 바로 그 다윗이 야훼의 마음의 드는 자로서 그를 대체해서 왕좌를 차지할 사람이었다니 이런 아이러니가 어디 있는가. 사울을 사로잡은 것은 다윗이었다. 악몽과 공황에서 벗어나는 길은 다윗을 죽이는 것뿐이었다. 그래서 사울은 다윗을 쫓아다니며 그를 죽이려 했다. 하지만 정작 그를 쫓은 자는 다윗이고 자기는 쫓기는 자였다. 사울이 다윗을 가까이 쫓으면 쫓을수록 그는 더 다윗이라는 압박에 가위눌렸다. 사울은 블레셋과의 전투에서 죽었지만 그 이전에 무당이 불러낸 사무엘의 혼령과 만났을 때 이미 죽은 것이나 마찬가지였다. 일그러진 영웅 사울은 다윗이 부른 조가를 스올에서 어떤 심정으로 들었을까?

1장

다윗, 세상에 나오다

1

드디어 다윗이 등장할 차례가 왔다. 아말렉과의 전쟁에서 '헤렘'의 명령을 지키지 않았다는 이유로 사울이 야훼에게 버림받았다고 선언한 후 사무엘은 죽는 날까지 그를 만나지 않았다(15:35). 설화자는 야훼는 사울을 왕으로 세운 걸 후회한다고 재차 서술함으로 이를 기정사실화했다. 다음에 할 일은 사울의 대체자를 찾는 일이었다. 그가 바로 다윗이었다.

다윗은 모세와 더불어 구약성서에서 가장 널리 알려진 사람으로 유대교와 그리스도교에서 공히 중요하게 여겨지는 인물이다. 그리스도교는 그를 구세주 예수의 조상으로 여긴다(마태복음 1:1; 요한복음 7:42; 로마서 1:2-3; 요한계시록 22:16). 신약성서에서 예수가 다윗의 자손임을 부정하는 말을 한 유일한 인물은 예수 자신이다. 예수는 다윗이 그리스도를 '주님'이라고 불렀는데 어떻게 그리스도가 다윗의 자손이 되느냐고 반박한 적이 있다(마태복음 21:42-45).

고대 영웅에게는 대부분 탄생설화가 있다. 구약성서에도 이삭, 에서와 야곱, 모세, 삼손, 사무엘 등이 그러한데 이들 대부분은 불임 어머니에게 태어났다는 공통점이 있다. 모세는 불임 여성의 아들은 아니지만 태어나자마자 죽을 고비를 넘겼고 예수의 어머니 마리아는 아기를 낳아서는 안 되는(낳을 수 없는) 처녀였다. 예수는 모세처럼 태어나자마자 죽을 뻔했다. 하지만 다윗에게는 탄생설화가 없다. 그는 불임 어머니에게서 태어나지도 않았고 죽을 고비를 넘기지도 않았다.

구약성서에서 룻기를 빼고 그의 이름이 처음 등장하는 곳은 16장 13절이고("사무엘이 기름이 담긴 뿔병을 들고 그의 형들이 둘러선 가운데서 다윗에게 기름을 부었다. 그러자 야훼의 영이 그 날부터 계속 다윗을 감동시켰다. 사무엘은 거기에서 떠나 라마로 돌아갔다") 그의 죽음을 전하는 곳은 열왕기상 2장 10-11절이다("다윗은 죽어서 그의 조상과 함께 '다윗 성'에 안장되었다. 다윗 왕이 이스라엘을 다스린 기간은 마흔 해이다. 헤브론에서 일곱 해를 다스리고 예루살렘에서 서른세 해를 다스렸다"). 그의 이야기가 마흔두 장에 걸쳐 전개되니 그가 중요한 인물임에는 틀림없다. 이렇게 중요한 인물에게 왜 탄생설화가 없을까?

다윗의 등장은 사울의 몰락과 연결되어 있다. 사울의 몰락 시점과 다윗의 등장 시점은 맞물려 있다. 사울이 몰락하지 않았다면 다윗이 상승하지 못했다. 예수가 등장하자 세례자 요한이 자리를 내준 것과 달리 사울은 다윗에게 자리를 내주기는커녕 그의 상승을 저지하려고 안간힘을 썼다. 그는 평생 다윗을 두려워하면서 부러워하고 질시했다. 사람들은 이런 사울을 '비극적 영웅'(tragic hero)이라고 불렀다.

사울을 왕위에 올린 걸 후회한 야훼는 사무엘에게 "사울이 다시는 이스라엘을 다스리지 못하도록 내가 이미 그를 버렸는데 너는 언제까지 사울 때문에 괴로워할 것이냐? 너는 어서 뿔병에 기름을 채워 가지고 길을 떠나 베들레헴 사람 이새에게로 가거라. 내가 이미 그의 아들 가운데서 왕이 될 사람을 한 명 골라 놓았다"(16:1)라고 말했다. 야훼는 사울이 버젓이 왕좌에 앉아 있는데 후임자를 정해놨다는 거다. 먼저 사울을 왕좌에서 내린 후에 다윗을 앉히는 게 순리지만 야훼는 그렇게 하지 않았다. 왜 그렇게 급했나 싶지만 실제로 다윗이 왕위에 오른 때는 이보다 훨씬 나중이었다.

이 사실이 사울에게 알려지면 자기를 죽일 거라고 사무엘이 말하자 야훼는 암소 한 마리를 끌고 이새에게 가서 야훼에게 희생 제사를 드리러 왔다고 말하라고 시켰다(16:2-3). 방문 목적을 속이라는 이야기인데 실제로 제사를 했든 하지 않았든 이는 명백히 거짓말이고 속임수다. 사무엘이 이새를 방문하는 목적은 야훼가 점지한 사람을 만나는 일이었으니 말이다. 야훼는 사울을 속이려고 사무엘더러 거짓말을 하라고 시킨 것이다. 야훼는 자신의 목적을 이루기 위해서는 거짓말도 시키는 하느님이다.

사무엘이 베들레헴에 도착해서 장로들을 만났더니 그들은 '떨면서' 사무엘에게 좋은 일로 온 거냐고 물었다(16:4). 이 두려움과 적대감은 어디서 왔을까? 월터 브뤼그만은 베들레헴 장로들은 사무엘과 사울의 관계가 여전히 좋은 줄 알고 그가 자기들에게 불리한 임무를 수행하러 왔다고 의심했다고 봤다(Walter Brueggemann, *David's Truth*, 26쪽). 텍스트상의 근거는 없는 막연한 추측이다. 사울이 속한 북쪽 지파와 다윗이 속한 유다 지파는 사이좋은 형제/자매가 아니었다. 적대관계라고까지 볼 수는 없지만 남남이나 마찬가지였다고 보는 학자들이 많다. 이스라엘의 예언자가 유다 베들레헴에 왔으니 장로들이 경계하는 것도 이상하지는 않다.

사무엘은 이새의 맏아들 엘리압을 보고 야훼가 그를 택했다고 확신했지만 야훼가 사람은 겉모습으로 판단하지만 자신은 '중심'을 본다고 일침을 가한 이야기는 유명하다(16:6). 여기서 '중심'의 히브리어는 '마음' 또는 '심장'을 뜻하는 '레바브'다. 히브리인들은 감정, 지성, 의지 모두가 '심장'에 자리 잡고 있다고 믿었다(한스 발터 볼프, 『구약성서의 인간학』, 82-116쪽).

사무엘이 일곱 아들을 모두 만나봤지만 야훼의 승인은 떨어지지 않았다. 남은 아들은 양떼를 치러 들에 나가 있던 막내 다윗뿐이었다. 설화자가 그를 "눈이 아름답고 외모도 준수한 홍안의 소년"이었다며 (16:12) 그의 외모를 치켜세웠다. 야훼는 사람을 겉모습으로 판단하지 않는다는 방금 한 말은 어디로 갔나 싶다. 사무엘은 다윗에게 기름을 부었고 이후로 야훼의 영이 "계속 다윗을 감동시켰다"(16:13)고 했다. 히브리 원문에는 "야훼의 영이 강하게 그에게 왔다"로 되어 있다. '감동시켰다'보다 '머물렀다'는 표현이 더 적절해 보인다. 사무엘은 임무를 마치고 라마의 자기 집으로 돌아갔다.

장면이 바뀌어 사울이 무대에 등장했다. '야훼의 영'이 사울에게서 떠나고 '야훼가 보낸 악한 영'이 사울을 괴롭히기 시작했다. 야훼의 영은 사울에게서 다윗에게로 옮겨갔고 '야훼가 보낸 악한 영'이 그 자리를 채워서 내내 그를 괴롭혔다. 그렇다면 사울이 저지른 '악행'의 책임은 누구에게 있을까? 사울인가, 아니면 야훼가 보낸 악한 영인가? 야훼가 보냈다고 하니 궁극적으로는 야훼에게 책임을 물어야 하는 것은 아닐까?

사울이 야훼가 보낸 악한 영 때문에 괴로워하자 신하들은 수금 잘 타는 사람을 들여서 괴로움을 덜어주겠다고 제안한다. 요즘 같으면 '음악치료'(music therapy)라고 부르겠지만 당시에는 음악이 주술적(magic) 기능을 한다고 믿었다. 현대 의사가 봤다면 불면증이나 신경쇠약으로 진단했을 사울의 증상이 고대인의 눈에는 악한 영이 원인으로 보였다. 수금 타는 사람은 주술사 역할을 했다고도 볼 수 있다.

수금 잘 타는 사람을 수소문한 끝에 베들레헴 이새의 아들 중에 적임자가 있다는 보고가 들어왔다. 그는 "수금을 잘 탈 뿐만 아니라 용사이며 용감한 군인이며 말도 잘하고 외모도 좋은 사람인데다가 야훼께서 그와 함께 계십니다"(16:18)라고 했다.

다재다능을 넘어서서 야훼가 그와 함께 한다니 금상첨화가 아닐 수 없다. 재능은 그렇다 치고 신하가 야훼가 그와 함께 한다는 걸 어떻게 알았을까? 다윗의 인물평은 설화자의 것이다. 설화자가 다윗을 그렇게 평가했다는 이야기다. 다윗은 수금 타는 재능으로 궁전에 들어왔고 전쟁터에서 공로를 세워 사울의 총애를 받았으며 백성들의 인기를 얻었다. 하지만 설화자에게는 '야훼가 그와 함께 했다'는 사실이 결정적으로 중요했다. 다윗은 사울의 '사랑'을 받아(히브리어로 '아하브') 사울의 무기를 들고 다니는 중책을 맡았다.

다음은 다윗이 어떻게 전사(warrior)로서 명성을 얻었는지를 이야기할 차례다. 다윗과 골리앗의 대결 이야기는 널리 알려져 있다. 다윗을 출세하게 만든 이 대결의 역사성을 학계에서는 오랫동안 의심해왔다. 거기에는 개연성 낮은 대목과 모순되는 대목들이 있기 때문이다. 『칠십인 역』에는 17장 1-11절, 31-49절, 51-54절만 있고 나머지는 빠져 있다. 빠진 부분이 다윗의 명성을 깎아내리지도 않는데 그렇다.

다윗이 블레셋과의 전쟁터에 모습을 드러낸 과정은 이렇다. 블레셋이 이스라엘과 전쟁을 벌이려고 에베스담임에 진을 쳤고 사울 군대도 엘라 평지에 진을 쳤다. 두 군대가 골짜기를 사이에 두고 마주보고 있었다. 블레셋에서는 골리앗이 나와서 싸움을 걸었는데 이 이야기에는 눈에 띠는 몇 가지가 있다. 우선 여섯 규빗 한 뼘이라는 그의 키가 지나치게 크다(17:4). 환산하면 3미터가 넘는다니 사람이 이렇게 클 수는 없다. 『칠십인 역』과 사해사본 사무엘서는 이치에 맞게 네 규빗 한 뼘, 곧 180센티미터라고 정정했다. 머리에는 놋 투구를 썼고 몸에는 비늘 갑옷을 입고 다리에는 놋 각반을 찼고 어깨에는 놋 창을 메고 있었다는 골리앗의 군장은 훨씬 후대에 중동지역 이곳저곳에서 발견되는 군장과 비슷하다는 게 학자들의 주장이다(McKenzie, *King David: A Biography*, 71쪽).

이 차림은 홀가분하게 무릿매만 갖고 나온 다윗의 그것과 대조적이다. 대결방식도 이해하기 어렵다. 골리앗은 이스라엘에게 일대일로 싸워서 지는 쪽이 이기는 쪽의 종이 되자고 제안했다는데(17:8-9) 이런 식의 대결이 그리스에서 간혹 사용됐다는 기록은 있지만 가나안에서 사용된 기록은 없다고 한다. 물론 기록이 남아 있지 않다고 이 방식으로 싸우지 않았다고 볼 수는 없다. 설화자는 제안의 수용 여부는 말하지 않고 이스라엘 군대가 그 말에 두려워 떨기만 했다고 전한다(17:11).

한편 다윗은 평소처럼 양떼를 지키고 있다가 전쟁터에 나간 형들에게 음식을 전해주기 위해 엘라 평지로 갔다가 골리앗이 이스라엘 군대를 조롱하는 말을 들었다. 다윗은 그의 안하무인에다 신성모독의 태도에 크게 분노했다. 골리앗을 죽이는 자에게 많은 상을 주고 그를 사위 삼겠다는 사울의 제안도 그의 안중에 없었을까. 그가 "저 블레셋 사람을 죽이고 이스라엘이 받는 치욕을 씻어내는 사람에게는 어떻게 해준다구요? 저 할례도 받지 않은 블레셋 녀석이 무엇이기에 살아 계시는 하느님을 섬기는 군인들을 이렇게 모욕하는 것입니까?"(17:26)라고 말한 걸 보면 그가 골리앗과의 대결에 나선 것은 그의 신성모독에 대한 분노와 왕의 제안 둘 다 동기가 됐다고 보인다. 그는 골리앗과 싸우기로 결심했다. 그는 지팡이와 돌 다섯 개와 무릿매를 들고 그와 대결하러 나갔다.

> 드디어 그 블레셋 사람이 몸을 움직여 다윗에게 점점 가까이 다가오자 다윗은 재빠르게 그 블레셋 사람이 서 있는 대열 쪽으로 달려가면서 주머니에 손을 넣어 돌을 하나 꺼낸 다음 그 돌을 무릿매로 던져서 그 블레셋 사람의 이마를 맞히었다. 골리앗이 이마에 돌을 맞고 땅바닥에 쓰러졌다(17:48-49).

순식간에 승부가 결정 났다. 둘이 대결한 이야기는 이것이 전부다. 그 후 블레셋 군인들은 모두 달아났고 이스라엘 군인들이 그들을 쫓아가 마구 죽여서 시체가 온 길에 널렸단다(17:51-52). 무려 58절에 달하는 이스라엘과 블레셋의 전투 이야기는 이스라엘의 일방적 승리로 싱

겹게 끝났다. 다윗은 '달려가서 돌을 들어 팔매질하여 골리앗을 친 네 가지 동작으로 골리앗을 쓰러뜨렸다. 다윗의 행동은 떨기만 한 사울 및 이스라엘 군인들의 행동(17:11)과 상반된다.

설화자는 다윗이 골리앗을 쓰러뜨린 과정보다는 그 전에 벌어진 설전에 이야기의 초점을 맞췄다. 곧 말로 싸운 '이념전쟁'이 주된 관심사였다. 이 전투에서 다윗의 상대는 골리앗만이 아니었다. 그는 사울과 이스라엘 군인들도 상대했다. 사울에게 불려갔을 때 그는 "누구든지 저 자 때문에 사기를 잃어서는 안 됩니다. 임금님의 종인 제가 나가서 저 블레셋 사람과 싸우겠습니다"(17:32)라고 당당하게 말했다.

이런 다윗을 말린 사울은 신학/이데올로기적으로 다윗의 반대편에 서 있었다. 다윗은 사울에게 "저 할례 받지 않은 블레셋 사람도 그 꼴로 만들어 놓겠습니다. 살아 계시는 하느님의 군대를 모욕한 자를 어찌 그대로 두겠습니까?"(17:36)라고 말함으로써 신학/이데올로기적으로 사울을 제압했다. 사울이 넘겨준 군장을 다윗이 사양한 것도 마찬가지 의미를 갖는다.

한편 골리앗은 다윗을 홍안소년에 불과하다고 얕봤고(17:42) 막대기를 들고 나온 그에게 자기를 개로 여기냐면서 "자기들 신의 이름으로 다윗을 저주"했다(17:43-44). 이에 대해 다윗은 한 편의 '설교'로 대응했다.

너는 칼을 차고 창을 메고 투창을 들고 나에게로 나왔으나 나는 네가 모욕하는 이스라엘 군대의 하느님 곧 만군의 야훼의 이름을 의지하고 너에게로 나왔다. 야훼께서 너를 나의 손에 넘겨주실 터이니 내가 오늘 너를 쳐서 네 머리를 베고 블레셋 사람의 주검을 모조리 공중의 새와 땅의 들짐승에게 밥으로 주어서 온 세상이 이스라엘의 하느님을 알게 하겠다. 또 야훼께서는 칼이나 창 따위를 쓰셔서 구원하시는 것이 아니라는 것을 여기에 모인 이 온 무리가 알게 하겠다. 전쟁에서 이기고 지는 것은 야 훼께 달린 것이다. 야훼께서 너희를 모조리 우리 손에 넘겨주실 것이다 (16:45-47).

이 '설교'는 골리앗보다는 겁에 질린 사울과 이스라엘 백성들을 향한 메시지였다. 다윗이 벌인 전투는 찌르고 피가 흐르고 살점이 떨어져나가는 전투가 아니라 누굴 믿고 의지하는 게 옳은지 따지는 '신학 논쟁'이었다. 골리앗은 다윗이 던진 돌에 맞아 쓰러졌고 다윗은 쓰러진 골리앗의 칼집에서 칼을 빼내 그의 목을 잘라 죽였다. 블레셋 군인들이 이를 보고 도망치자 이스라엘 군대가 그들을 쫓아가서 죽이고 약탈했다.

다윗은 "그 블레셋 사람의 머리는 예루살렘으로 가지고 갔으나 그의 무기들은 자기 장막에 간직하였다"(17:54). 예루살렘은 다윗이 점령하기 전에는 여부스 족의 거주지였으므로 다윗이 골리앗의 머리를 그리로 가져갔다는 것은 이치에 맞지 않는다. 설화자의 실수로 보인다. 다윗은 골리앗의 무기들을 자기 장막으로 가져갔다고 했는데 나중에 보니 칼은 놉의 제사장 아히멜렉에게로 갔고 나머지 무기만 자기 장막으로 가져갔던 모양이다. 칼은 나중에 다윗이 아히멜렉에게서 돌려받았다(21:9).

여기까지 서술한 후 설화자는 시간을 거슬러 올라가 다윗이 골리앗과 싸우러 나가기 전에 군사령관 아브넬이 사울에게 다윗을 소개받는 장면을 서술한다. 여기서 사울은 다윗을 처음 보는 것처럼 대한다. 다윗이 누구 아들이냐고 사울이 묻자 아브넬은 모르겠다고 대답했다 (17:55). 앞에서 다윗은 수금 연주로 사울의 불안증을 달래는 사람으로 궁정에 들어왔고 사울이 그를 사랑한다고 하지 않았던가. 그런데 이제 와서 사울과 아브넬이 그를 모른다는 것은 앞뒤가 맞지 않는다.

2

다윗의 등장과 함께 사울과 다윗이 공존하는 시대가 열렸다. 역사의 무대에 주인공만 활약하라는 법은 없고 그 외에도 많은 사람들이 크고 작은 역할을 하게 마련이지만 사무엘서는 두 사람이 날줄과 씨줄처럼 역사를 직조했다고 서술한다. 둘의 성격은 상당히 달랐다. 사울은 왕위에 관해서는 적극적이지 않았지만 다윗이 자기를 대체할 것이라고 안 다음부터는 지나칠 정도로 왕좌에 집착했다. 이후 그의 삶은 다윗을 제거하는 데 매진한 삶이라고 해도 과언이 아니다.

반면 다윗은 역사의 무대에 등장했을 때부터 권력의지를 드러냈다. 골리앗과의 대결에 나선 것도 한편으로는 야훼에 대한 골리앗의 모욕에 분노했기 때문이지만 다른 한편으로는 그를 제거하는 사람에게 왕이 내건 보상 때문이었다. 그 후 이스라엘의 왕좌에 오를 때까지 그의 생은 사울의 후계자라는 야훼의 결정을 합법적으로 성취하기 위한 정치적 노력으로 특징지을 수 있겠다.

다윗을 사울의 후계자로 삼기 위한 첫 작업은 사울 때처럼 기름 부음 의식이었다. 베들레헴에 가서 이새를 만나라고 명령한 야훼는 두려움에 빠진 사무엘에게 제사를 하러 왔다고 거짓말을 하라고 시켰다. 왜 야훼는 거짓말을 사주했을까?

———— 고대 중동지역에는 거짓말하는 신에 대한 이야기가 자주 등장한다. 구약성서도 예외는 아니다. 구약성서에도 야훼가 거짓말을 직접 하거나 사주 또는 방조한 이야기가 여러 번 나온다. 대표적인 예가 열왕기상 22장의 미가야 예언자 이야기다. 미가야 예언자는 이런 환상을 봤다. 야훼가 "누가 아합을 꾀어내어서 그로 길로앗 라못으로 올라가서 죽게 하겠느냐?"고 묻자 한 영(a spirit)이 자기가 '거짓말하는 영'이 되어서 아합의 예언자들 입에 들어가 그들로 거짓말을 하게 만들어 아합을 꾀어내겠다고 제안했다. 야훼는 이에 동의했다. 야훼는 거짓말을 '방조'한 셈이다. 미가야의 말을 듣고 시드기야라는 자가 그의 뺨을 후려치며 "야훼의 영이 어떻게 나를 떠나 네게로 건너가서 말씀하시더냐?"라고 조롱했다(열왕기상 22:18-28). 한 군데 머물던 야훼의 영이 다른 데로 옮겨갈 수 있다는 생각이 여기에도 전제되어 있다. 이밖에도 열왕기하 19장, 예레미야 4, 20장, 에스겔 14장에도 야훼의 거짓말이 주제인 이야기가 등장한다.

이 주제에 대해서는 찰스 앤서니 갠트(Charles Anthony Gantt)의 1998년 하버드대학 박사논문 "Do Not Let Your God Deceive You: The Idea of Divine Deception in the Hebrew Bible"과 낸시 루스 보웬(Nancy Ruth Bowen)의 1994년 프린스턴신학교 박사논문 "The Role of YHWH as Deceiver in True and False Prophecy"가 좋은 참고자료이다. 필자는

이 논문들을 통해서 고대 이집트와 메소포타미아 신들이 거짓말을 밥 먹듯 했다는 흥미로운 사실을 배웠다. 이 사실은 별로 놀랍지 않았지만 야훼도 이들과 다르지 않았다는 사실은 매우 충격적이었다. 야훼도 이런 점에서는 다른 신들과 다르지 않았던 거다. 야훼에게는 고대 중동지역의 신들에서 볼 수 없는 독특한 점들이 있지만 그들과 공통점도 상당히 많다는 이야기다. 참 예언과 거짓 예언을 구별하는 문제는 특히 혼란스럽다. 야훼의 말이 아닌 말을 야훼의 이름으로 전하거나 다른 신의 이름으로 예언하는 자가 거짓 예언자라고 했는데 그렇다면 야훼 자신이 하는 거짓말은 어떻게 봐야 할까? 야훼 자신도 거짓말을 하는데 하물며 그의 말을 전하는 예언자의 거짓말이 무슨 문제겠는가 말이다. 고대 중동지역의 왕들은 두 가지 거짓말에 유의해야 했다. 첫째로 예언자가 신들의 메시지를 제대로 전하는지를 확인해야 했고 둘째로 신들이 거짓말을 하는 게 아닌지 살펴야 했다. 왕에게는 남다른 분별력이 요구됐다.

왜 사무엘은 사울이 자기를 죽이려 한다고 생각했을까? 그는 사울이 자기 일거수일투족을 감시하는 것처럼 말했다("사울이 이 소식을 들으면 나를 죽일 것입니다"[16:2]). 그랬다면 이유가 무엇인지도 궁금하다. 사울이 사무엘을 위험인물로 간주했던 것은 사울을 왕으로 세운 걸 후회하고 있고 따라서 그를 대체하려는 야훼의 계획을 사무엘을 통해 전달받았기 때문이다. 이런 중요한 정보를 가진 자를 주시하지 않을 수 없었으리라.

사울 궁전에서 다윗의 역할은 수금 연주로 사울에게서 악령을 쫓아내는 것이었다. 야훼가 사울에게 보낸 악한 영의 역할은 사울을 괴롭히는 것이 전부였을까? 다윗이 수금을 타면 "사울에게 내린 악한 영이 떠났고 사울은 제정신이 들었다"(16:23). '제 정신이 들었다'는 말은 원문의 뜻을 제대로 전하지 못한다. '회복하여 숨을 돌릴 수 있었다'는 『공동번역 개정판』이 원문에 더 가깝다. 야훼가 보낸 악한 영은 사울을 숨 막히게 했다는 거다. 사울은 공황장애 같은 걸 앓았다고 볼 수도 있겠다. 이런 아이러니가 또 어디 있겠나 싶다. '야훼의 영'이 사울에게서 떠나고 그 자리를 야훼가 보낸 '악한 영'이 메웠다. 그런데 다윗이 새롭게 받은 '야훼의 영'의 힘을 빌려서 사울에게서 야훼가 보낸 악한 영을 쫓아냈다니 말이다.

──── 수금을 타서 악한 영을 몰아낸 다윗의 행동은 전형적인 주술사의 그것이다. 고대 이집트와 메소포타미아의 주술사들은 교육을 통해 양성됐다. 물론 야훼종교에서도 '공식적으로는' 주술을 금했지만 민간차원에서는 얼마든지 실행됐을 수 있긴 하다. 사울은 무당을 통해서 죽은 사무엘을 불러내오기도 했다(28장). 만일 다윗이 수금을 연주하는 주술사였다면 언제, 어디서 그것을 배웠는지도 궁금한데 아쉽게도 성서 어디에서도 그 답은 찾을 수 없다. 고대 중동세계의 주술에 대해서는 Robert Anderson, "Music and Dance in Pharaonic Egypt," in Jack M. Sasson et.al. ed., *Civilizations of the Ancient Near East*, 2555-2568와 Margaret Cool Root, "Music and Dance in Western Asia," *Ibid*., 2615-2638. J. F. Borghout, "Witchcraft, Magic, and Divination in Ancient Egypt," in Jack M. Sasson *et. al.* ed., *Ibid*., 1775-1786, 그리고 Walter Faber, "Witchcraft, Magic, and Divination in Ancient Mesopotamia," *Ibid*.,

1895-1910) 등을 참고할 수 있다.

많은 시편들이 다윗의 저작이라는 전통도 여기에 기원을 두고 있다. 히브리성서 시편 중 일흔세 편에 다윗 이름이 붙어 있고 『칠십인 역』에는 여든다섯 편이 다윗의 저작으로 되어 있다. '다윗의 시'라고 번역된 말의 히브리 원문은 '르 다빗'인데 히브리어 전치사 '르'는 '~에게' '~위하여' '~에 관하여' '~에 속한' 등 다양하게 번역할 수 있으므로 '다윗의 시편'이라는 말이 반드시 그의 저작이란 뜻은 아니고 '다윗에게' '다윗을 위하여' '다윗에 관하여' 등으로 해석할 수 있다. 학자들은 다윗이 시편의 저자라는 전통이 그를 제의(ritual) 발전에 혁혁한 공을 세운 인물로 묘사하는 역대기의 영향을 받았다고 보기도 한다.

신하들이 다윗을 사울에게 소개하면서 했던 "수금을 잘 탈 뿐만 아니라 씩씩하고 날랜 용사로서 말도 잘하고 풍채도 좋은데다 야훼께서 함께 해주시는 사람"(16:18)이란 말도 눈길을 끈다. 이에 따르면 다윗은 수금 타는 사람으로는 지나치게 높은 자질의 소유자다. 신하들은 다윗이 이런 사람이란 것을 어떻게 알았을까? 이스라엘이 작은 촌락도 아닌데 유다 땅 베들레헴에 사는 다윗을 사울의 신하가 이렇게 자세히 알고 있다는 사실도 범상치 않다. 더욱이 그가 '야훼께서 함께 해주시는 사람'이란 걸 어떻게 알았을까 싶다. 이것은 '모든 걸 알고 있는'(omniscient) 설화자의 다윗에 대한 평가로 보는 게 맞다. 그는 이 시점에서 이미 왕좌의 주인이 다윗으로 바뀔 것을 예시하고 있다.

다윗과 골리앗의 대결은 물리적 격투보다 말로 싸운 '이념대결'에 초점이 맞춰져 있다. 골리앗이 어떻게 죽었고 그의 무기가 어디로 갔는지에 대해서도 학자들 간에 논쟁이 있지만 그보다는 '누가' 골리앗을 죽였느냐가 더 큰 논쟁주제다. 17장에서는 당연히 다윗이 죽였다는 사실이 분명하지만 사무엘하 21장 19절을 보면 이야기는 달라진다. 거기서는 둘 사이의 대결이 없었다는 듯이 "베들레헴 사람인 야레오르김의 아들 엘하난이 가드 사람 골리앗을 죽였다"고 전한다. 이 골리앗이 동명이인이 아니라면 둘 중 하나는 틀린 진술이다. 이 문제에 대해 학자들은 다양한 해결책을 내놨는데 그 중 가장 긴 역사를 가진답은 다윗과 엘하난이 동일인물이라는 주장이다. 구약성서에는 이름이 두 개인 사람이 없지 않다. 솔로몬에게도 '여디디야'란 이름이 있었다(사무엘하 12:25). 하지만 바로 앞에서 다윗이란 이름이 등장하므로(사무엘하 21:15, 16, 17) 둘을 동일인물로 볼 수는 없다. 역대기사가는 일찍이이 문제를 의식했던지 "야일의 아들 엘하난이 가드 사람 골리앗의 아우 라흐미를 죽였는데…"(역대기상 20:5)라고 하여 엘하난이 죽인 사람은 골리앗이 아니라 그의 아우였다고 적었다.

　현존하는 자료만 갖고는 누가 골리앗을 죽였는지 확인할 길이 없다. 다윗이 죽였다고 널리 알려졌지만 사무엘하 21장의 기록도 무시할 수 없다. 다윗의 역사성을 의심하는 학자들은 사무엘상 17장 이야기를 픽션으로 보기 때문에 실제로 골리앗을 죽인 사람은 엘하난이라고 주장한다. 하지만 사무엘하 21장의 기록이 역사적 사실이란 근거는 어디에도 없다. 그래서 현재로는 이 문제를 해결할 길이 없다고 보는 것이다.

　다윗과 골리앗의 대결을 한 걸음 더 들어가서 보면 다윗과 사울, 또는 다윗과 전체 이스라엘의 대결로 봐야 한다. 이스라엘은 블레셋과의 전투에서 이기기 위해 왕을 요구했다. 그래서 사울이 왕이 됐다. 그런데 다윗 등장 이전의 사울과 이스라엘은 골리앗의 선동에 두려워 떨며 제대로 대응하지 못했다. 이스라엘은 이미 전투에서 패배한 것과 마찬가지였고 사울은 왕의 자격을 상실한 것과 다름없었다. 이런 상황에서 다윗의 맏형 엘리압은 다윗을 보자마자 "너는 어쩌자고 여기까지 내려왔느냐? 들판에 있는 몇 마리도 안 되는 양은 누구에게 떠맡겨 놓았느냐? 이 건방지고 고집 센 녀석아, 네가 전쟁 구경을 하려고 내려온 것을 누가 모를 줄 아느냐?"(17:28)라며 꾸짖었다. 자기도 겁에 질려 벌벌 떨면서도 막내를 무시하고 전쟁에서 배제하려 했던 거다.

그는 다윗의 전투능력도 무시했지만 그보다는 그의 '주제넘음'에 분노했다. 그런데 돌이켜보면 그는 다윗이 기름 부음 받았을 때 그 자리에 있었다. 그런데도 막내를 무시했던 것이다. 눈에 띠는 사실은 사울, 엘리압, 그리고 이스라엘 전체의 태도 어디에서도 야훼라는 존재는 찾아볼 수 없다는 점이다. 하지만 다윗에게는 그것이 있었다. 다윗과 골리앗의 대결을 야훼를 신뢰하지 않는 이스라엘의 불안과 공포를 야훼를 굳건히 신뢰하는 다윗과 대비하는 이야기로 읽어야 하는 이유가 여기에 있다.

다윗의 믿음과 용기는 사울에게 했던 "사자의 발톱이나 곰의 발톱에서 저를 살려 주신 야훼께서 저 블레셋 사람의 손에서도 틀림없이 저를 살려 주실 것입니다"(17:37)라는 말이나 골리앗에게 했던 "야훼께서 너를 나의 손에 넘겨주실 터이니 내가 오늘 너를 쳐서 네 머리를 베고 블레셋 사람의 주검을 모조리 공중의 새와 땅의 들짐승에게 밥으로 주어서 온 세상이 이스라엘의 하느님을 알게 하겠다. 또 야훼께서는 칼이나 창 따위를 쓰셔서 구원하시는 것이 아니라는 것을 여기에 모인 이 온 무리가 알게 하겠다. 전쟁에서 이기고 지는 것은 야훼께 달린 것이다. 야훼께서 너희를 모조리 우리 손에 넘겨주실 것이다"(17:46-47)라는 말에 잘 드러나 있다. 두 '연설'의 중심 메시지는 전쟁의 승패는 야훼에게 달려 있다는 것이다. 이런 믿음은 주로 군사력이 열세인 '언더독'의 신념이다. 달리 믿는 구석이 없기 때문이다. 이스라엘에서 가장 추앙받는 다윗은 이렇게 언더독으로 공적인 생을 시작했다. 의지할 군대도 신뢰할 무기도 없어 하느님에 대한 믿음에 기댈 수밖에 없는 사람들의 처절한 생존본능이 그의 연설에 깔려 있다.

─── 다윗은 목자(shepherd)였다. 사무엘이 그를 찾았을 때도 사울이 그를 궁전으로 불러들이려고 사람을 보냈을 때 모두 그는 양떼를 치고 있었다(16:11, 19). 구약성서에서 '목자'라는 말에는 직업 이상의 의미가 들어 있다. 목자에는 '지도자' 또는 '영도자'나 '왕'이란 상징적인 의미도 있다. 이스라엘 지파 대표들이 헤브론으로 다윗을 찾아와서 왕이 되어 달라면서 "야훼께서 '네가 나의 백성 이스라엘의 목자가 될 것이며 네가 이스라엘의 통치자가 될 것이다' 하고 말씀하실 때에도 바로 임금님을 가리켜 말씀하신 것입니다"(사무엘하 5:2)라고 말한 데서도 이 점이 분명히 드러난다. '목자'가 '지도자' 또는 '왕'을 가리키는 구절은 이외에도 여럿이 있다. 제 역할을 못한 목자/지도자/왕을 심판하는 에스겔 34장이 대표적인 예이고 미가 5장 2-3절과 스가랴 13장도 마찬가지다.

야훼께서 나에게 말씀하셨다. "사람아, 너는 이스라엘의 목자들을 쳐서 예언하여라. 너는 그 목자들을 쳐서 예언하여라. '나 야훼 하느님이 이렇게 말한다. 자기 자신만을 돌보는 이스라엘의 목자들에게 화가 있을 것이다! 목자들이란 양 떼를 먹이는 사람들이 아니냐? 그런데 너희는 살진 양을 잡아 기름진 것을 먹고 양털로 옷을 해 입기는 하면서도 양떼를 먹이지는 않았다. 너희는 약한 양들을 튼튼하게 키워 주지 않았으며 병든 것을 고쳐 주지 않았으며 다리가 부러지고 상한 것을 싸매어 주지 않았으며 흩어진 것을 모으지 않았으며 잃어버린 것을 찾지 않았다. 오히려 너희는 양 떼를 강압과 폭력으로 다스렸다. 목자가 없기 때문에 양떼가 흩어져서 온갖 들짐승의 먹이가 되었다'(에스겔 34:1-5).

3

자연세계에는 하나의 태양이 지면 다른 태양이 떠오르는 법이 없지만 역사세계에서는 그런 일이 벌어진다. 사울이라는 태양은 중천에 뜨기도 전에 질 것이 예고됐다. 그 예고가 실현되기까지 상당한 세월이 필요했지만 말이다. 사울은 여러 전투에서 승리했으니(14:47-48) 이스라엘 왕이 갖춰야 할 기본적인 자질은 갖췄다고 볼 수 있다. 하지만 그는 자신의 대체자가 준비되어 있다는 이야기를 즉위 초기에 들어 알고 있었다. 우리는 그가 이 말을 얼마나 심각하게 받아들였는지, 그 말이 그의 삶에 얼마나 큰 영향을 미쳤을지 모른다. 우리가 아는 것은 평정심을 유지하기 위해서 그는 다윗의 수금 연주가 필요했고 골리앗이 나섰던 전투에서는 전에 없이 약한 모습을 보였다는 것 정도다. 이 모든 것을 야훼가 보낸 악한 영의 영향 때문으로 돌릴 수 있을까? 사울의 비극이 악한 영을 빼고는 생각할 수 없긴 하지만 매사를 그것 탓으로 보는 게 정당한지는 의문이다. 이런 의미에서 야훼가 보낸 악한 영의 존재는 사울이 어떤 사람인지를 이해하는 데 도움이 되기보다는 걸림돌로 작용한다고 하겠다.

사울이 다윗을 포함한 신하들을 대한 태도는 그의 정신 상태에 상당한 부침이 있었다고 짐작하게 만든다. 그는 수금 타는 다윗이 마음에 들었기에 그를 자기 무기를 들고 다니는 사람으로 승격시켰다. 그에 대한 신뢰가 깊었다는 뜻이다. 골리앗과 싸우러 나가는 다윗을 불러 자기 군장을 넘겨주려 했다는 데서도 그에 대한 애정이 잘 드러난다. 그는 밤마다 가위에 눌렸고 악몽에 시달렸던 걸로 보인다. 설화자는 이것이 야훼가 보낸 악한 영 때문이라고 서술하지만 현실적으로는 언제든지 자신이 내쳐질 수 있다는 불안감과 더불어 명색은 왕이지만 실질적으로는 왕의 권한을 누리지 못하고 사무엘과 경쟁해야 하는 '나기드'에 머물러 있었다는 사실 때문이기도 할 것이다.

다윗은 사울이란 태양이 지기도 전에 떠오른 또 하나의 태양이었다. 사울과 다윗 모두 야훼에 의해 왕으로 점지됐고 사무엘이라는 킹메이커에 의해 기름 부음 받았지만 두 사람이 보인 행동은 많이 달랐다. 왕좌에 앉는 데 소극적이던 사울과는 달리 다윗은 매사에 적극적이었다. 기름 부음을 받고 그가 어떤 반응을 보였는지는 설화자가 침묵하니 알 수 없지만 골리앗의 '망언'에 대한 그의 반응, 특히 사울과 골리앗에게 행한 연설은 그가 철저한 '야훼주의자'였음을 보여준다. 어떤 종류의 야훼주의자인지는 차차 밝혀지겠지만 그가 철저한 야훼주의자였다는 사실만큼은 틀림없다. 그는 때때로 자신의 정치적 욕망을 드러냈다. 그는 골리앗을 물리치면 많은 상을 받고 왕의 사위가 되며 세금까지 면제해주겠다는 사울의 제안(17:25)을 의식했다. 야훼의 뜻은 인간의 역사라는 장에서 실현된다고 믿어졌다. 다윗에게 머물던 야훼의 영의 활동은 그의 정치적 진로와 뗄 수 없이 연결되어 있다고 봐야 한다. 정치와 종교를 나누는 사고는 당시에는 존재하지 않았다.

———『새번역 성서』가 '세금 면제'라고 번역한 구절의 원문에는 뜻이 애매한 구석이 있다. 원문을 그대로 옮기면 '이스라엘에서 그의 아버지 집을 자유롭게 해주겠다(make his father's house free in Israel)'가 된다. 이새 집안이 남의 종이 아니었으므로 '자유롭게 한다'라는 말이 무엇을 뜻하는지는 분명치 않다. 대부분의 영어성서는 원문을 그대로 직역했고『공동번역 성서』는 '징발을 면제해준다'고 번역했다. 세금이든 징발이든 모두 의역이다. 세금 부과는 사무엘상 8장의 사무엘의 경고에 포함되어 있는 왕의 권한 중 하나다.

나중에 드러나지만 다윗은 동기를 감추고 모순되는 행동을 했다. 설화자는 이런 다윗을 어떻게든 좋게 보이려 하지만 문득문득 드러나는 것까지 막지는 못했다. 그것이 의도적일 수도 있지만 말이다. 예컨대 다윗의 맏형 엘리압은 전쟁터에 온 다윗을 '건방지며 고집 센 녀석'이라고 부르는데(17:28) 이것은 타인의 입에서 나온 다윗의 성격에 대한 첫 언급이다. 이 말이 얼마나 객관적인지는 판단할 수 없지만 가까운 가족에 의한 판단으로 되어 있으니 가볍게 볼 수만은 없다. 다윗은 자기 실속을 분명히 챙기는 인물이었다. 왕이 내릴 보상을 염두에 두고 골리앗과의 싸움에 나간 것과 승리 후에 그의 무기를 챙긴 것에도 이런 그의 성격이 드러난다. 이는 명예를 위한 전리품이면서 동시에 무기를 확보하려는 행동이었다. 당시 이스라엘에는 변변한 무기가 없었다니 말이다(13:19-22).

사울과 다윗은 처음 만나 서로를 알아가는 과정이었으므로 아직까지는 갈등이 표면에 드러나지 않았다. 물론 잠재된 갈등의 씨앗이 슬쩍 드러나기는 했다. 이 갈등은 다음 장에서 드러난다. 사실 드러나는 정도가 아니라 '폭발'했다. 이 대결에서 두 사람의 성격도 더 분명히 드러났다. 둘의 본격적인 대결이 바야흐로 시작되려는 순간이다.

2장

사울 궁전에서의 다윗

1

사무엘상 18장부터 31장까지는 다윗을 제거하려는 사울의 노력과 그럼에도 불구하고 다윗이 어떻게 살아남았는지를 다룬다. 18장부터 20장까지는 사울의 궁전에서 다윗이 어떤 어려움을 겪었는지에 대한 이야기가, 21장부터 26장까지는 다윗이 사울의 추격을 피해 도망 다닌 이야기가, 그리고 27장부터 31장까지는 다윗이 블레셋으로 피신해서 겪은 내용이 서술된다. 이 와중에 다윗은 새 아내들을 맞았고 사울을 죽일 기회를 두 번 가졌지만 살려줬고 살아남기 위해 미친 척 하기도 했다. 이렇게 다윗은 파란만장한 삶을 살았다.

다윗이 골리앗을 물리친 이야기 다음에는 그가 사울의 아들 요나단과 만난 이야기가 이어진다. 요나단은 다윗과 깊은 우정(또는 사랑)을 나눈 친구지만 동시에 왕위계승의 경쟁자였다. 사울의 맏아들로 왕위계승서열 1위 요나단은 다윗을 만나자마자 마음이 끌려서 그를 자기 목숨처럼 아끼게 됐다고 했다(18:1). 그는 다윗에게 "자기가 입고 있던 겉옷을 벗어서 다윗에게 주고 칼과 활과 허리띠까지 모두 다윗에게 주었다"(18:4)고 할 정도로 그를 좋아했단다. 이는 자기의 권한을 다른 사람에게 양도한다는 뜻이다. 곧 요나단이 왕위계승권을 다윗에게 넘겨줬음을 의미한다. 요나단이 이 행위의 의미를 몰랐을 리 없다. 왜 그랬을까? 애초에 왕이 되고 싶지 않았었나? 다윗이 자기보다 더 나은 왕이 될 걸로 믿고 양보했을까? 그렇다고 해도 시기가 너무 이르고 이 문제를 두고 사울과 상의하지도 않았다. 요나단이 이런 행동을 했다는 사실을 사울도 알고 있었는지 궁금하다.

사울이 초대 왕이었으므로 이스라엘에는 왕위계승의 선례가 없었다. 당시 중동지역의 전통에 따르면 장자계승이 순리였으므로 요나단이 1순위였지만 그것이 철칙은 아니었다. 다윗은 혈통 상 사울가문과 무관했으므로 계승순위에 들어 있지도 않았다. 사정이 이랬으니 그가 요나단의 겉옷과 무기 등을 받았다고 해서 갑자기 순위에 들지는 않았을 터이다. 설화자가 이 이야기를 여기에 배치한 이유는 다른데 있지 않다. 리스트에 없던 다윗에게 왕위계승의 정당성을 부여하려면 이렇게라도 했어야 했다는 이야기다. 사울은 이런 사실을 몰랐는지 다윗을 군 지도자로 임명했는데 "온 백성은 물론 사울의 신하들까지도 그 일을 마땅하게 여겼다"(18:5)고 한다. 골리앗에게 승리해서 얻은 대중적 인기 덕분이었으리라.

이렇게 다윗은 사울의 왕궁에서 안정적으로 자리잡았지만 둘의 관계는 처음부터 좋지 않았다. 사울보다 다윗이 더 큰 인기를 누렸기 때문이다. 다윗의 인기는 전쟁에서 거둔 승리 때문이었다. 블레셋과의 전쟁에서 승리하고 돌아왔을 때 "이스라엘의 모든 성읍에서 여인들이 소구와 꽹가리를 들고 나와서 사울 왕을 환영하였다. 이때 여인들이 춤을 추면서 노래를 불렀다. '사울은 수천 명을 죽이고 다윗은 수만 명을 죽였다'"(18:6)고 했다니 사울이 질투할 만도 했겠다. 다윗은 2인자의 처세술을 몰랐던 모양이다. 2인자는 1인자보다 인기가 높으면 안 된다. 그걸 알면서도 모른 척 했을 수도 있지만 말이다.

사울은 여인들의 노래에 화가 났다. 그는 "사람들이 다윗에게는 수만 명을 돌리고 나에게는 수천 명을 돌렸으니…"라고 탄식하고는 "이제 그에게 돌아갈 것은 이 왕의 자리밖에 없겠군!"이라고 투덜거렸다 (18:8-9). 왕좌가 다윗에게 돌아갈 거라는 말을 사울 자신이 했다는 게 믿어지지 않는다. 정말 그는 이런 말을 했을까? 그렇다면 뭐 하러 다윗을 질투하고 미워하며 애태웠겠는가. 어차피 다윗이 왕이 될 터인데 말이다. 그냥 홧김에 이런 말을 했을까? 이번에도 설화자의 심중이 반영된 말이었을까? 나중에도 사울은 비슷한 말을 했고(24:17-20) 요나단도 같은 취지로 말한 적이 있었다(23:17). 부자가 한 마음으로 다윗이 왕이 되리라고 생각했다는 이야기인데 그렇다면 왜 법석을 피웠을까. 어쨌든 그날부터 사울은 다윗을 시기하고 의심하기 시작했다.

사울은 다윗을 여러 번 죽이려고 했다. 다윗에게 창을 던져 그를 벽에 박아 죽이려 한 적도 있었다(18:11). 야훼가 보낸 악한 영이 사울을 덮쳐서 이런 일이 벌어졌다고 했다(18:10). 이런 일이 일어났다면 다윗이 사울을 두려워했어야 하지 않겠나. 그런데 반대로 사울이 다윗을 두려워해서 그를 천부장에 임명해 전쟁터로 내보냈다고 한다(18:13). 차라리 멀리 두는 게 낫다고 여겼던 모양이다. 하지만 야훼가 다윗과 함께 했기 때문에 그는 전쟁에서 계속 승리했고 그래서 사울은 그를 더욱더 두려워하게 됐다(10:13-15).

사울은 다윗을 죽이기 위해 다양한 방법을 썼다. 그는 다윗에게 '야훼의 싸움'을 앞장서서 싸우면 자기의 맏딸 메랍을 아내로 주겠다고 제안했다(18:17). 블레셋 사람의 손에 그를 죽이려 했던 것인데 사울은 거기에 '야훼의 싸움'을 명분으로 내세웠다. 이를 어떻게 봐야 할까? 야훼에 의해 차기 왕으로 선택된 사람을 '야훼의 싸움'에 내보내서 죽이는 것이 가능하다고 생각했을까?

다윗은 이 제안을 공손히 거절했다. 그러자 사울은 자기 둘째 딸 미갈이 다윗을 '사랑'한다는 걸 알고 무릎을 쳤다. 딸을 미끼삼아 블레셋 사람의 손을 빌려서 다윗을 죽일 생각을 했던 것이다. 이번에는 블레셋 사람 양피 1백 개를 가져오라는 조건을 달았다. 그러면 미갈을 아내로 주겠다는 거다. 사람의 양피를 가져오려면 그는 죽어야 하므로 블레셋 사람 1백 명을 죽여서 증거로 양피를 가져오라고 한 셈이다.

다윗은 이번에는 '왕의 사위가 될 작정으로'(18:26) 부하들을 이끌고 가서 블레셋 사람 양피 2백 개를 가져왔다. 사울이 원했던 것의 두 배를 가져온 것이다. 사울은 '울며 겨자 먹기'로 미갈을 다윗의 아내로 줬다. 사울은 그제야 야훼가 다윗과 함께 있는 것을 알았고 미갈이 다윗을 사랑하는 것을 깨닫고 다윗을 더욱 두려워하게 됐다고 한다. 이렇게 해서 둘은 장인사위가 됐지만 설화자는 둘이 평생 원수가 됐다고 서술한다(18:28-29).

다윗이 계속해서 블레셋과의 전투에서 승리하여 백성들 사이에서 명성이 높아지자 사울은 공개적으로 다윗을 죽이겠다고 선언하기에 이르렀다(19:1). 다윗의 둘도 없는 친구 요나단이 이 말을 듣고 다윗에게 사울의 의도를 알려줬다. 사울과 다윗 사이에서 요나단이 얼마나 고민했겠나. 그는 다윗이 얼마나 좋은 일을 많이 했냐면서 그를 죽여 무죄한 피를 흘리는 죄를 짓지 말라고 사울에게 읍소했다. 이에 사울은 요나단의 말에 감동했는지 결코 다윗을 죽이지 않겠다고 맹세한다(19:6). 하지만 사울은 이 맹세를 손바닥 뒤집듯 뒤집었다. 얼마 후에 야훼가 보낸 악한 영에 사로잡히자 수금 타는 다윗에게 창을 던져 또 그를 죽이려 했다니 말이다(19:9-10).

겨우 목숨을 건진 다윗은 집으로 도망갔지만 사울은 다시 그리로 사람들을 보내 그를 죽이려 했다. 이번엔 사울의 딸이자 다윗의 아내 미갈이 그를 구해줬다. 미갈은 아버지 사울이 남편을 반드시 죽일 거라 예측하고 그를 창문으로 내보낸 다음 그의 침대에 이방신의 형상인 테라빔을 둠으로써 사울의 수하와 사울을 속였다. 이에 분노한 사울이 딸을 나무라자 그녀는 태연하게 다윗이 자기를 죽이려 했기에 어쩔 수 없었다고 거짓말을 늘어놓았다(19:17). 미갈은 다윗을 살리기 위해 두 번 거짓말한 셈이다.

다윗은 집을 빠져나와 사무엘이 있는 라마로 도망쳤다. 사무엘은 자기에게 기름을 부어 야훼가 자신을 차기 왕으로 택했음을 알려준 사람이다. 그 후 사무엘과 다윗은 나욧으로 거처를 옮겼는데 이를 알게 된 사울이 세 번이나 사람들을 보내 다윗을 죽이려 했지만 이번에는 그들이 야훼의 영을 받아 황홀경 예언을 하는 예언자 무리에 섞여서 춤추고 소리치며 예언했다고 한다(19:20-21). 그래서 사울이 직접 다윗을 죽이러 나섰는데 그에게도 역시 야훼의 영이 내려 예언자 무리와 함께 황홀경 예언에 빠졌다.

이들 누구도 사울 편에 서지 않았다. 요나단도 미갈도 아버지 사울을 저버리고 다윗 편에 섰고 야훼의 영도 같은 편에 서서 그를 훼방했다니 사울이 무슨 수로 다윗을 죽일 수 있었겠나 싶다. 하지만 그는 포기하지 않고 끈질기게 다윗을 스토킹 했다.

제법 긴 세월이 흐른 후 다윗이 자기 집에 돌아왔다. 그는 요나단에게 왜 사울이 자기를 죽이려 하냐고 물었다. 요나단은 사울이 그를 죽이려 할 리 없다고 반박했지만 다윗은 그 말을 믿지 않았다. 둘은 사울의 의도를 확인하는 절차를 갖기로 합의했다. 다윗이 왕의 만찬에 불참할 터인데 사울이 그걸 양해하면 그를 죽일 의도가 없는 것이고 그렇지 않으면 그를 죽이려 하는 것으로 간주하기로 했다.

만찬 첫날에는 다윗의 불참에 대해 사울이 아무 말도 하지 않고 넘어갔지만 둘째 날에도 다윗이 안 보이자 그는 요나단에게 다윗의 행방을 물었다. 다윗이 제사를 지내려고 고향 베들레헴에 다녀오겠다고 해서 자기가 보내줬다고 대답하자 사울은 요나단에게 입에 담을 수 없는 욕을 퍼부었다.

이 패역무도한 계집의 자식아, 네가 이새의 아들과 단짝이 된 것을 내가 모를 줄 알았더냐? 그런 녀석과 단짝이 되다니 너에게도 부끄러운 일이고 너를 낳은 네 어미를 발가벗기는 망신이 될 뿐이다. 이새의 아들이 이 세상에 살아 있는 한은 너도 안전하지 못하고 너의 나라도 안전하지 못할 줄 알아라. 빨리 가서 그 녀석을 당장에 끌어 오너라. 그 녀석은 죽어야 마땅하다(20:30-31).

사울은 왜 요나단에게 홧김에 할 말 못할 말을 가리지 않고 마구 퍼부었을까, 아니면 거기에 따져봐야 할 만한 내용이 있을까? 이 욕설을 다 듣고 요나단이 사울에게 항의하자 사울은 그를 죽이려고 창을 겨눴다고 한다(20:32-33). 이 역시 야훼가 보낸 악한 영 때문일까? 이에 요나단은 참지 못하고 자리에서 뛰쳐나왔고 마음이 아파 하루 종일 금식했다. 이튿날 그는 다윗을 만나서 사울이 그를 죽이려 한다고 알려줬다. 다윗은 더 이상 사울의 궁전에 머물 수 없게 됐다. 둘은 앞서 둘이 맺은 언약을 재차 확인한 후 이별의 정을 나누고 헤어졌다.

잘 가게. 우리가 서로 야훼의 이름을 걸고 맹세한 것은 잊지 않도록 하세. 야훼께서 나와 자네 사이에서뿐만 아니라 나의 자손과 자네의 자손 사이에서도 길이길이 그 증인이 되실 걸세(20:42).

2

사울은 다윗이 왕이 될 것과 야훼의 영이 그에게 머물러 있다는 사실을 분명히 알고 있었다. 다윗도 자기가 이스라엘의 왕좌에 앉아 있는 모습을 그리고 있었을지 모른다. 문제는 사울은 다윗이 왕위를 평화롭게 물려받을 생각이 없다고 믿었던 데 있다. 사울은 다윗이 자기를 왕좌에서 끌어내리고 그 자리를 차지할 거라고 믿었다. 상황이 이러한데 요나단은 아무 것도 모르고 다윗을 돕고 있으니 사울은 얼마나 답답했겠는가. 요나단이 자기의 겉옷, 무기, 허리띠를 다윗에게 넘겨줬다는 사실을 그도 알고 있었는지는 분명치 않다. 그는 왕의 식탁에 불참한 다윗을 요나단이 감싸는 것을 보고 그를 가리켜서 '패역무도한 계집의 자식'이라느니 '다윗과 단짝'이라느니, 그것들은 '요나단 자신에게나 그를 낳은 어미에게도 부끄러운 일'이라느니 하는 쌍욕을 퍼부은 데는 이런 이유가 작용했을 수 있다. 사울은 다윗이 살아 있는 한 요나단과 그의 나라가 안전하지 못하리라고 예언처럼 말했다. 이런 사울의 판단은 틀리지 않았다. 하지만 다윗과 요나단은 자기들은 물론이고 각자의 후손들도 화평하게 지내자는 언약을 맺었다. 어느 편이 맞았을까? 요나단은 길보아에서 벌어진 블레셋과의 전투에서 죽었으니 사울의 예언은 빗나갔다고 볼 수 있겠다. 다윗과는 무관하게 죽었으니 말이다. 다윗은 요나단의 아들 므비보셋을 살려줬다(사무엘하 9장). 그렇다고 해서 그가 요나단과 맺은 언약을 지켰다고 볼 수 있을까?

　다윗에게 위협을 느낀 사울이 한 행동에는 타당한 이유가 있다. 그는 그를 곁에 두려고도 했고 멀리 보내려고도 했다. 다윗을 미갈과 결혼시켜 사위 삼겠다는 사울의 생각은 양날의 칼과 같았다. 다윗이 블레셋 사람들 손에 죽는다면 사울에게는 그보다 좋은 일이 없겠지만 그게 빗나가서 다윗이 사위가 된다면 그에게 왕좌에 다가갈 명분을 주는 것이었다. 사울이 블레셋 사람 양피 1백 개를 가져오라고 다윗에게 요구한 위험한 도박이었다. 사울은 그것은 불가능하다고 믿었지만 그만 그 일이 벌어지고 말았다. 사울은 전사로서의 다윗의 능력을 과소평가하는 우를 범한 것이다.

──── 당시 이스라엘 왕국의 주요 직책은 왕의 친인척과 가까운 사람들로 채워졌다. 요즘의 '친인척 배제 원칙'에 어긋나지만 그때는 그 반대가 원칙이었다. 다윗의 최대 약점은 그가 사울 혈통 사람이 아니라서 왕위계승 서열 안에 들어 있지 않다는 사실이었다. 이런 경우 순위에 들어가는 유일한 길은 왕의 가족과 결혼하는 길뿐이었다. 다윗이 사울의 사위가 된 것은 치밀한 계산의 결과였다. 이로써 다윗에게는 적법하게 왕위에 오를 길이 열렸다. 한편 미갈 이야기는 여기서 끝나지 않는다. 다윗이 요나단의 도움으로 도망친 후 미갈은 아버지 사울에 의해 발디엘이란 사람과 결혼했다가 (25:44) 다윗의 요구로 다시금 그에게로 돌아왔다(사무엘하 3:15). 하지만 둘 사이는 회복되지 않았다. 그녀는 야훼의 언약궤가 예루살렘으로 들어왔을 때 거리에서 나체로 춤을 췄던 다윗을 비난했다가 죽는 날까지 독수공방해야 했다(사무엘하 6장).

다윗은 사울을 피해 수동적으로 도망만 다니지는 않았다. 그에게는 사울을 능가하는 백성들의 인기가 있었다. 사무엘상 18-20장에는 그가 사울의 아들과 딸에게 도움 받은 이야기가 서술되어 있지만 그를 도운 이들이 그들에 국한되지는 않았다. 다윗이 승전하고 귀환했을 때 여인들이 "사울은 수천 명을 죽이고 다윗은 수만 명을 죽였다"(18:7)라고 노래했을 정도였으니 음으로 양으로 그를 도운 사람들이 많았으리라 추측할 수 있다. 나중에 다윗 주변에 수백 명의 사람들이 몰려들었다는 사실(22:2)은 그만큼 그가 대중적인 인기를 누렸으리라는 추측의 근거가 된다.

다윗과 요나단의 관계가 학계의 관심을 끈 데는 페미니스트 성서학자들과 퀴어 성서학자들의 역할이 컸다. 둘의 관계를 동성애 관계로 해석하면서 주목을 받게 된 것이다.

요나단은 사울의 장남으로 전쟁에서 군대를 이끄는 지휘관이었다. 그는 백성들의 인기도 누리고 있었다. 사울의 금식명령을 어겨서 죽을 위기에 놓였을 때 백성들이 나서서 그를 옹호하기도 했으니 말이다 (14:45). 요나단은 전쟁 이야기에 잠깐 등장하다가(13-14장) 사울이 왕이 됐을 때는 잠시 무대에서 사라졌다가 다윗과 연계되면서 다시 등장했고 그 후 전쟁 지도자보다는 다윗을 옹호하는 역할을 했다. 그도 사울 못지않은 비극적인 생을 살았는데 그렇게 된 이유는 그가 다윗과 만나 그를 '사랑'했기 때문이라고 했다("요나단은 제 목숨을 아끼듯이 다윗을 아끼어 그와 가까운 친구로 지내기로 굳게 언약을 맺고 자기가 입고 있던 겉옷을 벗어서 다윗에게 주고 칼과 활과 허리띠까지 모두 다윗에게 주었다"[18:3-4]).

요나단은 다윗을 '사랑'했다지만 다윗이 요나단을 어떻게 생각했는지는 알 수 없다. 설화자가 침묵하기 때문이다. 다윗이 감정을 잘 드러내는 경우는 극히 드물다. 그는 여간해서 속내를 드러내지 않는다. 둘이 헤어질 때는 다윗이 요나단보다 더 서럽게 울었다고 했는데(20:41) 요나단에 대한 우정 또는 사랑 때문이었는지 도망 다녀야 하는 자신의 운명이 서러웠기 때문인지는 알 수 없다.

다윗이 사울의 사위가 됐으니 둘은 처남매부로 더 가까운 사이가 됐지만 사울이 공개적으로 다윗을 죽이겠다고 선언한 후로 요나단은 다윗을 지키기 위해 모든 걸 희생하는 삶을 살았다. 사울이 다윗을 죽이지 않으리라고 믿었던 것은 요나단이 순진했기 때문일까? 요나단은 다윗이 사울에게 위협이 된다는 생각을 해보지 않았을까? 사울이 다윗 때문에 불안해하는 이유를 몰랐을까? 사울이 다윗을 위험인물로 오해하고 있다고 생각했을까? 사울이 "이새의 아들[다윗]이 이 세상에 살아 있는 한은 너[요나단]도 안전하지 못하고 너의 나라도 안전하지 못할 줄 알아라. 빨리 가서 그 녀석[다윗]을 당장에 끌어 오너라. 그 녀석은 죽어야 마땅하다"(20:31)라고 사울이 말했을 때 자기도 다윗에 의해 죽을지 모른다는 생각을 해보지 않았을까? 정녕 요나단의 사랑은 죽음보다 강했다는 말인가?

다윗에 대한 사울과 요나단의 생각은 크게 달랐다. 사울은 그에게서 왕위찬탈의 욕망을 봤지만 요나단은 진심을 이해받지 못해 안타까워하는 충성심을 봤다. 요나단도 다윗의 정치적 욕망을 간파했을 터이다. 그럼에도 불구하고 그가 다윗의 편을 든 이유가 따로 있는데 그게 바로 둘 사이의 사랑, 곧 동성애였다는 것이다.

다윗과 요나단은 오랫동안 돈독한 우정으로 묶인 관계로 여겨졌다. 남자들 간의 모범적인 우정의 관계로 여겨졌던 거다. 그런데 서구에서 동성애가 사회적 현실로 받아들여지면서부터 둘의 관계를 동성애 관계로 해석하는 학자들이 등장했다. 이를 무리한 해석이라고 여기는 사람들도 있지만 둘의 관계를 그렇게 볼만한 근거가 없지도 않다.

둘이 처음 만났을 때 "요나단은 다윗에게 마음이 끌려 마치 제 목숨을 아끼듯 다윗을 아끼는 마음이 생겼다……"(18:1-4)라고 했다. 동성끼리도 친구를 제 목숨 아끼듯 아낄 수 있지만 요나단이 사울의 뜻을 어기며 다윗을 도와주자 사울이 요나단에게 한 말, "이 패역무도한 계집의 자식아, 네가 이새의 아들과 단짝이 된 것을 내가 모를 줄 알았더냐? 그런 녀석과 단짝이 되다니 너에게도 부끄러운 일이고 너를 낳은 네 어미를 발가벗기는 망신이 될 뿐이다"(20:30)라는 말은 납득하기 쉽지 않다.

사울은 왜 만아들에게 이렇게 지독한 욕설을 퍼부었을까? 왜 요나단을 '패역무도한 계집의 자식'이라고 불렀고 다윗과 '단짝'이 된 것이 '부끄러운' 일이고 '그의 어미를 발가벗기는 망신'이라고 했을까? 다윗이 자기 왕좌를 노리긴 했지만 사울은 그의 출중함을 여러 번 인정하지 않았던가. '단짝'이라는 단어가 들어 있는 문장을 원문대로 번역하면 "네가 그런 녀석을 '선택'하다니"가 된다. 왜 요나단이 다윗을 '선택'한 것이 자신에게도 부끄러운 일이고 그의 어미를 발가벗기는 망신이 되는 걸까? 요나단이 다윗을 선택한 것은 정치적 의미를 갖는다고 여겨져 왔다. 요나단이 후계자 자리를 넘겨받을 자로 다윗을 선택했다는 뜻이다. 그렇다면 그게 왜 요나단에게 부끄러운 일이고 그의 어미를 발가벗기는 망신이 된다는 것인지 이해할 수 없다. 사울이 둘의 관계를 동성애로 봤기 때문에 요나단을 이렇게 욕한 것은 아닐까?

사울과 요나단의 부고를 듣고 다윗이 보인 행동도 눈길을 끈다. 다윗은 그들이 전사했다는 소식을 듣고 그 두 사람을 위해 조가를 만들어 백성들로 부르게 했다(사무엘하 1:17-27). 특히 그는 요나단을 위해서 "나의 형 요나단, 형 생각에 나의 마음이 아프오. 형이 나를 그렇게도 아껴 주더니, 나를 끔찍이 아껴 주던 형의 사랑은 여인의 사랑보다도 더 진한 것이었소"(사무엘하 1:26)라고 애도했다. 다윗에 대한 요나단의 사랑이 '여인의 사랑'보다 더 진했다고 하니 여기서 동성애 코드가 떠오르는 게 그리 이상하지는 않다. 퀴어 성서학자들은 둘의 관계를 동성애 관계로 보는 근거로 세 본문을 드는데 그 중에서 이 구절이 가장 설득력 있어 보인다.

──── 레위기는 명백하게 동성애를 금한다. "너는 여자와 교합하듯 남자와 교합하면 안 된다. 그것은 망측한 짓이다"(레위기 18:22). 사실 그냥 금하는 정도가 아니라 동성애자는 반드시 죽이라고 했다. "남자가 같은 남자와 동침하여 여자에게 하듯 그 남자에게 하면 그 두 사람은 망측한 짓을 한 것이므로 반드시 사형에 처해야 한다. 그들은 자기 죗값으로 죽는 것이다"(레위기 20:13). 하지만 정확하게 말하면 레위기는 '동성애'가 아니라 '동성 간의 성행위' 그것도 '남자 동성 간의 성행위'를 금한다고 봐야 한다. 구약성서에는 여성 간의 성행위에 대한 규정은 없다. 이 규정이 담겨 있는 성결법전(Holiness Code)은 사울-다윗시대보다 훨씬 후대의 법전이므로 요나단에 대한 사울의 비난이 성결법전에 기반을 두고 있다고 볼 수는 없다. 물론 그것을 금하는 전통이 성결법전 이전부터 존재했을 가능성도 있지만 말이다.

사울이 한 비난 이외에 요나단과 다윗의 관계를 비난하는 대목은 없다. 오히려 둘의 관계를 바람직하게 본다. 둘 사이를 비난하는 자는 사울이 유일하다. 그 이유가 동성애 때문인지는 확실치 않다. 사울의 눈으로 보면 둘은 쿠데타의 공모자이므로 비판의 이유는 거기에 있고 동성애는 부차적인 이유일 수는 있다. 하지만 다윗과 요나단은 모두 아내와 자식들이 있었으므로 둘은 양성애자였을 수도 있겠다. 둘이 동성애 관계였다고 해도 설화자는 그보다는 둘의 관계가 갖는 정치적 의미에 초점을 맞추고 있다. 둘의 관계를 윤리적, 신학적인 눈으로 판단하고 비판하지는 않는다는 이야기다.

사울과 다윗은 사무엘상 18장에서 본격적으로 부딪친다. 다윗이 골리앗을 죽이는 장면에는 갈등요소가 없다. 사울은 야훼가 보낸 악한 영 때문에 미친 듯이 헛소리를 질렀고 그래서 다윗을 궁전으로 불러들였다. 사울이 다윗을 두 번 두려워했다고 서술됐다("야훼께서 자기를 떠나 다윗과 함께 계시는 것을 안 사울은 다윗이 두려워졌다"[18:12], "[사울은] 다윗을 더욱 더 두려워하게 되어 마침내 다윗과 평생 원수가 되었다"(18:29). 사울이 다윗을 두려워했던 것은 다윗에게 머물러 있던 야훼의 영 때문이었지만 정작 당사자들은 그걸 모르고 있었다.

사울은 야훼가 보낸 악한 영 때문에 발작을 일으켰고 정상적으로 사고하고 판단하지 못했다고 보인다. "사울은 수천 명을 죽이고 다윗은 수만 명을 죽였다"는 여인들의 노래에 대해 사울이 보인 반응 역시 정상이라고 보기 어렵다. 시적인 표현의 노래에 불과한데 거기에 지나치게 민감한 반응을 보였다는 것이다. 노래가 두 사람이 죽인 적군의 숫자를 비교한 게 아니라 둘 다 많은 적군을 죽였다는 뜻을 시적으로 표현했을 뿐인데 사울이 악한 영의 영향으로 인해 정상적인 정신상태가 아니었기에 민감하게 반응했다는 이야기다.

우리는 악한 영의 영향을 받지 않은 '정상적'인 사울이 어떻게 사고했고 사태를 어떻게 판단하고 행동했는지는 알 수 없다. 사울을 평가하기 어려운 이유가 여기에 있다. 겉으로 드러난 것만 보면 그는 불안과 두려움에 사로잡혀 있었다고 볼 수 있다. 그는 제대로 잠을 자지 못했다. 다윗에 대한 두려움과 적대감도 노골적으로 드러냈다. 그는 다윗과 요나단이 공모해서 자기를 왕좌에서 끌어내리려 한다고 보고 그들을 죽이려고 했다. 그는 막다른 골목에 놓인 비극적인 인물이었다.

다윗도 두려워한 적이 있었다. 그가 사울의 추격을 피해 가드 왕 아기스에게 갔을 때 그의 신하들은 "이 사람은 분명히 저 나라의 왕 다윗입니다. 이 사람을 두고서 저 나라의 백성이 춤을 추며 이렇게 노래하였습니다. '사울은 수천 명을 죽이고 다윗은 수만 명을 죽였다'"(21:11)라고 말했다. 이때 "다윗은 이 말을 듣고 가슴이 뜨끔했다"(21:12). 『새번역 성서』는 '가슴이 뜨끔했다'고 번역했지만 원문에는 '크게 두려워했다'(greatly feared)라고 되어 있다. 또 재차 아기스에게 피신했을 때(27:1-28:2)도 다윗은 자기 정체가 알려질까 봐 '두려워했다'("다윗이 남녀를 가리지 않고 죽이고 가드로 데려가지 않은 것은 그들이 다윗의 정체를 알아 다윗이 그런 일을 하였다고 폭로할까 두려웠기 때문이다"[27:11]).

하지만 다윗은 두려움에 직면했을 때 사울과는 다른 모습을 보여 줬다. 첫 번째 아기스에게 갔을 때 그는 미친 척해서 위기를 모면했다(21:13). 다윗은 이전에 다섯 번(10:10; 19:12; 19:18; 20:1; 21:10), 이후에 두 번(22:17; 27:4) 사울에게서 도망친 경험이 있으므로 두려움에 대처하는데 익숙해져 있었다. 첫 번째는 미친 척해서, 두 번째는 자기가 습격한 지역 주민들을 몰살해서 증거를 남기지 않음으로써 위기를 모면했다. 다윗이 두려워했을 때 야훼의 영이 언급되지 않는 점도 눈에 띤다. 물론 야훼의 영이 내내 다윗에게 머물고 있었으니 다윗의 행동이 영과 무관했다고 할 수는 없다. 야훼의 영은 그로 하여금 미친 척하게도 했고 마을 사람들을 몰살하게도 했을까?

──── 폴 보그만(Paul Borgman)은 사울과 다윗의 두려움에 대해서 논할 때 그들이 칼과 창을 어떻게 다뤘는지를 분석했다. 사울은 두 번이나 창을 다윗에게 던졌고 칼로 놉의 제사장들을 죽였으며 결국 자기 칼을 사용해서 스스로 목숨을 끊었다. 반면 다윗은 사울과 골리앗에게 칼과 창으로 구원받는 것이 아니라고 했고 요나단에게 그의 칼을 받았으며 두 번 사울을 죽일 기회가 있었지만 죽이지 않았다. 사울은 두려움을 이기려고 칼과 창을 썼지만 다윗은 그것들을 사용하지 않고도 위기를 극복할 수 있었다는 것이다(Paul Borgman, *David, Saul, & God: Rediscovering an Ancient Story*, 53-72쪽).

사울은 야훼의 영에 '사로잡혀' 있었던 데 반해서 다윗은 야훼의 영을 유리하게 '이용'했다. 사실 '이용'했다라고 하기 보다는 야훼의 영은 다윗이 어떤 행동을 하든지 모두 인정하고 허락했다고 볼 수 있겠다. 사울이 영의 포로로 살았다면 다윗은 야훼의 영이 자신을 신뢰한다는 걸 알고 매사를 자유롭게 결단하며 처리해나갔다는 이야기다. 일찍이 브뤼그만은 *In Man We Trust*에서 이와 비슷한 주장을 펼친 바 있다.

다윗이 미친 척하고 정복한 마을 사람들을 몰살했던 것은 사울 궁전을 빠져나온 이후의 일이었다. 그는 궁전에 머무는 동안에는 소극적이고 수동적이었다. 사울이 그에게 두 번이나 창을 던져 죽이려 했을 때도 몸을 피하기만 했을 뿐, 적극적인 행동을 하지 않았다. 사울이 메랍과 결혼시키려 했을 때도 그는 자기 집안의 누추함을 내세워서 사양했다. 사울의 부하가 다윗을 잡으려고 집에 왔을 때도 적극적으로 그를 도망시킨 사람은 미갈이었다. 요나단의 적극적인 도움이 없었다면 그가 궁전을 떠날 수 있었을지 의심스럽다. 유일하게 그가 적극성을 띤 때는 미갈과 결혼하려고 블레셋과 싸웠을 때였다. 요나단은 그를 '사랑해서' 모든 것을 줬지만 그가 요나단을 사랑했는지는 알 수 없다.

다윗은 요나단을 사랑했을까? 요나단은 마음 바쳐 사랑했지만 다윗은 그 사랑을 정략적으로 이용하기만 한 것은 아닐까? 요나단이 죽었을 때 그가 슬퍼 운 것도 남에게 보이기 위해서가 아니었을까? 이런 질문들에 어떻게 답하든 그것은 추측을 넘어서지 않는다.

여기까지의 이야기를 요약해보면, 야훼가 보낸 악한 영에 사로잡힌 사울은 야훼의 영이 머물던 다윗의 도움을 받지 못하면 발작을 일으키는 정신적으로 불안한 사람이었다. 그는 왕좌에 대한 다윗의 욕망을 간파했지만 그를 제거하지 못했다. 그렇게 된 데는 사울의 아들과 딸이 큰 역할을 했다. 미갈은 거짓말을 해가면서 '사랑하는' 남편을 피신시켰고 요나단은 아버지와 대적하면서 다윗을 옹호하다가 결국 그를 도피시켰다. 사울은 자식도 신뢰할 수 없었다. 야훼가 보낸 악한 영이 아니더라도 사울이 정신적 공황상태에 빠질 개연성은 충분했다.

반면 다윗은 내내 소극적이다가 왕의 사위가 되어 왕위계승 서열에 이름을 올릴 기회가 오자 적극적으로 그걸 덥석 잡았다. 그는 내내 속내를 드러내지 않았다. 그의 마음속에 무엇이 들어있는지 아는 이는 설화자뿐이었고 그걸 희미하게나마 간파한 사람은 사울이 유일했다. 그를 '사랑하는' 요나단과 미갈은 그의 속내를 간파했을까? 사랑에 눈이 멀어 그저 다윗이 하는 언행이 무조건 좋아 보였을까? 이후로 요나단과 다윗은 만나지 못했지만 미갈은 그렇지 않았다. 훗날 그녀는 확연히 변한 모습을 보여줬다. 과거의 미갈이 아니었던 거다. 왜, 무엇이 그녀를 변하게 했을까? 이런 의문을 남기고 다윗은 방랑의 길을 떠났다.

3장

도망 다니는 다윗

1

다윗은 '사랑받는 자'(beloved)란 뜻이다. 이름처럼 그는 사람들의 사랑을 한 몸에 받았다. 그를 사랑했던 사람은 요나단과 미갈이 전부가 아니다. 사무엘상 18장 16절은 "온 이스라엘과 유다는 다윗이 늘 앞장서서 싸움터에 나가는 것을 보고 모두 그를 좋아하였다"라고 전한다. 『새번역 성서』는 '좋아했다'고 번역했지만 히브리 원문에는 '사랑했다'(아하브)라고 되어 있다. 사울조차도 처음에는 그를 사랑했다고 하지 않나(16:21). 무엇보다 그는 야훼의 마음에 드는 자였고 야훼의 영이 머물던 사람이다. 그는 야훼의 사랑도 받았다. 헤럴드 블룸(Harold Bloom)이 이런 야훼를 가리켜 '다윗과 사랑에 빠진 신'(God who fell in love with David)이라 불렀다.

그는 위기에 처했을 때마다 누군가의 도움으로 위기에서 벗어났다. 이는 신학적으로는 야훼의 영 덕분이었지만 그 영도 살해 위협 자체를 없애지는 못했기에 그는 사울의 궁전에서 도망쳐야 했다. 다윗은 여기 저기 떠돌아다니면서 생존을 위해 온갖 수단을 동원해야 했던 '부랑자'가 됐다. 밑바닥에 떨어진 그는 살아남기 위해 뭐든지 해야 했던 것이다.

사울의 궁전에서 나온 후 그가 처음으로 간 곳은 제사장 아히멜렉이 있는 놉이었다. 놉은 예루살렘 북쪽 가까운 곳으로서 실로 성소가 블레셋에 의해 파괴된 후 중요한 성소가 됐다. 아히멜렉은 다윗을 '떨면서' 맞이했다(21:1). 왜 그는 다윗을 두려워했을까? 온 백성의 사랑을 받았던 그가 왜 이렇게 됐나 말이다. 사울과의 관계가 틀어졌다는 사실을 그가 알았을까? 그는 다윗을 받아들일지, 물리칠지 결정해야 했다.

다윗은 혼자 왔냐는 제사장의 질문에 거짓으로 말했다. 왕에게서 비밀임무를 부여받았고 부하들은 정해진 곳에서 만날 거라고 말이다. 제사장은 그의 말을 믿었을까? 의심했을 가능성이 높다. 다윗이 음식을 청하자 아히멜렉은 '거룩한 빵' 밖에는 없다면서 다윗 수하 젊은이들이 금기를 지켰다면 그걸 주겠다고 했다. '거룩한 빵'은 "야훼 앞에 차려놓은 빵"으로 "새로 만든 뜨거운 빵을 차려놓으면서 야훼 앞에서 물려낸 것"이라는 설명이 덧붙여져 있다(21:6).

다윗은 젊은이들은 모두 금기를 지켰다고 또 거짓말을 했다. 그러고는 불안했던지 "비록 이번 출정이 보통의 사명을 띤 길이기는 하지만 제가 출정할 때에 이미 부하들의 몸은 정결했습니다. 그러니 오늘쯤은 그들의 몸이 얼마나 더 정결하겠습니까?"(21:5)라고 설명을 늘어놓았다. 자고로 설명이 길면 의심스러운 법이다. 아히멜렉은 '거룩한 빵'을 다윗에게 건네줬다. 이로써 그는 제사장의 의무규정을 어겼다. 곡식제물로 바치고 "남은 것은 아론과 그 아들들의 몫이다. 이것은 나 야훼에게 살라 바치는 제물에서 온 것이므로 가장 거룩한 것이다"라고 규정되어 있으니 말이다(레위기 2:3). 야훼께 바쳐진 '거룩한 빵'은 제사장 외에는 금기준수 여부와 무관하게 아무도 먹을 수 없었다.

한편 다윗을 잡아들이려던 사울은 다윗의 행방을 귀띔해주는 사람이 하나도 없다며 신하들을 질책했다. 에돔 사람 도엑이 나서서 다윗이 놉에서 제사장 아히멜렉과 만나는 걸 봤다면서 "그때에 아히멜렉이 다윗이 해야 할 일을 야훼께 여쭈어 보고 나서 그에게 먹을 것도 주고 블레셋 사람 골리앗의 칼도 주었습니다"(22:10)라고 일러바쳤다. 다윗과 아히멜렉이 만났을 때 야훼께 여쭤봤다는 이야기는 없으니 도엑이 사실에 약간의 거짓을 섞어 말한 셈이다. 다윗과 아히멜렉이 단순히 빵을 주고받은 것보다 더 친밀한 동맹관계임을 부각하려 했던 모양인데 사울은 이 부분을 더 심각하게 받아들였을 수 있다.

사울은 그 말을 듣고 놉의 제사장 전원을 불러들였다. 도엑의 고자질 덕분에 그곳 제사장 모두가 다윗의 '공모자'가 된 셈이다. 아히멜렉은 무죄를 주장했지만 사울은 이에 아랑곳하지 않고 그를 포함해서 여든다섯 명의 제사장을 죽였을 뿐 아니라 놉의 주민들을 "남자와 여자, 어린이와 젖먹이, 소 떼와 나귀 떼와 양 떼를 가리지 않고 모두 칼로 죽였다"(22:19). 과거 '헤렘의 명령'을 어겼을 때 사무엘에게 당했던 일의 트라우마 때문이었을까. 사울은 그때 하지 않았던 일을 놉의 주민과 짐승을 상대로 해치웠다.

그 와중에 살아남은 자가 있었으니 아히멜렉의 아들 아비아달이 학살을 피해서 다윗에게로 도망쳤단다. 그에게 소식을 들은 다윗은 "그 날 내가 에돔 사람 도엑을 거기에서 보고서 그가 틀림없이 사울에게 고자질하겠다는 것을 그때에 이미 짐작하였소. 제사장의 집안이 몰살 당한 것은 바로 내가 책임져야 하오"(22:22)라는 얄궂은 말을 했다. 그럴 줄 알았는데 방치했다니, 이게 무슨 뜻일까? 다윗의 말은 아무리 생각해도 이해할 수 없다. 이는 명백히 다윗에게 불리한 진술인데 내내 그를 편들어온 설화자가 왜 이렇게 서술했는지 알 수 없다. 어쨌든 다윗은 아비아달을 받아들였는데 훗날 그는 사독과 함께 다윗 왕실의 제사장이 됐다가 솔로몬에게 숙청당했다.

다윗은 이런 일들을 겪으면서 어떻게 처신해야 하는지를 깨달았던 모양이다. 살아남기 위해서는 뭐든 해야 했다는 깨달음이 그것이다. 그는 거짓말을 해야 할 때는 서슴없이 했다. 거짓증언하지 말라는 계명을 지키기엔 상황이 너무도 급박했기 때문일까? 거짓말하는 데 별 죄의식을 느끼지 않았을까? 어느 편인지 몰라도 분명한 사실은 목숨을 버려가면서 정직해야 한다는 의지가 그에게는 없었다는 점이다. 그는 살아남기 위해 '철천지원수' 블레셋에 몸을 의탁하기까지 했다.

다윗은 놉을 떠나 가드 왕 아기스에게로 갔다. 가드는 블레셋의 주요 도시국가 다섯 곳 가운데 하나였다. 다윗은 '철천지원수' 중 하나에게 몸을 의탁하려 했던 것이다. 아기스의 신하들은 당연히 그를 받아들일 수 없었다. 그들은 "이 사람은 분명히 저 나라의 왕 다윗입니다. 이 사람을 두고서 저 나라의 백성이 춤을 추며 이렇게 노래하였습니다. '사울은 수천 명을 죽이고 다윗은 수만 명을 죽였습니다'"(21:11)라며 펄쩍 뛰었단다. 그때까지 다윗은 '왕'이 아니었으니 그들이 다윗을 그렇게 불렀던 것은 설화자의 시대착오적 실수로 보인다. 아니면 설화자가 다윗이 장차 왕이 되리라고 슬쩍 암시한 것이든지.

다윗은 아기스 신하들의 말을 듣고 가슴이 뜨끔했다(22:12). 거기서 피신처를 얻기는커녕 죽을지도 모르게 됐으니 말이다. 그는 미친 척했다. "그들에게 잡혀 있는 동안 그는 미친 사람처럼 행동하여 성문 문짝 위에 아무렇게나 글자를 긁적거리기도 하고 수염에 침을 질질 흘리기도 하였다"(22:13)라고 했으니 그는 상당기간 동안 미친 척했던 거다. 아기스는 신하들에게 "아니, 미친 녀석이 아니냐? 왜 저런 자를 나에게 끌어 왔느냐? 나에게 미치광이가 부족해서 저런 자까지 데려다가 내 앞에서 미친 짓을 하게 하느냐? 왕궁에 저런 자까지 들어와 있어야 하느냐?"(22:14-15)고 소리쳤다. 아기스에게 피신하려던 그의 계획은 실패했지만 겨우 목숨은 건질 수 있었다. 이처럼 다윗은 임기응변에 능했다. 훗날 한 번 더 아기스를 찾아가 몸을 의탁했는데 그때는 수백 명의 추종자가 동반해서 그랬는지 아기스는 그를 받아줬고 시글락을 그에게 하사했다. 그는 거기서 일 년 넉 달을 거주했다.

처음 아기스에게 피신하려다 실패하자 다윗은 아둘람 굴속으로 피신했다(22:1). 아둘람은 '피난처' '은신처'라는 의미를 가진 작은 성읍으로 유다 세펠라 지역에 위치해 있다. 어떻게 알았는지 다윗의 형들과 가족들이 그리로 와서 합류했단다. 이때 "압제를 받는 사람들과 빚에 시달리는 사람들과 원통하고 억울한 일을 당한 사람들"도 다윗에게 몰려들어서 다윗은 그렇게 모인 사백 명의 우두머리가 됐다(22:2). 이때 다윗은 모압 왕을 찾아가서 부모를 그에게 의탁했다(22:3). 모압은 사해

동쪽이 위치한 이스라엘의 이웃종족이었다. 그 후 다윗은 예언자 갓의 말에 따라 유다 땅 헤렛 숲으로 거처를 옮겼다. 헤렛은 헤브론 북서쪽에 있는 유다 지역으로 당시에는 블레셋의 영향권 아래 있었던 걸로 추측된다(23:3 참조).

다음에는 다윗이 블레셋의 공격을 받은 그일라를 구출하러 나선 이야기가 이어진다. 그는 출전해서 블레셋 사람들을 공격해도 되겠냐고 야훼에게 묻는다. 부하들은 자기들도 가슴 졸이며 사는데 블레셋 공격이 웬말이냐며 출전에 반대했지만 재차 야훼에게 묻고 같은 대답을 듣자 출전해서 큰 전과를 올렸다.

한편 다윗이 그일라에 있다는 소식을 사울이 알게 되자 그는 군대를 이끌고 다윗을 잡으러 그일라로 내려왔지만 다윗은 한발 앞서 조치를 취했다. 그는 사울이 온다는 소식을 듣고 에봇을 통해 야훼에게 물었더니 그일라 주민이 그를 사울에게 넘겨주리라는 야훼의 대답을 듣자 부하들을 거느리고 그곳을 빠져나왔다. 다윗은 이 일들에 직면해서 두 번 야훼에게 의견을 물었는데 두 번 모두 야훼의 대답대로 행동해서 살아났다.

사울은 계속해서 다윗을 추격했지만 실패를 거듭했다. 오히려 다윗이 사울을 죽일 수 있는 기회를 여러 번 가졌다. 다윗이 엔게디 산성에 머물고 있을 때 사울이 그 소식을 듣고 그를 잡으러 갔다가 어떤 동굴에 들어가서 뒤를 보고 있었는데 마침 거기 다윗 일행이 숨어 있었다고 했다(24:1-3). 부하들은 하느님이 준 기회라고 호들갑 떨며 사울을 죽이자고 주장했지만 다윗은 그 말을 듣지 않고 사울의 겉옷자락만 몰래 잘랐다는 거다. 이것만 해도 의외인데 다윗은 한술 더 떠서 "내가 감히 손을 들어 야훼께서 기름 부어 세우신 우리의 임금님을 치겠느냐? 야훼께서 내가 그런 일을 하지 못하도록 나를 막아 주시기를 바란다. 왕은 바로 야훼께서 기름 부어 세우신 분이기 때문이다"(24:6)라고 부하들에게 말했다. 놀랄 일 아닌가. 자기를 죽이려는 사울을 야훼의 기름 부음 받은 사람이므로 죽이지 않겠다면서 부하들더러 만일 자기가 그런 짓을 하려 한다면 말려 달라니 말이다.

사울이 일을 보고 밖으로 나오자 다윗은 그에게 절하고 자기가 그를 죽이려 한다는 세간의 말을 믿지 말라면서 자기가 그를 죽일 수도 있었지만 죽이지 않았다고 말하고 그의 겉옷자락을 보여줬다. 그는 야훼가 재판관이 되어 둘 사이를 판결해 달라고 일장연설까지 했다(24:9-15). 사울은 "나의 아들 다윗아, 이것이 정말 너의 목소리냐?"라며 목 놓아 울고는 이렇게 말했다.

나는 너를 괴롭혔는데 너는 내게 이렇게 잘 해주었으니 네가 나보다 의로운 사람이다. 야훼께서 나를 네 손에 넘겨주셨으나 너는 나를 죽이지 않았다. 이것 하나만으로도 오늘 너는 네가 나를 얼마나 끔찍이 생각하는지를 내게 보여 주었다. 도대체 누가 자기의 원수를 붙잡고서도 무사히 제 길을 가도록 놓아 보내겠느냐? 네가 오늘 내게 이렇게 잘 해주었으니 야훼께서 너에게 선으로 갚아 주시기 바란다. 나도 분명히 안다. 너는 틀림없이 왕이 될 것이고 이스라엘 나라가 네 손에서 굳게 설 것이다. 그러므로 너는 이제 야훼의 이름으로 내게 맹세하여라. 너는 내 자손을 멸절시키지도 않고 내 이름을 내 아버지의 집안에서 지워 버리지도 않겠다고 내게 맹세하여라(24:17-21).

사울은 잘못을 인정하고 재발방지를 약속했다. 여기서 눈에 띄는 대목은 그가 다윗이 왕이 될 것을 알고 있다고 말한 대목이다. 그가 이런 말을 한 것은 이번이 두 번째다(18:8 참조). 그는 다윗이 왕이 되면 자기 후손을 멸절하지 않겠다고 맹세하라고 했다. 이런 맹세까지 받으려 한 걸 보면 그는 정말 다윗이 왕이 되리라고 믿었던 모양이다. 이후에 그가 한 행동을 보면 의심스럽기는 하지만 말이다.

한편 사무엘은 어떻게 됐을까? 그는 사울이 '헤렘의 명령'을 어겼다고 꾸중한 후 집으로 돌아간 다음에는 무대에 나타나지 않았다. 설화자는 그의 근황에 대해 이렇게 서술했다. "사무엘이 죽었다. 온 이스라엘 백성이 모여 그의 죽음을 슬퍼하며 울고 그의 고향 라마에 그를 장사하였다"(25:1). 그가 행한 중요한 일들에 비하면 그의 부고는 초라하기까지 하다. 일세를 풍미했던 사무엘, 킹메이커 역할을 두 번이나 했던 사무엘은 이렇게 짧은 부고를 남기고 사라졌다.

한편 다윗은 한 번 더 결혼할 기회를 맞았다. 나발과 아비가일을 만난 이야기가 그것이다. 스티븐 맥켄지는 이 이야기를 "중요한 역사적 정보를 포함하고 있는 문학적 걸작"이라고 불렀다(Steven McKenzie, *King David: A Biography*, 96쪽). 마온에 살던 부자 나발에게는 아비가일이란 아내가 있었다. 설화자는 이들이 각각 "고집이 세고 행실이 포악"하고 "이해심도 많고 용모도 아름다웠다"고 묘사한다(25:3). 하루는 다윗이 부하들을 나발에게 보내서 나발의 목자와 양떼를 지켜줬으니 먹거리나 좀 달라고 청하게 했다(25:7-8). 나발의 재산을 지켜줬으니 보수를 내놓으라는 거다. 나발은 발끈해서 이렇게 답했다.

도대체 다윗이란 자가 누구며 이새의 아들이 누구냐? 요즈음은 종들이 모두 저마다 주인에게서 뛰쳐나가는 세상이 되었다. 그런데 내가 어찌 빵이나 물이나 양털 깎는 일꾼들에게 주려고 잡은 짐승의 고기를 가져다가 어디서 왔는지도 모르는 자들에게 주겠느냐?(25:10)

나발은 다윗을 모르지 않았던 것으로 보인다. '주인에게서 뛰쳐나간 종'이 다윗을 지칭한다고 보이니 말이다. 나발은 다윗을 주인집을 뛰쳐나가 돌아다니며 '불법세금'이나 거둬들여 연명하는 사울의 '종' 취급한 셈이다. 그가 다윗을 이렇게 모욕한 걸 보면 그에게 육백 명이 넘는 부하가 있는지 몰랐던가 보다. 알았더라도 수백 명의 부하들을 이끌고 '불법세금'이나 뜯으러 다니는 다윗보다 한 나라의 왕인 사울 편을 드는 게 유리하다고 여겼겠지만 말이다.

다윗은 즉각 부하들을 이끌고 나발을 응징하러 나섰다. 여기서 나발 대신 '이해심 많고 용모도 아름다운' 아비가일이 등장한다. 그녀는 급히 음식을 준비해서 다윗 일행을 맞이하여 다윗을 한껏 추켜올리는 연설을 했다(25:24-31). 그녀는 야훼가 다윗을 지켜주시고 온갖 좋은 것을 베풀어주셔서 왕이 될 터이니 쓸데없이 후회할 일 하지 말고 '좋은 날'이 오면 자기를 기억해달라고 읍소했다(25:28-31).

다윗은 그녀의 미모에 반했는지 연설에 감동했는지 만족해서 그냥 돌아갔다. 그는 "장군님을 거역하는 원수들의 생명은 야훼께서 돌팔매로 던지듯이 팽개쳐 버리실 것입니다"라는 아비가일의 말(25:29)에 "내가 오늘 사람을 죽이거나 나의 손으로 직접 원수를 갚지 않도록 그대가 나를 지켜 주었으니 슬기롭게 권면하여 준 그대에게도 감사하오.

하느님이 그대에게 복을 베풀어 주시기를 바라오"(25:33)라고 화답했다. 천생연분이라 불러 마땅하지 않은가. 아비가일이 나발에게 그간의 사정을 말하자 나발은 "갑자기 심장이 멎고 몸이 돌처럼 굳어졌다. 열흘쯤 지났을 때에 야훼께서 나발을 치시니 그가 죽었다"(38절). 연분이 열매를 맺을 조건이 마련된 것이다.

다윗이 사울을 죽일 수 있었는데 살려준 또 다른 경우가 있었다 (26:1-25). 이 이야기는 이전 이야기와 비슷하게 전개된다. 앞에서는 굴속이었는데 이번에는 사울의 진영이었고, 앞에서는 사울을 죽이자는 자가 익명의 부하였지만 이번에는 요압의 동생 아비새였으며, 앞에서는 사울의 겉옷자락이던 것이 이번에는 창과 물병이란 점이 다를 뿐이다. 이번에도 다윗은 야훼의 기름 부음 받은 자를 죽여서는 안 된다고 했고 사울은 또 다시 다윗을 죽이려던 잘못을 인정하고 참회했다. 이번에는 사울이 다윗이 왕이 될 것이라는 예측은 하지 않았다.

다음으로 다윗이 두 번째로 가드의 아기스에게 망명한 이야기가 이어진다(27:1-12). 여기에는 첫 번째 망명과는 다른 점이 있다. 전에는 다윗이 혈혈단신이었지만 이번에는 육백 명의 부하를 거느리고 있었다. 그래서인지 아기스의 부하들이 그를 내쳐야 한다고 우기지 않았다. 이번에는 다윗이 미친척할 필요가 없었다. 아기스는 도성 하나를 달라는 다윗의 요구를 받아들여 시글락을 내줬다. 시글락은 세펠라 남쪽에 자리 잡고 있는 작은 성읍이었다. 다윗은 그곳을 거점으로 주변을 습격하고 약탈했다. 나발에게는 '불법세금'을 뜯더니 여기서는 대놓고 인근 주민들을 약탈했다. 그는 자기의 소행이 밝혀질 것을 염려해서 주민들을 몰살했다. 그는 그술과 기르스와 아말렉을 공격했으면서도 아기스에게는 유다 지역에 속한 성읍들을 털었다고 거짓말했다(27:10). 그는 시글락에 머물면서 이런 식으로 처신했지만 아기스는 그의 말만 믿고 그의 충성을 의심하지 않았다고 했다.

다윗은 사울의 왕궁에 있던 것보다 훨씬 긴 기간 동안 도피생활을 했다. 그 동안 그는 다양한 일들을 겪었다. 위기에서 자기를 구해준 아내 미갈과 헤어졌고 여러 차례 죽을 고비를 넘겼다. 아비가일을 새로 아내로 맞았고 육백 명에 달하는 부하도 생겼다. 원수 블레셋 땅으로 망명해서 살았지만 나름의 기반을 구축해나갔고 점차 안정된 생활을 하기에 이르렀다.

사울은 그렇지 않았다. 그는 두 번이나 죽을 위기에 몰렸다가 살아났다. 다윗의 '후의'로 목숨을 건지기는 했지만 두려움과 불안은 커져갔고 부하들은 말할 것도 없고 아들 요나단마저 자기를 배반할지 모른다고 의심했다. 그는 사방이 적으로 둘러싸여 있다고 느꼈을 것이다. 그래서 그는 하지 말았어야 하는 일을 했다. 자기가 이스라엘 땅에서 몰아낸 무당과 박수를 수소문해서 숨어 있던 무당을 찾아간 것이다. 사울의 비극은 정점을 향해 달려가고 있었다.

2

다윗이 도망친 후 사울이 얼마나 큰 불안을 느꼈는지 잘 보여주는 사건은 놉의 제사장들과 주민을 몰살한 일이다. 그는 학살 직전에 신하들에게 이렇게 호통 쳤다.

이 베냐민 사람들아, 똑똑히 들어라. 이새의 아들[다윗]이 너희 모두에게 밭과 포도원을 나누어 주고 너희를 모두 천부장이나 백부장으로 삼을 줄 아느냐? 그래서 너희가 모두 나를 뒤엎으려고 음모를 꾸몄더냐? 내 아들이 이새의 아들과 맹약하였을 때에도 그것을 나에게 귀띔해 준 자가 하나도 없었다. 또 내 아들이 오늘 나의 신하 하나를 부추겨서 나를 죽이려고 매복시켰는데도 너희들 가운데는 나를 염려하여 그것을 나에게 미리 귀띔해 준 자가 하나도 없었다(22:7-8).

베냐민은 사울의 고향이고 그가 속한 지파다. 사울은 그들에게 이런 비난을 쏟아 부었다. 예나 지금이나 고향사람들은 정치인의 든든한 후원자인데 사울에게는 그들까지도 다윗의 공모자로 보였다. 정말 베냐민 사람들이 다윗과 공모했을까? 그랬다면 그것 또한 야훼가 보낸 악한 영 때문일까? 사울은 다윗을 죽이려다가 마음을 돌려 그러지 않겠다고 다짐하는 일을 반복했으니 이 또한 온전한 사람의 행동이라고 보기 어렵다. 이것 역시 악한 영의 소행이었을까?

사울은 다윗이 베냐민 사람들에게 밭과 포도원을 나눠주지도 않을 것이고 그들을 군사지도자로 삼지도 않을 것이라고 말했다. 사울은 왜 이런 말을 했을까? 세간에 그런 이야기가 떠돌아다니고 있었을까? 두 가지를 추측할 수 있다. 첫째로 당시 이스라엘에는 왕이 신하에게 재산을 나눠주거나 높은 자리를 주는 제도가 자리 잡고 있었다. 그렇게 나눠줄 왕실재산은 전리품이나 세금을 통해 축적됐을 것이다. 둘째로 다윗은 자기에게 충성하면 보상이 따른다는 것을 어떤 모양으로든 선전했을 것이다. 사울이 밑도 끝도 없이 그런 이야기를 한 게 아니라면 다윗은 자기에게 충성하면 보상해주겠다는 소문을 사울의 고향 베냐민 사람들에게까지 퍼뜨렸다고 봐야 한다. 일종의 프로파간다인데 군사지도자 자리 약속은 거짓이거나 제한이 있었을 거다. 사울뿐 아니라 다윗도 고위 군사지도자 자리에는 자기 친인척을 앉혔으니 말이다. 사울의 사촌이던 아브넬이 그랬고(14:50-51) 훗날 다윗의 군사령관 요압 역시 그의 조카였다(사무엘하 17:25). 이런 상황에서 사울이 가장 가까운 신하도 존중하지도 신뢰하지도 않았으니 그가 누굴 믿을 수 있었겠나. 오죽하면 자기 아들이 자기를 죽이려고 신하를 매복시켰다고 했겠는가 말이다. 사울은 멘탈 붕괴 직전에 놓여 있었던 것이다.

사울-다윗 이야기 전체에서 가장 억울한 부류는 아히멜렉을 비롯한 놉의 제사장들과 그 주민들이었다. 아히멜렉은 사울에 대한 반역의지가 없었다. 그가 사울의 심복이자 사위인 다윗이 원하는 것을 내주지 않을 수 있었을까. 그는 최소한의 정결규정을 준수하려고 노력했지만 다윗의 거짓말에 속아 빵을 내주고 말았다. 설사 거짓말인 줄 알았다고 해도 달라질 것은 없었을 것이다. 잘못은 거짓말한 다윗에게 있었다. 하지만 그의 노력도 두려움에서 비롯된 분노를 터뜨린 사울의 광적인 행동을 막을 수는 없었다(Walter Brueggemann, *First and Second Samuel*, 159쪽). 사울이 놉의 제사장들과 주민들과 짐승들까지 몰살하는 광기를 보인 데는 아히멜렉이 다윗을 옹호한다고 여겼기 때문일 수 있다. 다윗을 펀드는 자들이 도처에 널려있다는 생각이 그를 미치게 만들었으리라.

이해할 수 없는 행동은 다윗도 했다. 그는 아비아달에게 도엑의 존재를 진작부터 알았고 그가 사울에게 고자질할 줄 알았다고 말했다 (22:22). 다윗은 참변을 예측했지만 막지 않고 그대로 됐다는 거다. 왜 그랬는지 이유는 밝혀지지 않았다. 자기도 도망치느라 경황이 없었을 까? 이 궁금증을 풀어주지 않는 설화자가 야속할 따름이다.

다윗이 아둘람 굴에 피신했을 때 일어난 일들도 관심을 끈다. 거기에 그의 가족 외에도 "압제를 받는 사람들과 빚에 시달리는 사람들과 원통하고 억울한 일을 당한 사람들"도 몰려들었다(22:2). 학자들은 이 대목이 역사적 사실일 가능성이 높다고 본다. 이 대목이 관심을 끄는 이유는 이들이 '하비루'를 떠올리기 때문이다. 이스라엘을 가리키는 '히브리'와의 유사성 때문에 오랫동안 논란이 되어온 그 '하비루' 말이다.

──── 19세기 후반 이집트 카이로 남쪽에 위치한 엘 아마르나(el-Amarna) 란 곳에서 아카디아어로 쓰인 약 4백 개의 토판이 발견됐다. 유명한 '아마르나 서판'(Amarna Tablets)이 그것이다. 서판 대부분은 기원전 14세기 중엽 파라오 아멘호텝 3세(Amenhotep III)와 4세(이집트 유일의 유일신 숭배자 아케나텐과 동일인) 시대에 파라오와 가나안 도시국가 왕들이 주고받았던 서신이다. 거기에 '하비루'가 등장한다. '하비루'는 가나안 도시국가들을 괴롭힌 약탈자로 다윗 주위에 몰려든 이들과 비슷한 사회계층 사람들이었다고 짐작된다('하비루'에 대해서는 *Anchor Bible Dictionary* 제3권 6-10쪽에 잘 정리되어 있다).

아마르나 서판에는 다양한 이유로 친족공동체에서 떨어져나가 보호받지 못하는 사람들이 등장한다. 이들은 무리를 지어 도시를 침략하거나 용병이 되어 전쟁터에 나갔다. 다윗에게 몰려든 이들은 '하비루'였을까? 양자 간에는 유사점이 많은 게 사실이다. 다윗 무리는 하비루처럼 도시나 촌락의 힘이 미치지 않는 사막 접경지에 살았다. 그들은 생존수단과 머물 곳을 제공한다면 그들을 위해 기꺼이 일했다. 하비루에 용병이 많았던 이유가 이것이다. 하지만 하비루는 도시나 촌락을 약탈만 한 것이 아니라 공생하기도 했다. 외부 침입자로부터 주민을 보호해주는 역할도 했던 것이다. 이들은 존중받기도 했고 조롱당하기도 했다. 만일 다윗에게 모여든 자들이 하비루였다면 그들은 다윗을 자기들과 비슷한 부류로 봤기 때문이다. 그러지 않았다면 그들이 다윗에게 모여들지 않았을 터이다.

다윗 무리가 블레셋의 공격을 받은 그일라 사람들을 구출한 이야기(23:1-13)도 다윗 집단과 그일라 주민 사이에 일종의 계약이 있었다면 이해가 된다. 그게 아니었다면 다윗 집단이 도움을 청하지도 않은 그일라 주민들을 구출하러 위험을 무릅쓰고 블레셋을 공격했을 이유가 없다. 그런데 그일라 사람들은 자기들을 구해준 다윗을 사울에게 넘겨주려고 했다. 사울이 다윗을 잡으러 내려오지 않았기에 실행되지는 않았지만 말이다. 다윗 집단이 보수를 받고 그일라 주민들을 보호해줬다면 그럴 수 있었다고 본다. 그일라 주민들이 떠돌이 하비루를 보수를 주고 일시적으로 고용했다면 그들을 신뢰할 이유는 없었을 터이니 말이다.

학자들은 다윗이 두 번 사울을 죽일 수 있었지만 죽이지 않았다는 이야기(24:1-21; 26:1-25)의 역사성을 의심한다. 비슷한 일이 두 번 벌어졌을 가능성이 낮기도 하거니와 다윗을 높이려는 의도가 뚜렷하기 때문이다. 설화자가 전하려는 메시지는 사울의 말에 모두 들어 있다.

나는 너를 괴롭혔는데 너는 내게 이렇게 잘 해주었으니 네가 나보다 의로운 사람이다. 야훼께서 나를 네 손에 넘겨주셨으나 너는 나를 죽이지 않았다. 이것 하나만으로도 오늘 너는 네가 나를 얼마나 끔찍이 생각하는지를 내게 보여 주었다. 도대체 누가 자기의 원수를 붙잡고서도 무사히 제 길을 가도록 놓아 보내겠느냐? 네가 오늘 내게 이렇게 잘 해주었으니 야훼께서 너에게 선으로 갚아 주시기 바란다. 나도 분명히 안다. 너는 틀림없이 왕이 될 것이고 이스라엘 나라가 네 손에서 굳게 설 것이다 (24:17-20).

내가 잘못했다. 나의 아들 다윗아, 돌아오너라. 네가 오늘 나의 생명을 귀중하게 여겨 주었으니 내가 다시는 너에게 해를 끼치지 않겠다. 정말 내가 어리석은 일을 하여 아주 큰 잘못을 저질렀다…… 나의 아들 다윗아, 하느님이 너에게 복 주시기를 바란다. 너는 참으로 일을 해낼 만한 사람이니 매사에 형통하기를 바란다(26:21, 25).

이런 칭찬은 그 누구보다 사울의 입에서 나오는 게 가장 큰 효과를 갖는다. 현재 왕 사울이 차기 왕좌의 주인공은 다윗일 거라고 말하는 것보다 더 큰 효과를 어떻게 거두겠는가? 필자가 보기에 이 대목보다 설화자의 생각이 더 노골적으로 표현된 곳은 없다.

그 다음으로 큰 효과는 세자 요나단의 입에서 같은 말이 나올 때 거둘 수 있다. 그래서 설화자는 한 동안 자취를 감췄던 요나단을 불러낸다. 그일라 주민들의 밀고로 잡으러 오는 사울을 피해 다윗이 호레스에 피신했을 때 요나단이 다윗을 만나러 그리로 와서 이렇게 말했다.

전혀 두려워하지 말게. 자네를 해치려는 나의 아버지 사울의 세력이 자네에게 미치지 못할 걸세. 자네는 반드시 이스라엘의 왕이 될 걸세. 나는 자네의 버금가는 자리에 앉고 싶네. 이것은 나의 아버지 사울도 아시는 일일세(23:17).

다윗은 왕이 되고 싶었고 자기가 야훼의 선택을 받았음을 알고 있었다. 사울과 달리 그는 야훼의 선택에 소극적으로 대응하지 않았다. 그래서 사울의 사위가 됐지만 왕좌로 가는 길은 멀고 험난했다. 하지만 마음이 급하다고 다윗이 사울을 죽였다면 어떻게 됐을까? 두 번 온 기회를 놓치지 않고 그가 사울을 죽였다면 그 후 사태는 어떻게 전개됐을까? 요나단의 태도가 달라졌을 수 있다. 사울의 신하들도 그에게 등을 돌렸을 것이다. 백성들도 하느님이 기름 부어 세운 왕을 죽인 다윗에 대한 지지를 거두었을 가능성이 높다. 무엇보다 궁금한 점은 사울을 선택한 걸 후회해서 새로 다윗을 선택한 야훼가 어떻게 반응했을까 하는 점이다. 야훼는 자기가 하려던 일을 다윗이 해줬다고 그를 칭찬했을까? 우리는 알 도리가 없다. 야훼가 기름 부어 세운 왕을 죽여서는 안 된다는 것은 다윗의 신념이었을 수도 있고 당시에 널리 받아들여지던 신학적 전통 또는 사회적 관습이었을 수도 있다. 어느 편이든 다윗이 야훼의 기름 부음을 받아 왕이 된 사울을 죽이지 않은 데는 '정치적 고려'가 작용했다고 보인다. 사울을 죽였을 때 생길 수 있는 정치적 파장을 고려했다는 뜻이다.

다윗이 왕이 될 거라는 '예언'은 아비가일도 했다. 그녀는 다윗을 만나자 최상의 예를 갖춰 문안한 다음 마치 다윗이 왕이 된 것처럼 이렇게 말이다.

야훼께서 틀림없이 장군님의 집안을 영구히 세워 주시고 장군께서 사시는 동안 평생토록 아무런 재난도 일어나지 않도록 도와주실 것입니다. 그러므로 어느 누가 일어나서 장군님을 죽이려고 쫓아다니는 일이 있더라도 장군님의 생명은 장군님께서 섬기시는 야훼 하느님이 생명 보자기에 싸서 보존하실 것이지만 장군님을 거역하는 원수들의 생명은 야훼께서 돌팔매로 던지듯이 팽개쳐 버리실 것입니다. 이제 곧 야훼께서 장군께 약속하신 대로 온갖 좋은 일을 모두 베푸셔서 장군님을 이스라엘의 영도자로 세워 주실 터인데 지금 공연히 사람을 죽이신다든지 몸소 원수를 갚으신다든지 하여 왕이 되실 때에 후회하시거나 마음에 걸리는 일이 없도록 하시기 바랍니다. 야훼께서 그처럼 좋은 일을 장군께 베풀어 주시는 날 이 종을 기억해 주시기 바랍니다.(25:28-31)

그녀는 사울이 다윗을 죽이려 한다는 것도 알고 있고 '돌팔매' 운운하는 걸 보면 골리앗과의 싸움도 알고 있는 듯하다. 그녀처럼 다윗이 권력을 잡는 날 자기를 기억해달라던 사람이 한 사람 더 있는데 그는 요나단이다(20:14-15). 마흔한 절이나 되는 다윗과 아비가일 이야기는 다윗이 그녀와 결혼한 이야기로 마무리된다. 이 일은 나발이 죽었기 때문에 가능했다. 갈렙 족속에 속했던 나발은 부자로 지역유지였다. 자식에 대한 언급이 없는 것으로 보아 그와 아비가일 사이에 자식이 없었던 모양이다. 그렇다면 나발 사후에 그의 재산은 아비가일에게 귀속됐을 것이다. 그리고 그녀는 다윗과 결혼했으니 나발의 재산을 다윗이 갖게 됐다. 맥켄지는 이런 이유로 다윗이 나발의 죽음에 모종의 역할을 했다고 추측한다. 이로써 다윗은 이스라엘 안에서 일정한 지역적 기반을 갖게 됐다는 것이다(McKenzie, *King David: A Biography*, 99쪽).

설화자는 '야훼가' 나발을 죽였다고 서술함으로써(25:38) 이 일이 야훼의 섭리로 벌어졌음을 분명히 했다. 나발은 어리석었지만 악인은 아니었는데 다윗의 길을 가로막는 장애물이었기에 죽었다. 이로써 다윗은 갈렙 지역에 뿌리를 내릴 수 있었고 이스라엘 내에서 자기 입지를 확보할 수 있었다. 나발이 다윗에게 장애물이었기에 제거한 야훼…….이 이야기가 씁쓸한 느낌을 주는 이유다.

아비가일 이야기를 하는 김에 다윗의 아내 이야기를 좀 더 해보자. 다윗의 첫 결혼 상대는 아히노암이다. 그녀는 사무엘상 14장 50절에 처음 등장한다("사울의 아내의 이름은 아히노암인데 아히마아스의 딸이다"). 그녀는 아히마아스의 딸이며 사울의 아내로 소개되는데 같은 이름을 가진 여인이 사무엘상 25장 14절에는 다윗의 아내로 소개된다("다윗은 이미 이스르엘 여인 아히노암을 아내로 맞이하였기 때문에 이제는 두 사람이 다 그의 아내가 되었다"). 설화자는 여기서 아비가일 이야기를 하다가 뜬금없이 다윗에게는 아히노암이란 아내가 있다는 이야기를 한다. 사울의 아내 아히노암과 다윗의 아내 아히노암은 동일인물일까 동명이인일까?

——— 구약성서에는 아히노암이란 이름이 일곱 번 등장하는데(사무엘상 14:50; 25:43; 27:3; 30:5; 사무엘하 2:2; 3:2; 역대기상 3:1) 모두 특별한 내용 없이 이름만 소개되어 있다. 이 가운데 사무엘상 14장 50절에만 사울의 아내로 소개되고 나머지는 모두 다윗의 아내로 소개된다. 첫 번째만 그녀의 아버지

가 '아히마아스'라고 소개하고 나머지는 모두 아버지 이름이 없이 '이스르엘 사람'이라고 소개된다. 이 정보로는 두 아히노암이 동일인물인지 여부는 확인할 수 없다.

의심스러운 대목은 그녀를 다윗의 아내로 소개할 때는 왜 아버지 이름 없이 '이스르엘 사람'으로만 소개되는가 하는 점이다. 이름 없는 집안 출신이기 때문일까? 의도적으로 아버지 이름을 밝히지 않은 걸까? 후자의 경우라면 두 아히노암이 동일인물이기 때문은 아닐까? 만일 그렇다면 다윗은 사울 생전에 그녀와 결혼한 게 된다. 그게 가능했을까? 사울이 죽은 이야기는 사무엘상 31장에 가야 나온다. 사무엘서가 연대순으로 서술되지 않았다지만 사울 사후에 그녀가 다윗과 결혼했다면 사무엘상 25장 43절에서 다윗이 이미 이스르엘 여인 아히노암을 아내로 맞이했다고 썼을 리 없다. 답이 없는 수수께끼인 이 문제에 대해서는 조얼 베이든이 자세히 썼다(Joel Baden, *The Historical David: The Real Life of an Inverted Hero*, 78-80쪽).

마지막으로 다윗과 가드 왕 아기스가 얽힌 이야기를 해보자. 사울-다윗 이야기에는 낯선 지명이 자주 등장한다. 그것들은 발음하기도 어렵고 번번이 지도를 찾기도 귀찮아서 대충 넘어가지만 그 장소가 어딘지 알아야 하는 경우도 있다. 장소를 알아야 이해되는 경우가 있기 때문이다. 사무엘상 18장에 등장하는 골리앗의 고향이고 다윗이 사울을 피해 도망쳐 갔던 블레셋 도시 '가드'가 그렇다.

———— 블레셋 사람이 누군지, 언제 어떻게 가나안에 자리 잡았는지는 아직 확실히 밝혀지지 않았다. 그들은 '펠레셋'(Peleset)이란 이름으로 기원

전 12-11세기 이집트 문서들에 등장한다. 람세스 3세(기원전 1182-1151) 시대 문서에는 육로와 해로로 이집트에 쳐들어온 펠레셋 집단과 다른 집단들을 이집트 군이 물리쳤다고 기록되어 있다. 람세스 4세(기원전 1151-1145) 시대 문서는 이들이 패배한 후 이집트 요새에 정착했다고 전한다(Israel Finkelstein & Neil Asher Silverman, *David and Solomon: In Search of the Bible's Sacred Kings and the Roots of the Western Tradition*, 189-190쪽). 학자들은 이집트와 가나안 남부 해안지역에 정착한 호전적인 이민자 '펠레셋'과 '블레셋인'이 동일집단이라고 간주한다. 블레셋은 기원전 12세기 즈음에 지중해 어딘가에서 이집트와 가나안으로 들어와서 무력으로 정착한 해양족속 중 하나라는 것이다. 가자, 아쉬클론, 가드, 아쉬돗, 에크론 다섯 도시는 이들이 가나안에 세운 대표적인 도시다. 가드는 이 중 유다에 가장 인접한 곳에 있기에 다윗이 그곳을 은신처로 택했다고 보인다.

가드 왕 아기스는 처음엔 다윗을 받아주지 않았다. 다윗은 아기스와 그의 신하들 앞에서 침을 질질 흘리며 미친 척해서 거기서 빠져나왔고(21:10-15) 두 번째는 육백 명의 부하들을 이끌고 갔기에 받아들여졌고 시글락이란 성읍을 하사받았다(27:2-6). 이해할 수 없는 대목은 아기스가 원수같이 여기는 이스라엘의 군사 지도자였던 다윗을 왜 받아들였는가 하는 점이다. 처음 다윗이 왔을 때는 그를 받아들이지 않았던 아기스의 신하들이 두 번째는 왜 반대하지 않았을까 하는 점도 궁금하다.

다윗과 블레셋의 관계는 한 마디로 규정하기 어렵게 얽혀 있었다. 다윗 초기에 둘은 적대적이었음이 분명하다. 다윗은 블레셋과의 전쟁에서 승리함으로써 백성들 사이에서 명성을 얻었으니 블레셋 입장에서는 제거해야 할 적수였다. 그런데 다윗이 사울에게 쫓기면서 둘의 관계에 변화가 생겼다. 우호관계라고 할 수는 없지만 과거보다는 덜 적대적이 된 것만은 분명하다. 다윗이 두 번이나 아기스에게 피신하려 했던 것은 사울에게 피신할 곳이 거기뿐이었기 때문이다. 특히 두 번째가 그랬다("다윗이 혼자서 생각하였다 '이제 이러다가 내가 언젠가는 사울의 손에 붙잡혀 죽을 것이다. 살아나는 길은 블레셋 사람의 땅으로 망명하는 것뿐이다. 그러면 사울이 다시 나를 찾으려고 이스라엘의 온 땅을 뒤지다가 포기할 것이며 나는 그의 손에서 벗어나게 될 것이다.' ……다윗이 가드로 도망갔다는 소식이 사울에게 전하여지니 그가 다시는 다윗을 찾지 않았다"(27:1, 4).

아기스가 다윗을 받아준 것은 다윗이 적대국 이스라엘의 왕 사울에게 쫓기는 처지였기 때문이다. 그가 보기에 사울과 다윗은 더 이상 한편이 아니었다. 서로 죽으려 하는데 어떻게 한편일 수 있겠나 말이다. 다윗의 아내 미갈이 남의 아내가 되면서 더 이상 사울과 가족관계도 아니었다. 이제 다윗은 떠돌이 무법자 '하비루' 대장에 불과했으므로 아기스는 그를 조공을 챙기는 '봉신' 또는 급료를 줘서 전쟁터에 내보내는 '용병'으로 받아들였던 것이다. 아기스에게 다윗은 사울과의 싸움에 활용할 좋은 수단이었다. 이에 대해 월터 브뤼그만은 "설화자 눈에 다윗은 모든 관습적 기준을 뛰어넘는 인물이었다. 이스라엘의 철천지원수와 동맹을 맺을 용기 있는 사람은 다윗뿐이었다. 그는 미래를 펼치는 데 있어서 적극적이었고 관습을 뛰어넘기를 두려워하지 않았다. 그는 야훼가 자기 편임을 알고 있었고 따라서 자기가 그만한 위험을 감수할 수 있음을 알았기 때문이다"라고 썼는데 필자는 이 설명에 공감하지 않는다. 이것이 다윗 개인의 신앙으로만 설명할 수 있는 문제가 아니가 때문이다(Walter Brueggemann, *First and Second Samuel*, Interpretation Series, 189쪽).

다윗은 아기스에게서 시글락을 하사받아 16개월 동안 자신의 영향력을 확대하면서 유다 사람들의 마음을 얻었다. 그는 그술, 기르스, 아말렉 사람들을 습격하고는 아기스에게는 유다 남쪽 지역을 약탈했다고 보고했다(27:7-10). 그때마다 다윗이 주민들을 다 죽인 것은 자기가 한 짓이 아기스에게 알려지지 않게 하기 위해서였다. 다윗은 자기가 동족의 적이 됐음을 아기스에게 보여주려 했다. 이스라엘 입장에서 다윗은 배신자지만 설화자는 이것을 잘 포장해서 그를 이스라엘에 우호적인 인물로 만들었다. 다윗은 자기를 줄기차게 죽이려는 사울을 피해서 어쩔 수 없이 블레셋에게 갔지만 거기서도 유다와 이스라엘에 피해를 주지 않았다는 거다. 그술, 기르스, 아말렉 사람들은 이런 다윗을 위해 몰살당했다. 그들은 그렇게 죽어도 되는 존재였을까?

────── 조얼 베이든(Joel Baden)은 다윗이 블레셋과 벌인 전투에 대해 의문을 제기한다. 과연 그 전투들이 실제로 일어났는지 의문이라는 거다. 그가 이 추측의 근거로 든 것은 다윗이 블레셋과 벌였다는 전투 이야기가 구체적이지 않다는 것이다. 그가 사울에 의해 군사 지도자로 임명되어 벌인 첫 전투는 언제 어디서 벌어져서 어떻게 이겼다는 이야기는 한 마디도 없고 승리 후에 여인들이 노래했다는 이야기만 전한다(18:6-7). 다윗이 미갈을 아내로 맞아들이기 위해 블레셋 사람 양피 이백 개를 가져온 전투도 마찬가지다. 설화자는 그저 "[다윗은] 왕의 사위가 되려고 자기 부하들을 거

느리고 출전하여 블레셋 남자 이백 명을 쳐 죽이고 그들의 포피를 가져다가 요구한 수대로 왕에게 바쳤다"(18:27)라고만 전할 뿐 언제 어디서 어떻게 싸웠는지 구체적으로 말하지 않는다. "그 무렵에 블레셋 지휘관들이 군대를 이끌고 침입해 와서 싸움을 걸곤 하였는데 그때마다 다윗이 사울의 장군들보다 더 큰 전과를 올렸기 때문에 다윗은 아주 큰 명성을 얻었다"(18:30)라는 보고 역시 마찬가지로 구체적이지 않다. 베이든은 다윗이 블레셋과 싸워서 전승했다는데 이스라엘 영토는 늘어나지 않았다는 점도 지적한다. 다윗 시대에서 3백 년 후인 히스기야 시대에도 유다와 블레셋은 여전히 같은 곳에서 싸웠다. 베이든은 과연 전쟁을 하긴 했는지조차 의심한다. 정말 다윗과 블레셋의 전쟁 이야기는 모두 픽션일까?(Joel Baden, *The Historical David: The Real Life of an Invented Hero*, 50−61쪽).

4장

사울이 죽다

1

다윗은 아기스를 얼마나 속일 수 있다고 생각했을까? 자기도 속임수가 오래 가리라고 생각하지는 않았을 거다. 다윗에게 위기가 닥쳐올 때까지는 긴 시간이 걸리지 않았다. 아기스가 이스라엘을 공격하려고 군대를 집결시켰다. 다윗도 출정하게 됐다. 그 동안 이스라엘과의 싸움을 겨우 피해왔는데 이번엔 피할 수 없게 됐던 거다. 봉신(또는 용병) 처지에 받드는 왕의 명령을 무슨 수로 피한단 말인가. 다윗은 일단 명령을 받들겠다고 대답했다(28:2).

블레셋 군대는 아벡에 집결했고 이스라엘 군대는 이스르엘 샘가에 진을 쳤다. 블레셋 군대 규모가 훨씬 컸던 모양이다. 여러 지도자들이 수백, 수천 명씩 거느리고 있었는데 다윗은 아기스와 함께 후방에 있었다. 그런데 블레셋 지휘관들이 그를 보고 "이 히브리 사람들이 무엇 때문에 여기에 와 있습니까?"라고 항의했다(29:3). 마치 다윗이 자기 땅에서 지내온 걸 몰랐다는 듯이 말이다. 다윗은 위기에 봉착했지만 다행히 아기스가 "귀관들도 알다시피 이 사람은 이스라엘 왕 사울의 종이었던 다윗이오. 그가 나와 함께 지낸 지가 이미 한두 해가 지났지만 그가 망명하여 온 날부터 오늘까지 나는 그에게서 아무런 허물도 찾지 못하였소"라고 다윗을 변호했다(29:3).

아기스는 정말 다윗을 전적으로 신뢰했을까? 그 동안 다윗의 속임수가 철저하게 성공적이었던 걸까? 여기서 다윗이 '위장취업' 한 것이 드러나면 다윗은 물론이고 그를 받아준 자신도 위험에 빠질 수 있었다. 지휘관들이 그 말을 믿었다면 아기스에게는 다행이지만 다윗은 큰 위기를 맞게 된다. 이스라엘과 싸워야 했으니 말이다. 하지만 지휘관들은 쉽게 포기하지 않고 다윗이 싸움터에서 자기들을 배신해서 적이 되면 어쩔 거냐며 아기스를 압박했다. 머리를 잘라서 바칠지도 모른다는 거였다. 과거에 다윗이 자기 군인 이백 명의 양피를 잘라서 사울에게 바쳤던 일이 떠오른 것일까. 그들은 이스라엘 여인들이 불렀다는 "사울은 수천 명을 죽이고 다윗은 수만 명을 죽였다!"는 노래를 인용해가면서 아기스를 설득하자(29:5) 아기스도 지휘관들의 말을 들을 수밖에 없었다. 다윗이 이스라엘과의 전투에 참여했더라면 어떻게 처신했을까?

다윗은 이런 상황을 자기에게 유리하게 만들려 했다. 아기스의 결정에 대해 그는 "내가 잘못한 일이 무엇입니까? 임금님을 섬기기 시작한 날부터 오늘에 이르기까지 임금님께서 말씀하신 대로 종에게서 아무런 허물이 드러나지 않았다면 왜 이 종이 이제 나의 상전이신 임금님의 원수들과 싸우러 나갈 수가 없습니까?"(29:8)라고 항의했다는 거다.

일그러진 영웅 vs 만들어진 영웅

가히 '메소드급 연기'라 할만하다. 아기스는 다윗의 반응에 만족해하며 그를 시글락으로 돌려보냈다.

설화자는 이 이야기 중간에 사울이 엔돌의 무당을 찾아간 이야기를 끼워 넣었고(28:3-25) 그 다음에 다윗이 아말렉과 싸운 이야기(30:1-31)를 연결한 다음에 28장 2절에서 일시적으로 중단했던 블레셋과 이스라엘의 전투 이야기를 이어간다(31:1). 편집이 뒤죽박죽이므로 이야기의 흐름을 잘 따라가야 한다.

블레셋이 이스라엘을 치려고 수넴에 진을 쳤고 이스라엘도 길보아 산에 진을 쳤던 때는 사울이 나라 안에서 무당과 박수들을 쫓아낸 지 한참 지난 후였다(28:3). 사울은 블레셋과 싸울 일이 두려워 야훼에게 문의했지만 야훼는 꿈으로도 우림으로도 예언자를 통해서도 대답을 주지 않았다고 한다(28:4). 그래서 그는 쫓겨나지 않고 남아 있었던 여자 무당을 찾아갔다. 브뤼그만은 이런 사울을 의사들을 찾아다니며 병을 고치려다 성과가 없자 민간요법이나 불법시술이라도 해보려는 절박한 환자의 심정에 비유했다(Walter Brueggemann, *First and Second Samuel*, 192쪽).

사울은 변장하고 무당을 찾아가서 망령 하나를 불러달라고 청했다. 무당은 그가 누군지도 모른 채 왕의 명령을 언급하며 회피했지만 사울은 뜬금없이 '야훼' 이름을 거론하며 그녀가 절대 벌을 받지 않을 거라며 사무엘을 불러달라고 청했다. 사무엘의 망령이 지하에서 올라와서 사울에게 이렇게 말했다.

야훼께서는 이미 당신에게서 떠나 당신의 원수가 되셨는데 나에게 더 묻는 이유가 무엇이오? 야훼께서는 나를 시켜 전하신 말씀 그대로 당신에게 하셔서 이미 이 나라의 왕위를 당신의 손에서 빼앗아 당신의 가까이에 있는 다윗에게 주셨소. 당신은 야훼께 순종하지 아니하고 야훼의 분노를 아말렉에게 쏟지 아니하였소. 그렇기 때문에 야훼께서 오늘 당신에게 이렇게 하셨소. 야훼께서는 이제 당신과 함께 이스라엘도 블레셋 사람의 손에 넘겨주실 터인데 당신은 내일 당신 자식들과 함께 내가 있는 이곳으로 오게 될 것이오. 야훼께서는 이스라엘 군대도 블레셋 사람의 손에 넘겨주실 것이오(28:16-19).

혹 떼려다 혹 붙인 격이 됐다. 사무엘은 단호하고 최종적이며 불가역적이었다. 이미 모든 게 결정됐으니 돌이킬 수 없다는 거다. 이 말을 듣고 사울은 땅바닥에 벌렁 넘어졌지만 엘리처럼 죽지는 않았다. 사울 일행은 무당이 차려준 음식을 먹고 밤에 그 곳을 떠났다. 이 식사가 사울이 생전에 누린 최후의 만찬이 될 줄은 아무도 몰랐다.

한편 다윗이 사흘 만에 돌아와 보니 시글락은 엉망이 되어 있었다. 아말렉 사람들이 쳐들어와서 성읍을 불태우고 다윗 가족을 포함해서 주민들을 모조리 포로로 잡아 갔다는 거다(30:1-3). 다윗과 부하들은 목 놓아 울고 나서 참변이 다윗 탓이라는 듯이 다윗을 돌로 치려고 했다(30:6). "그러나 다윗은 자기가 믿는 하느님을 더욱 굳게 의지하였다"라면서 에봇을 사용해서 야훼에게 아말렉 사람들을 추격하면 잡을 수 있을지 여부를 물었다. 야훼는 이번에도 다윗에게 긍정적으로 대답했다(30:7-8). 이에 다윗은 육백 명의 부하를 이끌고 아말렉 사람들을 추격했는데 중간에 이백 명을 브솔 시냇가에 머무르게 한 후 아말렉 사람들을 따라잡아 잔치를 벌이던 그들을 사백 명을 제외하고 모조리 죽였다. 포로로 잡혔던 사람들과 약탈당했던 물건들도 되찾았다(30:17-20).

아말렉 사람들은 불사조였을까? 사무엘상 15장에서 사울은 아말렉 사람들을 '모조리' 몰살했다. 아각 왕을 산채로 잡아왔다고 사무엘에게 꾸중 들었던 바로 그때 말이다. 그렇다면 여기서 다윗에게 몰살당한 아말렉 사람들은 어디서 왔을까? 죽었던 사람들이 부활했나? 설령 누군가 살아남았다고 해도 이처럼 많은 후손이 만들어지기에는 시간이 부족해도 한참 부족하다. 아말렉 사람들이 시글락 주민들을 산채로 데려갔다는 것도 당시엔 보기 드문 일이었다. 노예로 삼을만한 사람들을 빼고 나머지는 죽이는 것이 관례였으니 말이다. 다윗에게 비난이 쏟아지지 않게 하려는 장치로 보인다.

다윗 일행은 돌아오는 길에 에피소드 하나를 남겼다. 이들은 브솔 개울가에 남아있던 이백 명의 낙오자와 다시 만났다. 그들은 다윗 일행을 환영했지만 다윗과 함께 죽기 살기로 아말렉과 싸웠던 군인들 중에는 낙오자들을 굳이 챙겨야 하냐고 주장한 자들이 있었다. 그들과 전리품을 나누고 싶지 않았던 것이다. 이때 다윗은 "동지들, 야훼께서 우리를 지켜 주시고 우리에게 쳐들어온 습격자들을 우리의 손에 넘겨주셨소. 야훼께서 우리에게 선물로 주신 것을 가지고 우리가 그렇게 처리해서는 안 되오. 또 동지들이 제안한 이 말을 들을 사람은 아무도 없소. 전쟁에 나갔던 사람의 몫이나 남아서 물건을 지킨 사람의 몫이나 똑같아야 하오. 모두 똑같은 몫으로 나누어야 하오"(30:23-24)라는 감동적인 연설로 그들을 설득했다. 이 방식이 "율례와 규례가 되어 그때부터 오늘날까지 지켜지고 있다"고 했다(30:25). 다윗이 좋은 선례를 남겼다는 이야기다.

설화자의 다윗 친화적 태도는 진작에 파악했지만 이 에피소드를 남긴 데는 특별한 목적이 있을 터이다. 똑같은 아말렉과의 전투지만 사울과 다윗이 얻은 결과는 판이했다. 사울은 아각 왕과 좋은 짐승들을 죽이지 않았다고 해서 사무엘에게 준열한 질책을 받았고 야훼의 눈 밖에 났지만 다윗은 백성들을 구출했을 뿐더러 전리품을 모든 부하들에게 나눠주어 이후로 지켜질 규례까지 세웠단다. 다윗에게 '헤렘'의 명령이 주어지지는 않았지만 아말렉이라는 동일한 적과 벌인 전투의 결과와 평가가 이렇게 갈라진 것은 예삿일이 아니다. 새 시대는 새로운 인간상이 필요함을 보여주고 싶었을까? 새로운 인간상을 구현한 다윗으로 인해 새 시대가 열린다는 뜻일까?

한편 죽은 사무엘에게 받은 질책으로 크게 낙담한 사울을 기다리는 것은 블레셋과의 전투였다. 길보아 산에서 이스라엘과 블레셋 두 군대가 맞붙었다(31:1). 블레셋의 전력이 월등했기에 이스라엘 군대는 맥 못 추고 패했고 사울의 아들 요나단, 아비나답, 말기수아가 전사했으며 사울도 화살을 맞아 죽을 지경에 처했다. 사울은 무기 담당병사에게 자기를 죽이라고 명령했지만 겁에 질린 그는 감히 왕을 죽이지 못했단다. 사울은 자기 칼 위에 엎어져서 죽었다(31:4). 다음날 사울의 시신을 발견한 블레셋 사람들은 그의 옷을 벗기고 목을 자른 후에 블레셋 땅에 승전보를 전했다. 그들은 사울의 시신을 벳산 성벽에 달아뒀는데 나중에 길르앗 야베스 주민들이 사울과 그의 아들들 시신을 수습해서 야베스로 가져다가 화장한 후 칠일 동안 금식함으로써 죽은 자들에 대한 예를 갖췄다고 한다(31:12-13).

한 시대를 풍미했던 이스라엘 초대 왕 사울은 이렇게 해서 파란만장한 생을 마쳤다. 야훼의 '선택'을 받아 왕이 됐지만 야훼의 '사랑'을 받지는 못했기에 불행해진 사람, 야훼의 '사랑'을 듬뿍 받은 다윗이 무대에 등장하자 그에게 왕좌를 내줘야 했던 비극의 주인공, 다윗 때문에 심한 정신적 동요와 불안 가운데 살다가 끝내 전장에서 산화한 가련한 전사, 그를 위한 조가를 그를 그 지경으로 몰아넣은 다윗이 지어 불렀다니 얼마나 기막힌 일인가.

다윗이 시글락으로 귀환한지 사흘 째 되던 날, 사울의 진에서 한 아말렉 청년이 다윗에게 와서 옷을 찢고 머리에 흙을 뒤집어쓰며 사울과 요나단의 죽음 소식을 전했다(사무엘하 1:4). 중상을 당한 사울이 자기더러 죽여 달라고 명령해서 그대로 행했다는 것이다. 그러고는 청년은 사울의 왕관과 팔찌를 다윗에게 내밀었다(사무엘하 1:11). 다윗은 청년의 정체를 확인하고는 부하를 불러서 "네가 어떻게 감히 겁도 없이 손을 들어서 야훼께서 기름을 부어서 세우신 분을 살해하였느냐?"라고 호통 친 후 그를 죽였다(사무엘하 1:14). 그 후에 다윗은 사울과 요나단을 위해 장황한 조가를 지어 불렀다(사무엘하 1:19-27). 사울과 다윗의 끈질긴 대결은 이렇게 끝났다. 한 세대의 막을 내리고 새로운 세대의 막이 이렇게 건조하게 올랐다.

사울이 엔돌에서 무당을 만난 일은 구약성서 다른 데서는 볼 수 없는 사건이다. 구약성서에는 '무당'이란 단어가 성서 판본에 따라서 다섯 번에서 여덟 번까지 등장한다.『개역개정 성서』에는 다섯 번 등장하고 『새번역 성서』에는 여섯 번 등장하며『공동번역 개정판 성서』에는 여덟 번 등장하는데 이들 중 사무엘상에 등장하는 두 번(28:7, 9)을 빼면 모두 무당을 금하는 계명 가운데 등장한다. 무당의 역할에 대한 이야기는 사무엘상 28장이 유일하다.

사울은 이스라엘 안에서 무당과 박수를 모두 내쫓았다(28:3). 없던 자들을 무슨 수로 내쫓았겠나, 전에는 이스라엘에도 그런 자들이 있었다. 야훼를 믿는 백성들도 무당과 박수에게 뭔가를 청했다는 이야기다. 그들에게 뭘 청했을까? 잃어버린 나귀를 찾아다니던 사울과 종이 사무엘을 만나러 갈 때 사울이 그에게 줄 '예물'(gift)이 없다고 걱정했던 일을 기억하는가(9:7). '예물'은 나귀의 행방을 알려준 대가로 이를테면 '복채' 같은 것이었다. 이스라엘의 무당과 박수도 복채를 받아서 생계를 꾸렸을 것이다.

──── 사울이 무당을 통해 죽은 자의 혼령을 불러냈다는 이야기는 독자를 당황하게 만든다. 그때는 사자의 혼령을 불러내는 일이 가능했었나? 그때 사람들은 그게 가능하다고 믿었을까? 고고학의 성과 덕분에 이스라엘에도 '공식종교'와는 구별되는 '민간종교'가 존재했다는 사실이 이제는 제법 널리 알려졌다. 구약성서가 그들 종교의 전부는 아니었다는 이야기다. 두 종

교 사이에 간극도 상당히 컸다. 공식종교에서는 야훼에게 배우자가 있다는 생각이 용납되지 않았지만 민간종교에서는 그렇지 않았다. 민간 차원의 신앙에서는 야훼에게도 배우자가 있었다. 이에 대해서는 William G. Dever, *Did God Have a Wife? Archaeology and Folk Religion in Ancient Israel*에 상세히 설명되어 있다. 민간신앙에 초혼의식이 유행했는지 여부는 확인되지 않았다. 그것은 공식종교에서 당연히 용납되지 않았다.

사울은 왜 무당과 박수를 내쫓았을까? 늦었지만 정통 야훼신앙으로 복귀해서 야훼의 마음에 들려 했을까? 자신이 행한 일을 스스로 뒤집은 사울은 왕좌에 있을 자격이 없다고 말하고 싶은 설화자의 의도가 반영됐을까? 사울이 무당을 찾아간 것은 야훼가 꿈이나 우림이나 예언자를 통해 대답해 주지 않아서 지푸라기라도 잡는 심정이었을까? 이런 질문들을 모른 척하는 설화자가 야속하기만 하다.

사울은 무당에게 사무엘을 불러달라고 했다. 생전에 사이도 좋지 않았던 그였지만 그 외에 달리 불러달랄 사람이 없었을 것 같기는 하다. 사무엘은 죽었어도 야훼와 자기 사이를 중재할 수 있다고 믿었던 모양이다. 하지만 사무엘이 생전에 했던 것과 똑같이 말하는 바람에 사울은 크게 실망했다. 사울은 이미 야훼의 '원수'가 됐고 야훼는 나라를 그에게서 빼앗아 다윗에게 줬으며 사울과 그의 아들들은 죽는 일밖에 남지 않았다는 거다. 사울은 이렇게 야훼에게 버려졌고 사무엘의 입을 통해 최종적으로 확인됐다.

다윗과 블레셋의 왕 아기스와의 관계에는 묘한 구석이 있다. 다윗은 이스라엘과의 전쟁에 참전하라는 아기스의 명령에 복종할 수밖에 없었다. '봉신' 또는 '용병' 주제에 그 명령을 거부했다가는 충성심을 의심받았을 테니 말이다. 다윗에게는 전에 없는 큰 위기가 닥쳐왔다. 이때 다윗은 의외로 아기스 군대 지휘관들에 의해 구원받았다. 그들은 다윗을 신뢰할 수 없는 위인으로 봤다. 아기스가 다윗을 적극적으로 변호했지만 이스라엘 여인들이 불렀다는 노래(29:5)를 인용하면서 반대한 그들의 뜻을 꺾지 못했다. 다윗은 짐짓 항의하는 척했지만 휘파람을 불며 시글락으로 돌아갔을 것이다. 다윗을 이스라엘의 적으로 만들지 않으려는 설화자의 노력이 가상하다. 사울과 요나단을 포함해서 수많은 이스라엘 군인들이 죽은 길보아 전투에 다윗이 적으로 참전했다면 어떻게 됐겠는가. 다윗은 결코 이스라엘의 왕이 되지 못했을 것이다. 설화자가 다윗을 전쟁터에서 끄집어낸 이유가 여기 있다. 이 또한 야훼의 영이 작용한 결과였을까? 이때 맺어진 블레셋과의 우호관계는 다윗이 유다의 왕이 됐을 때까지도 유효했다. 그가 이스라엘의 왕좌에 오르자 이 관계가 깨졌지만 말이다.

아말렉과의 전투 이야기에는 역사성을 의심할 만한 대목이 많다. 다윗이 시글락을 비운 동안 아말렉이 쳐들어왔을 수는 있다. 하지만 그들이 시글락에 무혈입성해서 점령해놓고는 주민들을 한 사람도 죽이지 않고 모두 생포해 갔다는 말(30:2)은 믿기 어렵다. 당시의 일반적인 전쟁관행과는 어긋난 행동이기 때문이다. 만일 이들이 주민들을 몰살했다면 다윗은 책임을 피할 수 없었을 터이니 이 대목에도 다윗을 곤경에 빠뜨리지 않으려는 설화자의 배려가 느껴진다.

다윗은 우여곡절 끝에 자기 가족을 포함해서 끌려간 주민들을 모두 되찾아 왔다. 설화자는 다윗이 낙오자들의 전리품 몫을 챙겨주는 새로운 규례를 세웠다며 그를 새 시대의 새 인물로 부각시킨다. 낙오자들에게도 전리품을 똑같이 나눠준 데는 중요한 의미가 숨어 있다. 이로써 다윗은 용병이나 이끄는 떠돌이 '하비루' 두목이 아니라 '정치가'나 '전략가' 또는 '왕'의 면모를 보여줬다(Walter Brueggemann, *First and Second Samuel*, 204-205쪽). 전리품을 나눠주는 권한은 왕만이 누리는 권한이었다. 그는 왕이 되기 전에 이미 왕처럼 행동했던 셈이다. 월터 브뤼그만은 이 행위를 출애굽과 광야 정신의 실현으로 해석했다(같은 책 204-5쪽). 광야에서 만나와 메추라기가 모두에게 공평하게 분배됐던 일이 여기서 재현됐다는 것이다. 다윗은 모세 전통을 실천한 자로서 왕의 자격을 갖췄다. 다윗은 새 시대의 과업을 수행하는 데 필요한 용기와 과감함을 갖췄고 야훼에 대한 믿음과 자신에 대한 신뢰를 겸비한 인물이라는 거다. 실수할 수 있지만 그걸 두려워하지 않는 진취적 성품의 소유자, 자기가 바라는 바를 야훼도 바란다는 믿음의 소유자, 그가 다윗이다. 그래서 그가 취한 조치가 '오늘날까지' 지속되고 있음(30:25)을 설화자는 보여주려 했다는 이야기다. 그는 야훼가 선택했고 이스라엘이 인정한 사람이다(Walter Brueggemann, *First and Second Samuel*, 206쪽).

이런 성품의 소유자가 정치적 라이벌이자 자기를 죽이려 했던 사울의 죽음을 애도했다니 이보다 더 훌륭한 왕의 자질을 지닌 사람이 어디 있겠나. 사울과 요나단을 포함한 그의 아들들이 블레셋과의 전투에서 장렬하게 전사했다는 소식이 그에게 들렸다. 이 소식을 듣고 다윗은 무슨 생각을 했을까? 자기를 죽이려고 내내 쫓던 자의 죽음이니 기쁜 소식이었을까? 한 때 왕으로 섬겼던 자였으니 가슴 아프게 슬펐을까? 일단 안도의 한숨부터 내쉬었을까? 그는 이런 날이 오기를 기다렸을 것이다. 기다리던 날이 드디어 왔지만 마냥 기뻐할 수만은 없었다. 그가 왕좌를 노리고 있다는 사실을 세상이 다 알고 있으니 사울의 죽음이 자신과는 무관함을 세상에 보여줘야 했으니 말이다. 다행히 사울의 죽음을 전한 아말렉 젊은이가 다윗에게 알리바이를 제공했다.

제가 우연히 길보아 산에 올라갔다가 사울 임금님이 창으로 몸을 버티고 서 계신 것을 보았습니다. 그때에 적의 병거와 기병대가 그에게 바짝 다가오고 있었습니다. 사울 임금님이 뒤로 고개를 돌리시다가 저를 보시고서 저를 부르셨습니다. 그래서 제가 왜 그러시느냐고 여쭈었더니 저더러 누구냐고 물으셨습니다. 아말렉 사람이라고 말씀드렸더니 사울 임금님이 저더러 '어서 나를 죽여 다오. 아직 목숨이 붙어 있기는 하나 괴로워서 견딜 수가 없다.' 하고 말씀하셨습니다. 제가 보기에도 일어나서 사실 것 같지 않아서 다가가서 명령하신 대로 하였습니다. 그런 다음에 저는 머리에 쓰고 계신 왕관을 벗기고 팔에 끼고 계신 팔찌를 빼어서 이렇게 가져 왔습니다(사무엘하 1:6-10).

그가 전한 상세한 보고는 사무엘상 31장 3-6절의 이야기와는 사뭇 다르지만 설화자는 개의치 않는다. 둘 중 하나는 거짓말이거나 둘 다 거짓말일 수 있는데도 말이다. 보상을 기대하고 사울의 왕관과 팔찌를 가져온 아말렉 젊은이의 행동은 다윗을 위험에 빠뜨릴 수 있는 위험한 행동이었다. 그가 시킨 걸로 보였을 수도 있었으니 말이다. 다윗은 젊은이를 죽일 두 가지 명분을 갖게 됐다. 첫째로 그는 야훼의 기름 부음받은 왕을 자기 손으로 죽였다고 고백했으니 죽어 마땅했고, 둘째로 사울의 후손에게 갔어야 할 왕관과 팔찌를 다윗에게 가져옴으로써 불필요한 오해를 하게 만들었기 때문이다. 다윗은 첫째 이유를 들어 젊은이를 죽였지만 심중에 가졌던 이유는 두 번째 것이었을 터이다. 그는 왕관과 팔찌를 사울의 후손에게 돌려줬을까? 그렇지 않을 것이다. 치명적인 오해의 가능성에도 불구하고 왕관과 팔찌를 다윗이 갖게 한 설화자의 노력이 가상하다.

다윗은 젊은이를 죽임으로써 사울의 죽음과 무관함을 세상에 보여줬다. 그의 의도가 제대로 먹혔는지는 확인할 수 없다. 나중에 다윗이 반란을 일으킨 압살롬에게 쫓겨 도망쳤을 때 시므이란 자가 그에게 퍼부었던 저주("영영 가거라! 이 피비린내 나는 살인자야! 이 불한당 같은 자야! 네가 사울의 집안사람을 다 죽이고 그의 나라를 차지하였으나 이제는 야훼께서 그 피 값을 모두 너에게 갚으신다."[사무엘상 16:7-8])는 그가 사울의 죽음과 관련되어 있다고 믿었던 사람들이 있었음을 보여준다.

다윗은 사울과 그의 아들들을 위한 조가에서 이스라엘의 숙적 블레셋에 사울의 죽음 소식을 전하지 말라고 했다(사무엘하 1:20). 사울과 요나단이 얼마나 가까웠는지, 또 자신을 향한 요나단의 사랑이 여인의 사랑보다 얼마나 더 진했는지에 대해서도 노래했다(1:26). 다윗은 사울이 요나단에게 '사생아 같은 자식'이라느니 '너를 낳은 네 어머니에게 욕일 될 뿐'인 자식이라느니 하며 욕을 퍼부었다는 사실을 몰랐을까?

그는 사울과 요나단의 부자관계를 아름답게 묘사했다(1:23). 그런데 유다 왕이 아닌 다윗이 유다 사람들에게 조가를 부르라고 명령한 일은 자연스러워 보이지 않는다. 다윗이 블레셋의 봉신 또는 용병이었다는 사실을 설화자가 깜빡했던 걸까? 한시라도 빨리 다윗을 왕좌에 올리고 싶었던 설화자의 조급함이 빚은 실수였을까? 사울의 왕관과 팔찌를 다윗에게 가져온 아말렉 젊은이처럼 말이다.

3

사울은 블레셋 사람들에게 당할 능욕을 피하려고 곁을 지키던 병사에게 죽여 달라고 했지만 그는 '너무 겁이 나서' 그를 찌르지 못했기에 그는 자기 칼 위에 엎어져서 스스로 목숨을 끊었다(31:4). 하지만 시신이 능욕당하는 것까지 피하지는 못했다. 그들은 사울의 목을 자르고 갑옷을 벗긴 다음에 그것은 아스다롯 신전에 보관했고 시신은 벳산 성벽에 매달았다(31:9-10). 길르앗 야베스 주민들이 그와 아들들의 시신을 거두지 않았더라면 더 큰 능욕을 당할 뻔했다. 이렇게 해서 이스라엘 첫 왕 사울의 생은 막을 내렸다. 두 번째 왕 다윗이 유언으로 많은 말을 쏟아낸 것(열왕기상 2장)과 비교하면 지나치게 조용한 최후였다.

　사울은 어떤 사람이었을까? 남아 있는 것은 다윗에게 지극히 우호적인 설화자가 묘사한 사울의 모습이다. 그 배후를 파고드는 일은 불가능에 가깝다. 설화자는 사울에게 비우호적이고 때로는 적대적이기까지 하다. 그는 사울이 내린 결정과 행위에 사사건건 트집을 잡다시피 했다. 설화자는 사울과 사무엘의 대립에서도 사무엘 편을 들었다. 사울이 사무엘이 지시한 대로 이레를 기다렸다는 사실에는 눈을 감았다. 사울은 아멜렉과의 싸움에서 이유와 목적이 분명치 않은 '헤렘'의 명령을 어겼다고 해서 야훼에게 버림받았다. 다윗이 같은 아말렉과 싸웠을 때는 그 명령이 주어지지 않아서 그는 군인들에게 전리품을 나눠줘서 인기를 얻었다. 사울은 '야훼의 영'이 그에게서 떠났고 '야훼가 보낸 악한 영'이 그를 짓눌렀기에 갖은 고통에 시달려야 했다. 사울은 그 고통이 야훼가 보낸 악한 영 때문임을 알았을까?

사울은 자기 의사와는 상관없이 어느 날 갑자기 왕이 됐고 군대를 지휘했으며 제도를 정비했고 영토와 백성을 안전하게 지켰다. 그의 통치기간 중에 영토를 잃지도 않았다. 그의 불행의 원인은 통치 초기부터 다윗이라는 강력한 정치적 라이벌이 존재했다는 데 있다. 두 사람 모두 권력을 나눠가질 생각이 없었으므로 적대관계일 수밖에 없었다. 시간이 흐를수록 권력의 축은 다윗에게 기울었다. 사울은 다윗을 죽이려고 추격했지만 정신적으로 추격당하는 쪽은 사울이었다. 민심이 점점 그에게서 떠나서 다윗에게로 옮겨갔기 때문이다.

사울이 무당을 찾아갔던 것은 그의 정신이 얼마나 피폐했는지를 보여준다. 극도의 혼란에 빠진 그는 야훼의 도움을 받는데 실패하자 무당을 찾아가 초혼의식을 강요했다. 그의 멘탈은 블레셋과 싸우기도 전에 이미 무너져 있었다. 그가 죽은 순간에도 블레셋에게 능욕당하지 않으려고 스스로 목숨을 끊은 것은 자신만을 위해서였을까, 아니면 후손들이 첫 왕을 존엄한 인물로 기억하기를 원했기 때문일까?

다윗은 사울과는 다른 길을 걸었다. '우연이 반복되면 필연'이라고 했다. 반복적으로 다윗에게 유리한 일들이 벌어졌다면 고대인들은 야훼의 영 덕분이라고 믿겠지만 현대인들은 모종의 '의도'가 작용한다고 의심할 수 있다. 동족과의 싸움에 나설 뻔했던 위기에 다윗을 의심하던 블레셋 군지휘관들이 반대해서 싸움을 피했다는 이야기에 작위적인 느낌이 드는 것은 피할 수 없다. 하지만 위기의 순간에도 당황하지 않고 시치미 뚝 떼고 연기했던 그의 대담함만큼은 인정하지 않을 수 없다.

그가 사울과 요나단의 전사 소식을 듣고 보인 행동은 그게 그의 진심이었든 정치적 제스처였든 감탄을 자아내기에 충분하다. 설화자는 이 장면을 묘사한다. 한 젊은이가 다윗에게 와서 옷을 찢고 머리에 흙을 뒤집어쓰며 애도를 표하고 땅에 엎드려 절을 했다. 그는 전투 상황과 사울을 만나게 된 장면, 사울이 그에게 자기를 죽여 달라고 명령했던 일 등을 상세하게 진술한다. 이에 다윗은 옷을 찢고 해가 질 때까지 그들의 죽음을 애도한 후 젊은이를 죽였고 죽은 자들을 위한 조가를 만들어 백성들로 부르게 했다.

이런 다윗의 태도는 세 가지로 해석된다. 진심에서 우러나오는 애도의 표현이라는 해석과 철저하게 계산된 정치적 행동이라는 해석, 그리고 둘이 적절하게 섞여 있다는 해석이 그것이다. 브뤼그만이 세 번째 해석을 택한 것은 어느 편에서도 비판받지 않으려는 절충으로 보인다. 다윗은 아말렉에게서 빼앗은 전리품을 공평하게 나눔으로써 '계산된 자비심'을 실천했던 것처럼 여기서도 '계산된 애도'를 표현했던 것일까?

본문만 보면 다윗이 진심으로 애도했다고 보는 데 무리가 없다. 그가 백성들에게 부르게 했다는 조가에도 절절한 슬픔이 잘 표현되어 있다. 이들의 전사 소식이 블레셋에 전해지지 않게 하라는 대목에는 정치적 색깔이 엿보이지만 길보아 산들을 저주하는 대목이나(사무엘하 1:21), 사울과 요나단의 사랑을 노래하는 대목(사무엘하 1:23)이나 자신에 대한 요나단의 사랑을 회고하는 대목(1:26) 등은 '계산된 애도'를 넘어선다고 보인다. 사울을 향한 다윗의 심정은 '애증이 교차한다'는 표현이 적절하겠고 요나단을 향한 심정은 정치적 동지나 후원자를 잃은 것이상의 절절한 감정이 배어 있다.

하지만 아말렉 젊은이에 대한 처분은 정치적 고려에서 비롯됐다고 볼 수밖에 없다. 그가 사울의 왕관과 팔찌 등을 가져온 것은 보상을 기대했기 때문이다(사울이 투구가 아니라 왕관을 쓰고 전투에 나갔는지는 의문이지만 말이다). 그를 야훼의 기름 부음 받은 자를 죽였다는 이유로 사형에 처한것은 신학적 동기에서 비롯됐다기보다는 정치적 행위로 보는 게 옳다.

젊은이가 아말렉 사람이란 설명도 의심스럽다. 이스라엘과 블레셋의 전투에 뜬금없이 아말렉 젊은이가 등장하는 게 아무래도 자연스럽지 않다. 그는 '우연히' 길보아 산에 갔다가 사울이 창으로 몸을 버티고 있는 걸 목격했고 그때 '적'의 병거와 기병대가 그에게 다가오고 있었다고 당시 상황을 설명했는데(사무엘하 1:6) 이 대목도 납득하기 어렵다. 전투가 벌어지는 길보아 산에 왜 이스라엘과 상극인 아말렉 젊은이가 올라갔으며, '적'(설화자는 '적'이 누군지 밝히지 않는다)이 그에게 바싹 따라온 상태에서 사울이 자기를 죽여 달라고 말했을 것 같지도 않다('적'이 아멜렉 젊은이는 왜 죽이지 않았을까?).

야훼의 기름 부음 받은 자를 절대 죽여서는 안 된다는 법이나 전통이 존재했는지도 의심스럽다. 그런 주장을 한 사람은 다윗뿐이니 말이다. 구약성서에서 기름 부음을 받아 세워진 직책은 왕, 제사장, 예언자인데 이들 중에는 살해당한 자들도 있었다. 사울이 도엑을 시켜서 놉의 제사장들을 살해하지 않았던가(22:18-19). 야훼의 기름 부음 받은 자를 죽여서는 안 된다는 것은 다윗 혼자만의 '신념'이었을 가능성이 크다. 그는 자신의 신념 때문에 사울을 죽이지 않고 살려줬고 그 사울을 죽인 아말렉 젊은이를 죽인 것이다. 다윗에게 애도는 곧 정치였다. 그의 애도에는 정치적 계산이 깔려 있었다. 다윗은 그 동안 지나치게 '순수하고 신실한' 믿음의 사람으로만 여겨졌다. 자진해서 왕좌에서 내려오리라고 기대하지 않았던 사울이 죽었다는 소식을 들었을 때 그는 '계산된 자비'와 '계산된 애도'를 할 정도로 '정치적'인 인물이었다.

사울의 생을 정리하면서 건너뛸 수 없는 질문은 야훼는 과연 누구인가 하는 것이다. 사울-다윗 이야기 속에 하나의 등장인물(character)로서 야훼는 누구인가? 데이비드 건(David M. Gunn)은 사울에 관한 연구서에서 "다윗은 광기를 컨트롤했고 광기는 사울을 컨트롤했다"(David controls madness. Madness controls Saul)라는 강렬한 문구를 남겼다(David M. Gunn, *The Fate of King Saul: An Interpretation of a Biblical Story*, 86쪽). 이 광기의 배후에서 모든 걸 컨트롤한 이는 야훼였다. 야훼는 왜 이런 식으로 상황을 컨트롤했을까?

야훼는 군주제에 동의하지 않았다. 그가 군주제를 받아들인 것은 백성들의 요구를 거절할 수 없었거나 당시의 정치상황이 그걸 필요로 한다고 봤기 때문이다. 야훼는 사울을 첫 왕으로 세웠지만 금방 후회하고 다윗을 대체자로 세우기로 했다. 군주제에 대한 야훼의 태도가 '주저'에서 '동의'로 변한 것은 야훼의 '마음에 맞는'(13:14) 다윗을 찾아냈기 때문이다. 다윗 등장 이후 야훼는 자신이 백성들에게 버림받았다고 탄식하지도, 자신의 선택을 '후회'하지도 않았다. 야훼는 다윗에게 '올인'한 셈이다.

사울의 불행한 운명은 이런 야훼의 태도 변화와 관련되어 있다. 데이비드 건은 '사울의 실패 이야기는 곧 야훼의 후회 이야기'라고 한 문장으로 정리했다(David M. Gunn, *The Fate of King Saul*, 124쪽). 그에 따르면 사울이 '헤렘'의 명령을 어긴 것은 '기술적'(technical) 문제일 뿐 도덕의 문제는 아니었음에도 불구하고 야훼는 사울을 지나치게 혹독하게 처벌했다. 야훼는 사울의 '변명'을 처음부터 받아들일 의도가 없었다. 야훼는 사울을 선택한 것을 후회할 만반의 준비를 이미 갖추고 있었던 것이다. '헤렘'은 구실이었을 따름이다.

데이비드 건은 사울의 몰락은 진정한 왕인 야훼를 거부하고 인간 왕을 요구했던 백성들의 죄에 대한 처벌이라고 주장한다(David M. Gunn, *The Fate of King Saul*, 128쪽). 비유하면 사울은 예수의 역할을 했다는 것이다. 그는 고통스런 삶을 살다가 비극적인 죽음을 당해야 할 죄를 저지르지 않았다. 그럴만한 도덕적 결함이 있는 것도 아니었다. 다윗은 야훼의 극진한 편애를 받을 만한 자질을 갖고 있지도 않았다. 누구를 사랑하느냐 하는 것은 야훼 마음대로였다. 그는 사랑을 베풀고 싶은 사람에게는 사랑을 베풀고 자비를 베풀고 싶은 사람이게는 자비를 베푼다는 거다. 그는 이렇게 주장하면서 피터 에크로이드의 글을 인용한다.

좋은 일이든 나쁜 일이든 사람이 겪는 일은 모두 야훼에게서 온다……이 사실은 하느님에 대한 어려운 질문, 곧 열왕기상 22장의 미가야 이야기가 보여주는 질문을 제기한다. 거기에는 천상의 존재들 중 하나가 아합을 죽음으로 몰아넣기 위해 예언자들에게 거짓말을 심는 이야기가 나온다(20-23절). 이 구절은 정확한 정의(definitions)가 아니라 하느님의 의지에 대해서 사람들이 겪는 경험을 표현한다. 곧 하느님의 궁극적인 컨트롤 아래에 있는 인간이란 존재에게 벌어지는 일들을 이해하려고 시도한다(Peter Ackroyd, *The First Book of Samuel*, 135쪽).

사울은 역사적 인물이자 이야기 속의 한 캐릭터다. 우리는 이야기 배후에 있는 '역사적 사울'을 이야기 밖으로 불러낼 수 없다. 역사적 사울은 이야기 속에 녹아들어가 하나의 캐릭터가 되었다. 야훼의 경우도 마찬가지다. 우리가 이야기하는 야훼는 사울-다윗 이야기 속의 한 캐릭터인 야훼다. 교의학의 잣대로 이야기 속의 하나의 캐릭터인 야훼를 평가하고 재단하는 것은 적절하지 않다.

사울이 왜 그렇게 비극적인 삶을 살아야 했는지에 대해 학자들은 많은 글을 쏟아냈다. 대부분은 야훼와 다윗을 한 묶음으로 보고 그 반대편에 사울을 놓는 구도로 쓰였다. 그렇게 보면 사울은 자기 대신 야훼에게 선택받은 다윗에 대한 질투심 때문에 그를 죽이는 데 정열을 바치며 살다가 죽은 미치광이에 불과하다. 그를 이렇게만 보는 것은 정당하지 않다. 그는 자기 의사와 무관하게 왕좌에 올라 사사시대에서 군주시대로 옮아가는 이행기에 중요한 역할을 수행했다. 구시대의 상징 사무엘과 새로운 시대를 고대하는 백성들 사이에서 '모든 이방나라들'과는 구별되는 군주제도를 확립해야 하는 막중한 역할이 그에게 주어졌다. 그는 숙적 블레셋을 비롯한 외적의 침입으로부터 이스라엘의 영토와 백성들을 수호하는 일도 수행해야 했다. 설화자는 인색하게 평가하지만 사울은 이 일들을 비교적 잘 수행했다. 제한적이지만 제도개혁도 시도했다.

하지만 그가 다윗과 동시대인이라는 게 문제였다. 둘이 비슷한 행동을 해도 평가는 극명하게 갈렸다. 그는 다윗 때문에 뭘 해도 인정받지 못했다. 왕이 된 후로 야훼가 보낸 악한 영에 시달렸던 그가 자신의 칼위에 엎어져서 생을 스스로 마감했던 순간 그에게 주마등처럼 떠올랐던 생각은 무엇이었을까? 그 순간 그를 지배했던 영은 그가 기름 부음받았을 때 이래로 잠시 머물렀던 '야훼의 (선한) 영'일까, 아니면 그 영이 떠난 후 그를 광기로 몰아넣었던 '야훼가 보낸 악한 영'일까?

4부
다윗-영웅의 탄생과 몰락

들에서 양을 치다가 사무엘에게 왕으로 지명되어 기름 부음을 받았을 때 다윗은 홍안의 미소
년이었다. 그가 골리앗을 쓰러뜨린 이래 이민족과의 전투에서 승리했을 때 이스라엘의 영웅
으로 추앙받았다. 하지만 이내 그는 사울에게 쫓기는 삶을 살아야 했다. 살아남기 위해서라면
뭐든지 해야 했다. 급기야 그는 이스라엘의 원수 블레셋의 봉신이 됐다. 하지만 결국 그는 유
다의 왕이 됐고 그제야 다윗에게 배신당했음을 깨달은 블레셋과의 싸움에서 승리한 후 그는
마침내 이스라엘의 왕이 됐다. 하지만 그는 곧 몰락의 길을 걸었다. 불륜, 강간, 살인, 반란 등
이 남이 아닌 그의 집안사람들에 의해 저질러지면서 그는 몰락의 급행열차를 탔다. 하지만 이
런 참사조차 그를 영웅의 자리에서 끌어내리지는 못했다. 견고하게 만들어진 영웅은 무너뜨
리기도 쉽지 않다.

1장

다윗이 유다와 이스라엘의 왕이 되다

1

사울이 죽은 후 다윗은 오랜 망명생활을 청산하기로 작정했다. 그는 "제가 유다에 있는 성읍으로 올라가도 됩니까?"(사무엘하 2:1, 이하에서 성서 책 이름이 명기되지 않으면 모두 사무엘하의 인용이다)라고 야훼에게 물었다. 야훼가 이를 허락하자 그는 어느 성읍으로 가느냐고 물었고 야훼는 헤브론을 찍어줬다. 다윗은 가족들과 부하들을 데리고 헤브론으로 가서 인근 성읍에 분산 정착했다. 유다 사람들이 다윗에게 기름을 부어 그를 유다의 왕으로 삼은 때가 이때였다(2:4).

직전까지 블레셋의 봉신 또는 용병이던 다윗이 저항 없이 유다 왕이 될 수 있었을까? 그는 이스라엘을 배신했지만 유다를 배신하지 않은 건 사실이다(앞에서 이야기했듯이 이스라엘과 유다는 그리 가까운 관계가 아니었다). 하지만 유다가 이스라엘보다 블레셋에 더 인접해 있었으니 둘의 갈등도 그만큼 크고 빈번했을 텐데 블레셋의 봉신이던 그가 쉽게 유다 왕이 될 수 있었다는 게 의문이다. 그가 유다 베들레헴 출신이기 때문이었을까? 다윗이 유다를 다스린 칠년 반 동안(2:11) 유다와 블레셋 사이는 어땠는지도 궁금하고 블레셋은 그를 여전히 자기들의 봉신으로 여겼는지도 궁금하다. 설화자의 침묵이 아쉬운 대목이다.

─── 헤브론은 유다 중앙산악지대에 위치한 성읍으로 사방이 성벽으로 둘러싸여 지정학적 위치도 좋았고 유서 깊은 신앙적 전통도 갖고 있었다. 성소도 있어서 제사가 행해졌다. 그 곳은 아브라함이 살다가 죽어서 묻혔고(창세기 13:18; 23:19) 갈렙 지파가 거주하는 지역이기도 했다(민수기 13, 14장 참조). 다윗은 아비가일과의 결혼을 통해 갈렙 사람들과 관계를 맺었다(사무엘상 25:39-42).

다윗에게는 이스라엘과 관계를 맺는 숙제가 남아 있었다. 그는 사울의 시신을 수습한 길르앗의 야베스 사람들을 칭찬하고 축복하는 일로 그 일을 시작했다(2:5-7). 그는 야베스 사람들에게 "비록 여러분의 왕 사울 임금님은 세상을 떠나셨으나 유다 사람이 나에게 기름을 부어서 왕으로 삼았으니 여러분은 이제 낙심하지 말고 용기를 내기를 바랍니다"라고 말했는데 이는 그들을 위로하면서 동시에 자기가 사울의 권한을 물려받았다고 못 박는 선언이었다.

이스라엘도 신속하게 움직여 군사령관 아브넬이 사울의 아들 이스보셋을 이스라엘의 왕으로 세웠다(2:8-9). 사울의 세 아들이 전사했기에 그에게 차례가 온 것이다. 이때 그의 나이가 마흔 살이었다는데 (2:10) 왜 그는 참전하지 않았는지, 참전했는데 요행히 살아남았는지 여부는 알 수 없다. 어떤 이유로든 참전하지 않았거나 패한 전쟁에서 살아남았다는 사실은 권위의 실추를 가져왔을 것으로 추측된다. 실권이 아브넬의 손에 있었던 것도 이와 무관하지 않을 터이다. 물론 이는 군사령관이던 아브넬에게도 적용된다. 왕과 왕자들이 전사한 전투에서 군사령관이 살아남았다는 것은 상상하기 어렵다. 어쨌든 그는 살아남아서 잠시나마 이스라엘의 실질적인 최고 권력자가 됐다.

다음에는 이스라엘과 유다가 어떻게 해서 다윗이 다스리는 하나의 나라가 됐는지가 서술된다. 두 나라 사이에 몇 번의 전투가 있었다는 사실은 이 과정이 순탄치 않았음을 보여준다. 아브넬이 지휘하는 이스라엘 군대와 요압이 지휘하는 유다 군대가 기브온에서 맞붙어 벌인 전투 이야기(2:12-32)는 현대인의 상식으로는 이해하기 힘들다.

두 나라가 왜 전투를 벌였는지는 밝히지 않은 채 양쪽 지휘관이 동수의 군인들을 선발해서 그들로 하여금 싸우게 해서 승패를 가리기로 합의한 이야기가 나온다. 그 결과 양쪽 선발군은 모두 죽고 양군은 치열한 육박전을 벌였는데 이때 아브넬이 요압의 동생 아사헬을 죽였단다(2:23). 이는 훗날 요압이 아브넬을 죽인 원인으로 작용했다(3:22-27). 이후로도 사울 집안과 다윗 집안 사이의 전투는 오래 지속됐는데(3:1) 갈수록 다윗 집안은 강해졌고 사울 집안은 약화됐다.

두 나라의 전쟁은 이스보셋의 궁전에서 벌어진 소소한 사건으로 인해 종료됐다. 아브넬이 선왕 사울의 후궁 리스바와 동침한 일이 발단이었다(3:7). 이스보셋은 이를 왕권을 넘본 '정치적' 행위로 간주하고 아브넬을 비난했고 이에 화가 난 아브넬은 왕에게 대들었다. 그는 "임금님[이스보셋]을 다윗의 손에 넘겨주지도 않았"는데 "이 여자의 그롯된 행실을 두고 나에게 누명을 씌우려는 것입니까?"(3:8)라고 이스보셋에게 항의했다. 『새번역 성서』는 리스바가 '그릇된 행실을 했다'고 번역했지만 원문에는 "이 여자 때문에 나를 비난하는 겁니까?"(you reproach me over a woman)로 되어 있다. 그릇된 행실은 리스바가 아니라 아브넬이 했는데 이렇게 번역한 이유를 모르겠다. 아브넬은 여기서 놀라운 발언을 쏟아냈다.

> 야훼께서는 이미 다윗에게 약속하신 것이 있습니다. 이제 저는 다윗 편을 들어서 하느님의 뜻대로 하겠습니다. 그렇게 하지 않는다면 하느님이 이 아브넬에게 벌을 내리시고 또 내리셔도 좋습니다. 하느님은 이 나라를 사울과 그의 자손에게서 빼앗아 다윗에게 주실 것입니다. 하느님이 다윗을 이스라엘과 유다의 왕으로 삼으셔서 북쪽 단에서부터 남쪽 브엘세바에 이르기까지 다스리게 하실 것입니다(3:9-10).

여기서도 설화자는 자기가 하려는 말을 아브넬이 대신 하게 만들었다. 이런 말을 군사령관이 했다고 보기도 어렵거니와 신명기사가의 입장과도 정확히 일치하니 말이다. 허울뿐인 왕 이스보셋은 두려워서 한마디도 대꾸하지 못했다. 정말 아브넬이 사울의 후궁을 범했을까? 그랬다면 왜 그랬을까? 그는 이스보셋의 자리를 탐냈을까? 선왕의 아내나 후궁을 소유하는 일은 선왕의 자리가 자기 것임을 주장하는 행위였다. 아브넬이 명백히 반역의 의지를 드러낸 거였는데 흥미로운 점은 자기가 왕좌에 앉지 않고 그 자리를 다윗에게 넘겨주겠다고 말했다는 점이다(3:12). 왜 그랬을까? 이스보셋에게 나라의 운명을 맡길 수 없다고 여겼을까?

다윗이 이 제안을 거부할 이유가 없었다. 그는 동의하면서 조건 하나를 내걸었다. 그는 사울의 딸이자 자기 아내였던 미갈을 데려오라고 했다. 그때 미갈은 라이스의 아들 발디엘의 아내였다. 다윗이 내건 조건은 끊어졌던 사울 집안과의 연줄을 회복함으로써 자기가 이스라엘의 왕이 될 자격이 있음을 보여주겠다는 뜻이었다. 이스보셋은 다윗의 요구를 받아들여 미갈을 데려왔는데 그때 그녀의 남편 발디엘은 울면서 바후림까지 따라왔다고 했다(3:15-16). 발디엘은 권력자들의 갈등에 아내를 빼앗긴 비극의 인물로 남았다.

아브넬은 이스라엘 장로들을 모아놓고 연설을 한 다음에(3:17-18) 그들의 중지를 모아 헤브론으로 다윗을 만나러 가서 융숭한 환대를 받았다. 그는 모든 일을 원만히 해결하고 귀가 길에 올랐다. 하지만 아브넬에게 동생 아사헬을 잃은 요압이 소문을 듣고 다윗에게 달려와서 그를 살려 보낸 데 대해 항의한 다음에 왕의 허락을 얻지 않고 아브넬을 뒤쫓아 가서 죽여 버렸다(3:27). 이스라엘의 왕처럼 처신하지 않고 죽지 않았다면 통일왕국의 군사령관이 됐을 그는 이렇게 허무하게 죽어버렸다. 흥미로운 점은 다윗이 그의 죽음에 대해 이런 말을 남겼다는 사실이다.

넬의 아들 아브넬이 암살당하였으나 나와 나의 나라는 야훼 앞에 아무 죄가 없다. 오직 그 죄는 요압의 머리와 그 아버지의 온 집안으로 돌아갈 것이다. 앞으로 요압의 집안에서는 고름을 흘리는 병자와 나병환자와 지팡이를 짚고 다니는 다리 저는 사람과 칼을 맞아 죽는 자들과 굶어 죽는 사람이 끊어지지 않을 것이다(3:28-29).

누가 아브넬의 죽음이 다윗의 책임이라고 비난했다는 듯이 그는 이렇게 자신을 방어했다. 그는 요압 집안에 극렬한 저주를 퍼부었다. 거기서 멀찍이 떨어져 있다는 듯이 말이다. 아브넬이 다윗과 언약을 맺은 일은 나름 합리적인 선택이었다. 사울의 죽음으로 인해 위기에 빠진 이스라엘로서는 그것이 최선의 선택이었다. 하지만 요압이 다윗의 허락 없이 아브넬을 죽였다는 것은 납득되지 않는다. 그가 아브넬을 죽인 것은 그럴 수 있다고 쳐도 다윗의 허락도 없이 그럴 수는 없었을 테니 말이다. 다윗이 자기에게 항의하고 대든 요압을 벌주지 않고 대꾸 한 마디 하지 않고 아브넬을 죽이게 내버려둔 것도 이해할 수 없다.

다윗은 사울과 요나단 때처럼 최고의 예의를 갖춰서 아브넬의 죽음을 애도했다(3:31). 그는 식음을 전폐하고 조가를 지어 불렀다(3:35). 그래서 "온 백성이 그것을 보고서 그 일을 좋게 여겼다. 다윗 왕이 무엇을 하든지 온 백성이 마음에 좋게 받아들였다. 그때에야 비로소 넬의 아들 아브넬을 죽인 것이 왕에게서 비롯된 일이 아님을 온 백성과 온 이스라엘이 깨달아 알았다"(3:36-37). 다윗이 이런 효과를 노리고 최상의 예의를 갖췄던 것은 아닐까? 결과적으로 그는 아브넬의 죽음에 대해 알리바이를 갖게 됐다.

사울, 요나단, 아브넬은 모두 살아 있었다면 다윗이 이스라엘의 왕이 되는데 방해가 될 인물이었다. 이들이 모두 죽었으므로 남은 사람은 허울만 남은 이스보셋뿐이었다. 다윗이 왕이 되려면 그도 사라져야 했는데 이 일은 내부자 바아나와 레갑이 맡았다. 이들은 더운 여름

날 낮잠 자던 이스보셋을 죽여서(4:6) 그의 머리를 들고 다윗에게 달려 갔다. 이들은 이스보셋의 죽음을 기쁜 소식이라도 되는 듯이 다윗에게 전했지만 그들도 사울을 죽인 아말렉 젊은이의 길을 가야 했다(4:12). 다윗은 이스보셋의 시신을 헤브론에 있는 아브넬의 묘지에 합장해줬 다(4:9-12). 이로써 다윗이 이스라엘의 왕이 되는 데 방해될 사람들은 모두 죽었다. 하지만 한 명도 다윗에 의해 죽임 당하지는 않았다. 그의 손이 피를 묻히지 않으려는 설화자의 노력이 눈물겨울 정도다.

아브넬과 이스보셋의 죽음으로 이스라엘에 권력공백이 생겼다. 블 레셋을 비롯한 외적들이 호시탐탐 침략하려고 노리는 상황이니 하루 라도 빨리 후임 왕을 세워야 했다. 그래서 '이스라엘의 모든 지파'가 헤브론으로 다윗을 찾아와서 이렇게 말했다.

> 우리는 임금님과 한 골육입니다. 전에 사울이 왕이 되어서 우리를 다스 릴 때에 이스라엘 군대를 거느리고 출전하였다가 다시 데리고 돌아오신 분이 바로 임금님이십니다. 그리고 야훼께서 '네가 나의 백성 이스라엘 의 목자가 될 것이며 네가 이스라엘의 통치자가 될 것이다.' 하고 말씀하 실 때에도 바로 임금님을 가리켜 말씀하신 것입니다(사무엘하 5:1-2).

이들에게 남은 선택은 다윗을 왕으로 옹립하는 것밖에 없었으니 그 에게 머리를 숙이지 않을 수 없었다. 이스라엘의 장로들이 다윗을 '한 골육'(히브리어로도 '뼈와 살'이다. 같은 의미의 영어는 '살과 피'([flesh and blood]인데 이 표현은 '골육'이 한자어이긴 하지만 히브리어 표현이 영어보다는 우리말에 더 가깝다.)이라 고 부른 것은 그가 사울의 사위이자 미갈의 아내이기 때문으로 추측된다. 어떻게든 다윗과 연결고리를 찾으려 애쓰는 모습이 안쓰럽다.

다윗은 이들과 함께 야훼 앞에 나아가 언약을 세웠고 장로들은 다윗에게 기름을 부어 그를 이스라엘의 왕으로 삼았다(5:3). 다윗은 유다와 이스라엘을 함께 다스리는 첫 왕이 된 것이다. 설화자는 여기서 '왕' 대신 '통치자'라는 단어를 썼다. '통치자'의 히브리어 원어는 '나기드' 로 '지도자' '영도자' '왕세자' 등의 뜻으로서 통상 '왕'보다는 낮은 권력자를 가리킨다. 이스라엘 장로는 다윗을 실질적인 왕으로 세우면서도 무소불위의 권력을 안겨주기를 꺼렸던 걸까.

다윗은 들에서 양을 치는 목자였다가 사무엘에게 기름 부음 받은 이래 숱한 어려움을 겪었고 죽을 고비도 여러 번 넘겼다. 광야를 방랑하기도 했고 블레셋의 용병 노릇하며 연명하기도 했다. 그러는 동안 그가 야훼의 약속을 의심한 적이 있었는지는 알 수 없지만 그 약속이 이루어지기를 앉아서 기다리기만 하지는 않았음이 분명하다. 그는 수단과 방법을 가리지 않고, 심지어 거짓말도 하고 미친 척도 해가면서 자기 갈 길을 스스로 만들어 나갔다. 그런 노력 끝에 그는 유다와 이스라엘의 왕이 된 것이다.

2

사울과 요나단이 전사하자 이스라엘의 왕좌는 이스보셋이 채웠지만 그는 허울뿐인 왕이었다. 다윗이 마음만 먹었다면 그 자리를 차지할 수도 있었을 것이다. 그러나 그는 그렇게 하지 않고 먼저 유다의 왕이 됐다. 왜 그랬을까? 다윗은 유다 베들레헴 출신이다. 그는 아기스의 봉신으로 있는 동안에도 주변지역을 약탈해서 얻은 전리품을 유다 장로들에게 나눠줌으로써 그들의 마음을 얻었다(사무엘상 30:26). 따라서 이스라엘보다는 유다가 다윗에게 더 친화적이었으리라 추측할 수 있겠다. 다윗은 먼저 유다의 왕이 되어 전체의 왕이 될 교두보를 마련하려 했던 것이다.

───── 유다 사람들이 다윗을 왕으로 세운 가장 큰 이유는 유다의 지정학적 위치에 있었다. 유다는 북쪽 이스라엘과 서쪽 블레셋 사이에 끼어 있어서 양자가 싸울 때마다 불안할 수밖에 없었다. 블레셋은 기원전 12세기 이래로 내내 이스라엘과 유다의 '침략자'였다. 그들이 해안평야를 장악한 다음 동진하는 바람에 유다와 이스라엘의 공공의 적이 될 수밖에 없었다. 이스라엘은 그나마 그들과 맞설 만했지만 유다는 어림없었다. 블레셋의 상대가 되지 못했다는 말이다.

사울의 죽음과 함께 유다는 큰 위기에 놓이게 됐다. 유다와 이스라엘은 느슨하나마 동맹을 유지하고 있었는데 사울의 죽음으로 힘을 잃게 된 것이다. 유다가 취할 수 있는 선택은 유다 베들레헴 태생이고 사울 군대의 유능한 지휘관 출신인 다윗을 왕으로 세우는 것이었다. 그의 보호를 받으려 했던 것이다. 유일한 걸림돌은 다윗이 블레셋의 용병이었다는 사실이었다. 그런 다윗에게 자기들의 생존을 맡길 만큼 신뢰할 수 있는지가 문제였다. 이런 고민을 덜어준 것은 다윗이 시글락에 머무는 동안 유다 장로들이 그에게 선물을 받으며 신뢰를 쌓았던 일이었다. 다윗이 이때를 위해 그렇게 행동했다고 보여주는 것이 설화자의 의도다. 정반대로 추측할 수도 있다. 다윗이 블레셋과 원만한 관계를 맺고 있었으므로 자기들도 안전하리라고 여겼을 수도 있다. 유다가 직면한 최고의 과제는 블레셋의 침략을 막는 것이었다. 유다에게는 다윗을 왕으로 세우는 것 외에 다른 선택이 없었다.

그는 두 번 야훼의 의중을 확인한 다음에 헤브론으로 올라갔다(2:1). 다윗은 야훼의 섭리에 따라 유다 왕이 됐다는 이야기다. 하지만 그가 유다 장로들에 의해 기름 부음을 받아 왕이 된 것은 철저하게 세속적인 절차를 따랐다. 예식에는 예언자나 제사장이 참여하지 않았다. 다윗이 이미 예언자 사무엘에 의해 기름 부음 받는 절차를 거쳤으니 또 다른 종교의식이 필요치 않았던 것 같다.

──── 다윗이 유다 왕에 즉위한 것을 블레셋은 어떻게 받아들였을지도 궁금하다. 아기스는 다윗에게 시글락 성읍을 내줘서 1년 4개월 거기에 머물게 했다. 이스라엘과의 전투에 그를 참전시키려고도 했다. 그는 다윗을 전적으로 신뢰했다. 수하의 지휘관들이 불평했을 때도 아기스는 다윗을 가리켜 "그가 나와 함께 지낸 지가 이미 한두 해가 지났지만 그가 망명하여 온 날부터 오늘까지 나는 그에게서 아무런 허물도 찾지 못하였소"(사무엘상 29:3)라고 말했을 정도로 다윗에 대한 그의 신뢰는 돈독했다.

이런 다윗이 유다 왕으로 즉위하는 것을 블레셋은 어떻게 생각했을까? '배신자'라며 비난했을까? 아니면 용병이 출세했다며 기특해했을까? 아기스로서는 봉신 또는 동맹 파트너인 다윗이 유다 왕이 된 것이 불리할 리 없었다. 자기들의 주적은 유다가 아니라 이스라엘이었으니 더 가까이서 이스라엘을 압박하게 됐는데 싫어할 이유가 있겠는가 말이다. 이 추론을 뒷받

침할 간접적인 증거는 역대기에 있다. 무조건적으로 다윗을 편드는 역대기에 그가 헤브론에서 유다 왕으로 다스렸다는 이야기가 통째로 빠져 있다. 왜 그랬는지는 확인할 수 없지만 역대기 기자가 이것을 자랑스럽게 여겼다면 삭제하지 않았을 것이다. 역대기 기자는 다윗이 유다를 블레셋의 속국으로 만들었다고 보고 이를 수치로 여겼을 수도 있다. 모두 텍스트 상의 근거가 없는 추측이지만 개연성이 없다고 할 수는 없다.

다윗이 이스라엘의 왕이 되는 과정은 유다 경우와는 달리 노력이 필요한 일이었다. 그 일환으로 그는 사울과 밀접한 관계를 맺고 있던 야베스 길르앗 사람들 마음을 얻는 길을 택했다. 그는 그곳 주민에게 사절을 보내서 사울의 장례를 치른 일을 이렇게 치하했다.

야베스 주민 여러분이 사울 왕의 장례를 잘 치러서 왕에게 의리를 지켰으니 야훼께서 여러분에게 복을 주시기 바랍니다. 여러분이 그러한 일을 하였으니 이제는 야훼께서 여러분을 친절과 성실로 대하여 주시기를 바랍니다. 나도 여러분을 잘 대접하겠습니다. 비록 여러분의 왕 사울 임금님은 세상을 떠나셨으나 유다 사람이 나에게 기름을 부어서 왕으로 삼았으니 여러분은 이제 낙심하지 말고 용기를 내기를 바랍니다(2:2:5-7).

『새번역 성서』는 야베스 주민들이 사울에게 '의리를 지켰다'고 번역했는데 원문에는 '헤쎄드를 지켰다'고 되어 있다. '헤쎄드'는 세계 어떤 언어로도 제대로 번역이 안 된다고 알려져 있다. 우리말로는 '언약적 사랑'으로, 영어로는 'steadfast love'로 번역하는 경우가 가장 많다. '의리'는 오해의 소지가 있는 번역이다. 야베스 주민에 대한 다윗의 치하에는 '헤쎄드' 외에도 '친절'(에메트)과 '성실'(토바) 등의 단어들도 사용했다. 다윗은 이런 단어들을 동원해서 야베스 주민들의 마음을 얻으려고 애썼던 것이다.

아브넬이 사울의 후궁 리스바를 취한 것은 왕좌를 노린 행위로 보이는데 그가 나라를 다윗에게 갖다 받치는 바람에 이 추측이 흔들린다. 훗날 다윗의 아들 압살롬이 반란을 일으킨 후에 백주대낮에 온 이스라엘이 보는 앞에서 다윗의 후궁들을 취했던 것도 같은 의도로 행해졌다 (16:20-22). 이 행위는 당시 이스라엘의 왕위세습 원칙이 확고하게 정착되지 않았음을 보여주는 증거도 된다.

───── 사울-다윗시대에 중동지역에는 왕위세습의 원칙이 확고하게 정착되어 있었다. 이에 대해서는 이시다와 메틴저의 저서가 참고할 만하다. 두 사람은 이 원칙의 영향을 받아서 이스라엘과 유다에서도 군주제 초기부터 세습이라는 원칙이 존재했다고 본다. 하지만 남 유다와 북 이스라엘 사이에는 원칙의 적용에 있어서 정도의 차이는 있었다(Tomoo Ishida, *The Royal Dynasties in Ancient Israel: A Study of the Formation and Development of Royal-Dynastic Ideology*; Tryggeve N. D. Mettinger, *King and Messiah: The Civil and Sacral Legitimation of the Israelite Kings*).

반대로 이스보셋이 아버지의 후궁을 취하지 않았던 이유도 궁금하다. 그는 왕좌에 앉았지만 아브넬의 후원에 힘입었으니 아버지의 후궁을 취해서 자신의 정당성을 강화할 수 있었을 터인데 말이다. 설화자는 그가 아브넬을 두려워했다고 답한다(3:11). 이스보셋은 아브넬이 두려웠기 때문에 감히 그렇게 하지 못했다.

아브넬과 요압이 벌인 전투는 다윗이 이스라엘의 왕이 되는 과정이 순탄치 않았음을 보여준다. 그 과정은 개인 대 개인의 경쟁만이 아니라 집단 대 집단의 경쟁이기도 했다. 다윗이 이스라엘의 왕이 된다면 아브넬과 요압은 군사령관 자리를 놓고 경쟁해야 했다. 다윗과 '거래' 하면서 아브넬이 그 자리를 약속받았을 수도 있다. 요압이 그를 죽이려 했던 이유도 동생에 대한 복수뿐 아니라 자리를 잃지 않으려 했기 때문일 수도 있다(S. McKenzie, *King David: A Biography*, 119쪽). 설화자는 아브넬 편을 든 걸로 보인다. 그는 다윗과 맺은 언약을 지키려했지만 요압에 의해 '억울하게' 살해당했다는 뉘앙스가 느껴진다. 다윗은 요압이 아브넬을 죽이려는 것을 알면서도 묵인했을 수도 있다. 요압의 항의에 대해 다윗이 침묵한 것은 그런 이유 때문이 아닐까.

전쟁은 목적을 갖고 벌이는 폭력을 동반하는 정치적 행위다. 목적 없이 치러지는 전쟁은 없다. 승패를 떠나서 막대한 인명과 재산 피해가 발생하는 전쟁을 목적 없이 할 리는 없다. 유다와 이스라엘의 전쟁도 그랬다. 아브넬과 요압 이전에는 유다와 이스라엘은 전쟁하지 않았다. 누가 왜 이 전쟁을 시작했을까? 이스보셋은 전쟁할 이유도 능력도 없었다. 이스라엘은 블레셋과의 전투에서 결정적인 패배를 당했고 왕과 왕자들을 잃었다. 이스보셋은 허울뿐인 왕이고 실권은 아브넬에게 있었다. 이런 상황에서 이스보셋이든 아브넬이든 다윗과 전쟁하는 것은 자살행위였다. 그래서 그들은 다윗과 언약을 맺었다.

다윗에게는 이스라엘의 국력이 밑바닥에 떨어진 그때가 '정복'의 호기였다. 블레셋이 다윗을 여전히 '봉신'으로, 유다를 '속국'으로 여겼다면 유다와 이스라엘의 전투는 막기는커녕 부추겼을 터이다. 성서 어디에도 이 추측을 뒷받침할 증거는 없고 고고학적 증거도 없지만 개연성 있는 추측이라고 생각한다. "요압과 그의 동생 아비새가 아브넬을 죽인 것은 아브넬이 그들의 동생 아사헬을 기브온 전투에서 죽였기 때문이다"(3:30)라는 설화자의 서술은 혹시 이런 배경을 숨기기 위한 것이 아니었을까.

아브넬을 위한 다윗의 조가는 "어찌하여 어리석은 사람이 죽듯이 그렇게 아브넬이 죽었는가?"라는 말로 시작된다(3:33). '어리석은 사람'은 히브리어로 '나발'이다. 다윗에게 대들었다 죽임당한 갈렙 족속의 유지이며 아비가일의 남편도 나발이었다. 이 구절은 "어찌하여 나발이 죽듯이 그렇게 아브넬이 죽었는가?"로도 읽을 수 있다. 설화자는 아브넬도 나발처럼 어리석게 죽었다고 말하고 싶었던 것이 아닐까?

우연인지 필연인지 사울, 요나단, 이스보셋, 아브넬은 모두 다윗이 아닌 다른 사람의 손에 죽었다. 사울은 자살했거나 아말렉 젊은이 손에 죽었고 요나단은 블레셋 군인에 의해 죽었으며 아브넬은 요압이, 이스보셋은 바아나와 레갑이 죽였다. 다윗의 손에 죽은 사람은 아무도 없다. 다윗은 사울을 죽인 아말렉 젊은이와 이스보셋을 죽인 바아나와 레갑을 죽였다. 그러나 그는 아브넬을 죽인 요압은 처벌하지 않았다. 그는 다윗 생전에 내내 군사령관으로 재직했다. 그는 압살롬의 반란 때 그의 편에 섰지만 반란이 진압된 후 약간의 곡절 끝에 복직했다. 왜 요압만 이렇게 '특별대우'를 받았을까?

조얼 베이든은 이 모든 죽음에 다윗이 적극적으로 관여했다고 주장한다(J. Baden, *The Historical David*, 136-137쪽). 텍스트 상의 증거는 없거나 매우 희박하지만 그렇게 추측해볼 여지는 있다. 물증은 없지만 심증은 있다는 이야기다. 요압은 다윗에게 항의했고 다윗 또한 요압에 대해 그토록 지독한 저주를 퍼부었지만 아무런 처벌도 내리지 않았다. 아브넬의 죽음에 대한 다윗의 알리바이가 의심스러운 이유다. 다윗은 정말 이들의 죽음과 무관할까? 다른 경우는 몰라도 아브넬의 경우는 의심의 여지가 있다.

3

다윗이 위에 진술된 것 같은 사람이라면 그를 바라보는 필자의 심정은 착잡하다. 모세와 더불어 구약성서에서 가장 위대한 인물 다윗에게 이런 어두운 면이 있다는 사실은 충격일 수밖에 없다. 물론 이 모습이 다윗의 전부는 아니다. 다윗을 제대로 이해하려면 아직 갈 길이 멀다.

　다윗이 유다와 이스라엘의 왕이 되는 과정에서 드러난 그의 성품에 대해서는 위에서 이야기했으므로 반복하지 않겠지만 월터 브뤼그만의 주석에 눈이 띄는 대목이 있어 인용한다.

> 왜 지위가 낮은 사람들, 곧 아말렉 사람이나 림몬의 아들들(바아나와 레갑)은 늘 살해의 책임을 지고 처형당했던 반면 그들 행위에서 이득을 봤던 적법한(legitimate) 사람들은 늘 보호를 받고 무죄 방면됐으며 권력을 강화했을까? 적법한 사람들(권력자라는 의미)을 대신해서 적법하지 않은 사람들

(권력을 갖지 못한 사람들이라는 의미)이 충성스럽게 사람들이 사람을 죽여주지 않았다면, 또 그들(권력자들)의 명예를 위해 죽어주는 사람들이 없었다면 그들이 무슨 수로 자기 자리를 보전할 수 있었겠는가(Walter Brueggemann, *First and Second Samuel*, 235쪽).

다윗은 과거엔 권력자들을 위해 사람을 죽여주고 그들의 명예를 위해 목숨을 걸었던 사람이었다. 그랬던 다윗이 그런 사람들을 이용하고 부리는 위치에 서게 됐다. 한 사람의 성품은 그가 서 있는 자리와 깊이 관련되어 있게 마련이다. 다윗의 사회-정치적 위치가 변함에 따라 그의 성품도 달라졌다. 그의 삶을 이해하고 평가할 때 이 점을 잊으면 안된다. 유다 성읍으로 올라가려 했을 때 그는 두 번이나 야훼에게 물었다. 많은 학자들이 이를 다윗의 신실한 믿음의 증거로 본다. 그렇게 볼 수 있다. 하지만 그는 이 믿음을 죽을 때까지 갖고 있었을까? 그의 믿음은 죽을 때까지 변하지 않았을까? 필자는 그렇지 않다고 생각한다. 사회적 위치의 변화는 그의 성품과 믿음의 변화도 초래했다는 이야기다.

다윗은 머지않아 그의 생의 정점에 도달할 거다. 예언자 나단을 통해서 그의 왕조를 영원히 지켜주겠다는 야훼의 약속을 받았고 주변 종족들을 복속시켜 평화로운 시대를 열었다. 하지만 그는 정점에 도달한 지 얼마 되지 않아 내리막길로 접어들었다. 그가 그렇게 추락하는 동안 야훼가 그의 삶에 거의 개입하지 않았다는 점도 흥미롭다. 왜 그랬을까?

2장

왕국의 기틀을 잡아나가다

1

다윗이 이스라엘의 왕위에 오른 다음 처음 한 일은 예루살렘을 정복한 일이었다. 당시 예루살렘은 여부스 사람들이 살고 있었는데 그들은 공격에온 다윗과 그 부하들에게 "너는 여기에 들어올 수 없다. 눈 먼 사람이나 다리 저는 사람도 너쯤은 물리칠 수 있다"(5:6)고 조롱했다. 예루살렘이 난공불락의 요새임을 자랑하면서 다윗 군대를 비하하는 심리전을 펼친 것이다. 화가 난 다윗은 물을 길어 올리는 바위벽을 타고 올라가서 다리 저는 자들과 눈 먼 자들을 죽이라고 명령했다(5:8). 결국 다윗은 예루살렘을 정복하여 그 산성을 '다윗 성'이라고 불렀고 다리 저는 자들과 눈 먼 자들은 '집'에 들어갈 수 없게 만들었다. 다윗이 점점 강해진 것은 야훼의 덕분이라는 해설을 설화자는 잊지 않았다(5:10).

───── '집'으로 번역한 단어의 히브리 원문은 '바이트'인데 이는 일반적인

'집' 외에도 '왕궁'이나 '성전'을 의미한다. 『새번역 성서』는 '왕궁'으로 번역했지만 대부분의 영어 성서는 '성전'으로 이해한다.

설화자는 두로 왕 히람이 다윗에게 사절단과 백향목과 기술자들을 보내서 다윗의 궁전을 지어줬다고 말함으로써 강대해진 다윗의 모습을 보여준다. 그제야 다윗이 "야훼께서 자기를 이스라엘의 왕으로 굳건히 세워 주신 것과 그의 백성 이스라엘을 번영하게 하시려고 자기의 나라를 높여 주신 것을 깨달아 알았다"(5:11)고 하니 그 동안은 그걸 몰랐다는 뜻일까? 설화자를 포함해서 다른 사람에게는 명백한 '하느님의 큰 일'(Magnalia Dei)을 다윗은 깨닫기가 어려웠을까? 지나치게 '슬로우 러너'(slow learner) 아닌가 말이다.

다윗은 헤브론에서보다 예루살렘에서 더 많은 후궁들과 아내들을 맞아들여 많은 자녀들을 낳았다며(5:13) 아들 이름을 언급하는데 솔로몬 이외에는 다시는 등장하지 않는다. 당시 부인과 자녀의 숫자는 권력의 크기를 보여줬으니 그가 헤브론 시절보다 더 큰 권력을 향유했음을 의미한다. 그는 점점 더 '모든 이방나라들'의 왕이 되어가고 있었다 (사무엘상 8:5 참조).

설화자는 블레셋의 근황으로 이야기의 초점을 옮긴다. "다윗이 기름 부음을 받아 이스라엘의 왕이 되었다는 소식을 블레셋 사람이 듣고 온 블레셋 사람이 다윗을 잡으려고 올라왔다"(5:17). 이들은 잠잠하다가 다윗이 이스라엘의 왕이 되자 싸우러 올라왔다. 다윗도 가만히 있을 수 없어서 응전하러 요새로 내려갔다. 그 전에 그는 블레셋 사람들을 치러 내려가도 되겠냐고 야훼에게 물었다. 다윗이 야훼의 자문을 구한 것은 유다의 왕이 되려고 헤브론으로 올라갔을 때 이후 처음이었다. 야훼는 긍정적인 답을 줬고 다윗이 그대로 실행하니 결과는 "홍수가 모든 것을 휩쓸어 버리듯이, 주님께서 나의 원수들을 내 앞에서 그렇게 휩쓸어 버리셨다"(5:20). 오죽 급했으면 자신들의 우상을 버리고 도망쳤겠나.

블레셋과의 전투는 그게 전부가 아니었다. 그들은 또 싸우자고 올라왔고 다윗은 또 야훼의 자문을 구했다. 이번에 야훼는 구체적인 전술까지 일러주었단다(5:23). 이번에도 다윗은 대승을 거뒀다.

다음으로 다윗은 필생의 과업을 추진했다. 하느님의 궤를 예루살렘으로 옮기는 일이 그것이었다. 그는 오랜 세월 아비나답의 집에 모셔져 있던 궤를 예루살렘으로 옮길 작정을 하고 아비나답의 아들 웃사와 아히요에게 운반책임을 맡겼다. 궤를 옮길 생각만 해도 기분이 좋았던지 다윗과 백성들은 악기를 연주하며 야훼 앞에서 기뻐했다. 그런데 중간에 소가 뛰어오르는 바람에 궤가 떨어질 뻔했고 그 와중에 웃사가 궤를 붙잡았는데 야훼가 그런 웃사에게 크게 노해서 그를 죽였다고 한다(6:6-7). 축제 분위기는 순식간에 식어버렸을 터이다. 다윗은 두려워하며 "이래서야 내가 어떻게 야훼의 궤를 내가 있는 곳으로 옮길 수 있겠는가?"(6:9)라고 탄식하고는 궤를 가드 사람 오벳에돔의 집으로 실어 가게 했다(6:9-10).

다윗은 크게 실망했지만 그 시간이 오래가지는 않았다. 궤가 오벳에돔의 집에 머물던 석 달 동안 야훼가 그의 집에 큰 복을 내려주는 것을 보고 다윗은 궤를 옮길 때가 됐다고 판단하고 2차 운반 작업에 들어갔다. 이번에는 궤를 수레에 싣지 않고 사람들이 지고 가게 했다. 다윗은 큰 축제를 벌였고 궤를 멘 사람들이 여섯 걸음 옮길 때마다 행렬을 멈추고 소와 살진 양을 제물로 바쳤다고 한다(6:13). 엄청난 양의 짐승들이 제물로 바쳐졌다. 그것으로 부족했던지 다윗은 모시 에봇만 걸치고 야훼 앞에서 힘차게 춤을 췄는데(6:14) 이것이 아내 미갈과 갈등을 일으켰다. 궤가 성에 들어올 때에 미갈은 집에서 창밖으로 내다보다가 다윗이 춤추는 것을 보고는 그를 업신여겼다(6:16). 다윗이 궤를 장막 안에 안치하고 제사를 지낸 후 백성들에게 음식을 나눠준 다음에 집에 돌아오자 그녀는 "오늘 이스라엘의 임금님이 건달패들이 맨살을 드러내고 춤을 추듯이 신하들의 아내가 보는 앞에서 몸을 드러내며 춤을 추셨으니 임금님의 체통이 어떻게 되었겠습니까?"(6:20)라며 그를 비난했다. 그랬더니 다윗이 이렇게 대꾸했다.

그렇소. 내가 야훼 앞에서 그렇게 춤을 추었소. 야훼께서는 그대의 아버지와 그의 온 집안이 있는데도 그들을 마다하시고 나를 뽑으셔서 야훼의 백성 이스라엘을 다스리도록 통치자로 세워 주셨소. 그러니 나는 야훼를 찬양할 수밖에 없소. 나는 언제나 야훼 앞에서 기뻐하며 뛸 것이오. 내가 스스로를 보아도 천한 사람처럼 보이지만 야훼를 찬양하는 일 때문이라면 이보다 더 낮아지고 싶소. 그래도 그대가 말한 그 여자들은 나를 더욱더 존경할 것이오(6:21-22).

여기서도 다윗은 사울 집안사람이 아닌 데서 오는 오랜 '자격지심'을 살짝 드러냈다. 야훼는 사울 집안사람들이 있는데도 불구하고 자기를 뽑아줬다는 거다. 미갈은 다윗을 먼저 사랑해서 그와 결혼했다.

그녀는 다윗을 죽이려는 아버지 사울의 손에서 그를 구출하기도 했다. 다윗이 도망친 후 그녀는 자기 의사와는 상관없이 사울의 뜻에 따라 발디엘에게 시집갔다가 다윗이 그녀를 돌려달라고 요구하자 이번에도 자기 의사와는 상관없이 발디엘과 작별하고 다윗에게 왔다. 이런 복잡한 과정을 겪은 그녀가 예전처럼 다윗을 사랑하지는 않았을 것이다. 그녀는 여인들 눈앞에서 나신으로 춤을 췄던 남편이 부끄러웠을까? 아니면 다른 동기가 있었을까? 그녀는 죽는 날까지 불임이었다고 했다(6:23). 불임의 원인이 야훼에게 있는지 그녀와 동침하지 않은 다윗에게 있는지는 알 수 없다. 분명한 사실은 미갈을 통해서 사울 가문을 잇는 일은 불가능해졌다는 것이다.

궤를 예루살렘으로 옮겨왔으니 궤를 모실 '집'을 지어야 했다. 다윗은 야훼 덕분에 주변이 안정됐으므로(7:1) 때가 왔다고 생각하고 나단에게 "나는 백향목 왕궁에 사는데 하느님의 궤는 아직도 휘장 안에 있습니다"라고 말했다(7:2). 자기는 편하고 호화로운 집에 사는데 궤를 누추한 곳에 모셔서 송구스럽다는 뜻이다. 나단도 동조해서 "야훼께서 임금님과 함께 계시니 가셔서 무슨 일이든지 계획하신 대로 하십시오"라며 '백지수표'를 내밀었다(7:3).

하지만 야훼의 생각은 달랐다. 그날 밤 야훼는 나단에게 나타나서 긴 연설을 했다(7:5-16). 중심 내용 중 하나는 야훼의 집을 짓지 말라는 것이었다. 야훼는 출애굽 이래 내내 장막이나 천막에 살면서 백성들과 함께 옮겨 다녔다며 언제 자기가 집을 지어 달라 했느냐고 물었다. 자신을 위해 집 지을 생각일랑 하지 말라는 거다. 두 번째 중심 내용은 '영원히 이어지는 왕조'를 야훼가 약속한 것이었다. 이는 다윗과 나단의 상상력을 훌쩍 뛰어넘는 엄청난 약속이었다. 마지막으로 야훼는 다윗의 후손이 자기를 위해 집을 지을 것이라고 했다.

이전에 내가 나의 백성 이스라엘에게 사사들을 세워 준 때와는 달리 내가 너를 너의 모든 원수로부터 보호하여서 평안히 살게 하겠다. 그 뿐만 아니라 나 야훼가 너의 집안을 한 왕조로 만들겠다는 것을 이제 나 야훼가 너에게 선언한다. 너의 생애가 다하여서 네가 너의 조상들과 함께 묻히면 내가 네 몸에서 나올 자식을 후계자로 세워서 그의 나라를 튼튼하게 하겠다. 바로 그가 나의 이름을 드러내려고 집을 지을 것이며 나는 그의 나라의 왕위를 영원토록 튼튼하게 하여 주겠다. 나는 그의 아버지가 되고 그는 나의 아들이 될 것이다. 그가 죄를 지으면 사람들이 저의 자식을 매로 때리거나 채찍으로 치듯이 나도 그를 징계하겠다. 내가 사울에게서 나의 총애를 거두어 나의 앞에서 물러가게 하였지만 너의 자손에게서는 총애를 거두지 아니하겠다. 네 집과 네 나라가 내 앞에서 영원히 이어 갈 것이며 네 왕위가 영원히 튼튼하게 서 있을 것이다(7:11-16).

나단이 야훼의 신탁을 다윗에게 전하자 다윗은 성막에 들어가 야훼께 긴 기도를 올렸다. 야훼가 행한 일들에 대한 감사와 약속한 바를 꼭 실행해 달라는 요청이 담긴 기도였다(7:18-29). 자신에게 한 약속을 반드시 지켜서 사람들이 야훼의 이름을 영원히 높일 수 있게 해달라는 말은 기도이면서 동시에 '약속어음' 느낌이 난다. 약속한 대로 자기 가문이 영원히 야훼가 내리는 복을 받게 해달라는 기도도 마찬가지다.

다윗은 주변 종족들과의 전투에서 모두 승리했단다. 그는 블레셋을 굴복시켰고 모압을 정복했다. 소바 왕 하닷에셀을 쳐서 많은 포로와 말을 획득했고 다마스쿠스의 시리아 사람들을 쳐서 조공을 받았다(8:1-14). 그는 획득한 전리품 중 일부를 잊지 않고 야훼께 바쳤다(8:11). 설화자는 "다윗이 어느 곳으로 출전하든지 야훼께서 그에게 승리를 안겨 주셨다"(8:6, 14)라고 두 번 서술함으로써 승리의 배후에 야훼가 있음을 분명히 했다.

마지막으로 다윗 왕국을 이끌어가는 관료들이 소개된다. 군사령관은 요압이고 역사 기록관은 여호사밧이며 제사장은 사독과 아비아달이다. 서기관은 스라야이고 그렛 사람과 블렛 사람, 곧 용병 지휘관은 브나야라고 했다. 이들과 함께 다윗은 이스라엘을 '공평하고 의로운 법으로' 다스렸다(8:15-18). 왕국의 기틀은 이렇게 하나하나 잡혀나갔다.

사울 집안의 살아남은 자 역시 설화자의 관심 안에 있다. 다윗은 신하들에게 "사울의 집안에 살아남은 사람이 있느냐? 요나단을 보아서라도 남아 있는 자손이 있으면 잘 보살펴 주고 싶구나"라며 사울의 후손을 수소문했다(9:1). 그는 사울 집안의 종이었던 시바를 통해서 요나단의 아들로 두 다리를 저는 므비보셋이 살아남았음을 알았다. 그는 므비보셋을 데려와서 이렇게 말했다.

겁낼 것 없다. 내가 너의 아버지 요나단을 생각해서 네게 은총을 베풀어 주고 싶다. 너의 할아버지 사울 임금께서 가지고 계시던 토지를 너에게 모두 돌려주겠다. 그리고 너는 언제나 나의 식탁에서 함께 먹도록 하여라(9:8).

고대사회에서 '약속'이나 '맹세'의 역할과 힘을 현대인은 이해하기 어렵다. '문서'로 약속을 하고 그것도 모자라서 공증 같은 절차를 거치는 것이 상식인 현대사회에서 말로 한 '약속'과 '맹세' 쯤은 쉽게 어겨도 된다고 생각하는 사람이 많다. 고대사회에서는 그렇지 않았다. 약속과 맹세는 법적 효력 못지않은 구속력을 갖고 있었다.

다윗은 어려웠을 때 요나단의 도움을 받으면서 그에게 맹세한 적이 있다. 다윗은 요나단이 살아 있는 동안 야훼의 인자함을 누리며 살게 해주고 그가 죽은 후에도 그의 집안과 의리를 지켜주겠다고 맹세했다(사무엘상 20:14-5). 다윗이 므비보셋에게 시혜를 베푼 데는 이런 사연이 있었다. 므비보셋은 감지덕지하며 다윗의 제안을 받아들였다. 다윗은 므비보셋을 자기 식탁에서 같이 먹게 했고 시바를 므비보셋의 재산 관리자로 임명해서 돌보게 했다. 그래서 "므비보셋은 언제나 왕의 식탁에서 먹었으며 예루살렘에서만 살았다. 그는 두 다리를 다 절었다"(9:13). 그는 남은 생을 다윗의 관리 하에서(왕의 식탁에 앉아야 했으니) 반란을 꿈꾸지 못하고(두 다리를 다 절었으니) 살았다.

2

다윗이 이스라엘의 왕이 되기 전에 사무엘, 사울, 아비가일, 아브넬, 네 사람이 장차 그가 왕이 될 거라고 '예언'했다(사무엘상 24:20; 25:30; 사무엘하 3:10). 그때마다 다윗은 그들에게 이렇다 저렇다 응답하지 않았다. 그의 무응답을 어떻게 해석해야 할까? 다윗은 그들의 말을 어떻게 받아들였을까? 다른 사람은 몰라도 사울 입에서 이런 말이 나왔다는 사실이 놀라운데 직접 들었던 다윗은 그 말을 받아들였을까? 이와 상관없이 그는 이스라엘의 왕이 됐다. 바라고 또 바라던 일이 이루어졌다. 불안 요인들은 사방에 널려 있었다. 가장 심각한 불안 요인은 그가 왕위 계승의 정통성에서 약점이 많았다는 점과 주변 종족의 침략 가능성이 컸다는 점이었다. 그는 두 가지 과제를 해결하기 위해 나서야 했다.

그는 먼저 왕국의 수도를 정했다. 헤브론은 가나안 남쪽에 위치한 유다의 성읍으로 북 이스라엘에서 너무 멀었다. 그는 예루살렘을 수도로 삼기로 정하고 점령에 나섰다. 예루살렘은 가나안에서 가장 유서 깊은 도시들 중 하나이며 튼튼한 요새였다. 예루살렘은 유다와 이스라엘의 중간 중립적인 곳에 위치한 도시로 여호수아의 가나안 정복시대에도 정복되지 않아서 여전히 여부스 사람들이 살고 있었다. 정복하기 어려운 고지대에 자리 잡고 성벽으로 둘러싸인 도시였다. 다윗이 예루살렘을 정복한다면 남북 모두에 영향력을 미칠 천혜의 장소를 차지하는 셈이었다.

──── '예루살렘'은 '샬렘의 기초'(Foundation of Shalem) 곧 '평화와 안녕의 기초'라는 뜻으로 황혼 또는 저녁별의 신인 고대 셈족의 '샬렘' 신에게 바쳐진 도시였다(Joel Baden, *The Historical David*, 175쪽).

다윗은 용병을 이끌고 예루살렘을 공격했다. 도성의 방어능력을 과신한 여부스 사람들은 다리 저는 사람과 눈 먼 사람들조차 그를 물리칠 수 있다며 다윗을 조롱했다. 다윗이 눈 먼 사람들과 다리 저는 사람들을 모두 쳐 죽였고 훗날 이들이 성전에 들어오는 걸 금지했다는 대목은 현대인의 윤리로 용납할 수 없다. 하지만 고대인들에게 현대의 윤리를 들이대는 것은 온당하다고 볼 수는 없다. 어떤 학자는 이 대목이 "몸에 흠이 있어서 하느님께 가까이 나아갈 수 없는 사람은 눈이 먼 사람이나 다리를 저는 사람이나 얼굴이 일그러진 사람이나 몸의 어느 부위가 제대로 생기지 않은 사람"(레위기 21:18) 등은 제물을 바치러 성전에 들어갈 수 없다는 규정의 영향을 받았다고 주장했다. 하지만 이보다는 다윗이 용병의 전력으로 예루살렘을 정복해서 자신의 영토로 삼아 '시온'과 '다윗 성'이라는 새로운 이름을 붙였다는 사실이다. 장차 성전이 들어설 장소를 확보했던 것이다.

───── 고고학자들은 예루살렘이 기원전 4천년 경에도 이미 사람들이 거주했음을 밝혀냈다. 예루살렘은 수천 년 동안 독립된 지위를 자랑해온 도성이다. 다윗은 예루살렘을 정복함으로써 그 지위를 박탈해버린 셈이다. 하지만 문제는 고고학적으로는 기원전 10세기에 다윗이 그곳을 정복해서 새로운 수도로 만들었다는 증거가 없다는 점이다. 일부 고고학자는 그래서 다윗을 '환상의 인물'(illusory man)로 보기까지 한다(Israel Finkelstein and Neil Asher Silberman *David and Solomon: In Search of the Bible's Sacred Kings and the Roots of the Western Tradition*, 94-98쪽 참조).

예루살렘 정복은 궤를 예루살렘으로 옮겨온 이야기와 연결된다. 두 이야기 사이에 두 차례에 걸친 블레셋과의 전투가 삽입되어 있다. 과거에는 블레셋과의 전투에 나라의 운명을 걸다시피했지만 다윗이 왕이 된 후에는 그것이 이전만큼의 긴장을 낳지는 못한다. 다윗은 야훼 덕분에 왕이 된 것을 깨달은 사람답게(5:12) 두 번의 전투 모두 야훼께 자문을 구했다(5:19, 23). 야훼는 다윗의 생에 점점 더 깊이 관여하는 것으로 보인다.

블레셋이 "다윗이 기름 부음을 받아 이스라엘의 왕이 되었다는 소식"을 듣고 싸우러 왔다(5:17)는 서술이 갖는 의미에 대해서는 앞에서 설명했다. 자기들의 봉신으로 여겼던 다윗이 이스라엘의 왕이 되자 블레셋은 현실이 달라졌음을 깨닫고 침공했던 것이다. 그들은 다윗과의 전투에서 두 번이나 대패당하는 수모를 겪었다. 자기들이 섬기는 신상들을 두고 도망친 것은 대단히 수치스러운 일이었다. 엘리 시대에 이스라엘이 야훼의 궤를 블레셋에 빼앗긴 것처럼 말이다.

설화자가 하고 싶었던 것은 궤가 예루살렘으로 옮겨와 자리를 잡은 이야기다(6:1-23). 궤는 군주제 이전의 전통체제에서 최고 권위를 갖는 상징물이었다. 이스라엘은 야훼가 거기에 현존한다고 믿었다. 블레셋에 궤를 잠시 빼앗겼지만 곧 귀환해서 권위에 큰 손상을 입지는 않았다(사무엘상 4-5장). 다윗은 오랫동안 잊었던 궤를 소환해냈다. 궤를 예루살렘으로 옮기는 일은 다윗의 큰 그림 중심에 놓인 사건이었다. 그는 급격한 사회변화를 추구하지 않고 엘리-사무엘-사울로 이어지는 옛 체제를 일부 유지하면서 거기에 새로운 체제에 접목하려 했다. 이를 위해서는 옛 체제의 상징인 야훼의 궤를 새로운 체제의 중심지 예루살렘으로 가져왔어야 했다.

다윗은 이스라엘에 제법 큰 변화를 가져왔다. 용병으로 전투를 치른다든지 나라의 수도를 개인 소유로 만든다든지 다수의 후궁을 거느리는 것 등은 이 변화의 일부였다. 이에 소요되는 재화는 백성들에게 거둔 세금과 주변 종족들을 침략해서 얻은 노획물과 노예 등으로 충당했다. 이와 같은 급격한 변화를 무리 없이 추진하려면 완충제로서 옛 질서의 상징을 활용할 필요가 있었는데 거기에 가장 잘 맞는 것이 궤였던 것이다. 궤를 옮기는 동안 벌어진 비극적 사건은 두 체제를 접목시키는 일이 얼마나 어려웠는지를 보여주는 상징적 사건으로 볼 수 있다. 웃사의 뜻밖의 죽음도 옛 체제의 강고한 저항을 보여주는 사건으로 해석할 수 있다.

───── 경고도 없이 예측할 수 없는 가운데 자기를 섬기는 사람에게 분노를 터뜨리는 신에 관한 이야기는 고대 중동 문화권에서 흔하게 볼 수 있다. 야훼에게는 이런 경우가 드문 편이다. 대개의 경우 야훼는 백성들의 불신앙 때문에 분노하지만 이유를 알 수 없이 분노하는 경우도 없지 않다. 이집트로 가는 길에서 야훼가 모세를 죽이려 한 경우가 대표적이다(출애굽기 4:24-26). 얍복 강가에서 하느님(또는 하느님의 사람)이 야곱을 공격한 경우도 마찬가지다(창세기 32:22-32). 야훼가 궤를 운반하는 도중에 수레에서 떨어지려는 궤를 붙잡은 웃사를 죽인 경우도 여기에 속한다고 볼 수 있다.

이 사건이 왜 일어났으며 어떤 의미가 있는지에 대해서는 다양한 해석이 있다. 두려워하지 않고 궤를 함부로 만졌기 때문이라는 해석도 있고, 궤를 사람들이 어깨에 메고 운반해야 하는 규정을 어겼기 때문이라는 역대기의 해석도 있다("지난번에는 [궤를] 여러분이 메지 않았으므로 야훼 우리 하느님께서 우리를 치셨습니다. 우리가 그분께 규례대로 하지 않아서 그렇게 된 것입니다"[역대기상 15:13]). 그렇다면 왜 아효는 죽지 않고 웃사만 죽었는지가 설명되지 않는다. 이 사건에 대한 해석의 대부분은 야훼의 분노에 대해 합당한 이유를 제시하려는 변증적 노력의 산물로 볼 수 있다(Tony W. Cartledge, *1 &2 Samuel*, 435쪽).

궤가 무사히 예루살렘에 도착해서 장막에 안치한 다음에 "다윗이 야훼 앞에서 번제와 화목제를" 지냈다(6:17). 과거에 사울은 사무엘을 기다리지 않고 제사를 주관했다고 사무엘에게 질타를 받은 적이 있다(사무엘상 13장). 설화자는 여기서 다윗이 번제와 화목제를 주관한 데 대해서 가타부타 말하지 않았다. 왕에게 제사를 주관할 자격이 있는지는 논란의 대상이 아니다. 다윗은 훗날 성전이 세워질 아라우나의 타작마당을 사들인 후에도 번제와 화목제를 지냈고(24:25), 솔로몬은 성전을 봉헌했을 때 제사를 주관했다(열왕기상 8장). 솔로몬은 제사가 금지된 산당에서 제사를 주관하기도 했고(열왕기상 3:3), 몇몇 시편들은 왕이 제사의 주관자가 되어 성전에 들어가는 장면을 묘사하기도 한다(시편 40:9; 42:4; 66:13-15; 118:9, 27; 132). 왕은 '멜기세덱을 따르는 영원한 제사장'이라고 불리기도 했다(시편 110:4). 사울의 억울함을 누가 풀어줄 것인가.

옛 체제의 끈질긴 저항을 보여주는 또 다른 사건은 다윗이 춤춘 것을 미갈이 비난했다는 이야기다(6:16-25). 이 일은 궤의 예루살렘 입성이라는 축제적 사건이 어두운 그림자를 드리운 일이며 엘리-사무엘-사울로 이어지는 옛 체제의 저항이 여전히 강고함을 보여주는 일이었다. 미갈이 다윗을 비난한 이유는 그가 수치스러운지도 모르고 대중 앞에서 반나체로 춤을 췄다는 게 전부는 아니다. 숨은 의미가 더 있다. 미갈은 이스보셋에 의해 다윗과 재결합한 후 다윗에 대한 태도가 달라졌다. 그녀는 다윗을 굳이 '이스라엘'의 왕으로 부른다. 이스라엘의 전통적인 가치를 따르라고 은근히 압박한 것이다. 반면 다윗은 자기가 사울의 대체자임을 강조하여 새로운 체제의 정당성을 내세운다. 설화자는 미갈이 죽는 날까지 자식을 낳지 못했다고 말함으로써 다윗의 손을 들어줬다.

———— 미갈에 대해서는 그 외에도 궁금한 점들이 있다. 그녀는 거짓말을 해가면서 남편 다윗을 아버지 사울의 추격에서 벗어나게 했다. 그녀는 왜 그때 다윗과 함께 도망치지 않았을까? 곧 아버지의 화가 풀려서 남편이 돌아올 수 있다고 생각했을까? 그때 이미 다윗에 대한 사랑도 식어버렸고 그가 사울을 제거하려 한다고 여겼을까? 그렇다면 다윗이 그냥 죽게 내버려 뒀을 것이다. 아버지의 뜻대로 했던 발디엘과의 두 번째 결혼은 어땠을까? 발디엘은 그녀를 빼앗기자 울면서 바후림까지 따라왔다(3:16). 헤어지기 싫었다는 뜻일 텐데 그녀 역시 그랬을까? 만약 그랬다면 다윗과의 관계가 틀어진 데는 이 점도 작용했을 것이다. 이런 질문들에 대한 답이 무엇이 됐든 그녀는 남자들의 정치적 이해 때문에 그들에게 휘둘리는 비극적 삶을 살았던 것은 변하지 않는 사실이다.

궤를 예루살렘으로 가져왔으니 궤를 모실 집을 지어야 했다. 다윗은 "나는 백향목 왕궁에 사는데 하느님의 궤는 아직도 휘장 안에 있습니다"(7:2)라고 말했을 뿐인데 나단은 "야훼께서 임금님과 함께 계시니 가서 무슨 일이든지 계획하신 대로 하십시오"(7:3)라고 말했다. 여기까지는 누구의 입에서도 야훼의 집, 곧 '성전'이란 말이 나오지 않았다. 다윗의 계획이 성전 건축임은 야훼가 처음으로 밝혔다. 야훼가 나단에게 준 신탁의 내용은 첫째로 야훼를 위해 집(성전)을 지을 생각일랑 하지 말라는 것이고 둘째로 그 대신 야훼가 다윗을 위해서 집(왕조)을 지어 영원히 이어가게 해주겠다는 것이었다.

———— 설화자는 다윗이 궁전을 건축했다고 서술하지는 않지만 다윗이 '백향목 왕궁'을 언급한 것을 보면 이때 이미 다윗은 왕궁을 지어 거기 살고 있었다. 그렇다면 다윗의 왕궁은 이스라엘 역사에서 최초의 기념비적 건축물(a monumental construction)이었다(Joel Baden, *The Historical David: The Real Life of an Invented Hero*, 164쪽).

나단이 여기서 등장했다. 그가 어디서 태어났고 어느 지파 소속인지, 어떤 가문 출신인지에 대한 설명이 없이 등장한다. 나단이 이스라엘 사람이 아니고 여부스 사람이라는 주장의 근거가 이것이다. 여부스 사람들이 다윗이 예루살렘을 정복했을 때 거기 거주하고 있었다고 추측할 수 있는 기록이 여호수아서에 남아 있다("그러나 유다 자손이 예루살렘 성에 살던 여부스 사람을 쫓아내지 못하였으므로 여부스 사람과 유다 자손이 오늘날까지 예루살렘 성에 함께 살고 있다"[15:63]). 다윗의 궁전 예언자로 여겨지는 그는 모두 세 번에 걸쳐서 등장한다. 첫째는 성전 건축과 관련된 상황이고(사무엘하 7장), 둘째는 다윗이 밧세바와 불륜을 저지른 후 그녀의 남편 우리야를 죽인 다음이며(사무엘하 12장), 마지막은 다윗이 죽기 직전 솔로몬에게 왕위를 물려주는 순간(열왕기상 1장)이다. 나단에 대해서 좋은 참고서는 Gwilym H. Jones, *The Nathan Narratives*가 있다.

나단이 다윗의 말을 듣고 바로 성전을 짓겠다는 뜻으로 알아들었던 이유는 그도 다윗과 같은 생각을 했기 때문으로 추측할 수 있겠다. 학자들의 주장처럼 나단이 여부스 출신이라면 신전을 짓는 것은 당연한 일이었다. 고대 중동에서는 그게 당연한 '상식'이었다. 나단은 초라한 장막에 신을 모시거나 신전이나 신상이 없는 신을 이해할 수 없었을 거다. 야훼는 자신에 대해 전혀 모르는 사람을 가르치듯이 나단에게 자신은 고정된 집에 머물지 않고 백성들과 함께 옮겨 다녔다고 말했다. 자기는 백성들과 함께 옮겨 다니면서 한 번도 집을 지어달라고 요구하지 않았다는 말이 나단에게는 매우 낯설었을 것이다. 왕이 신을 위해 집을 지어 바치는 것은 그에게는 상식이었다. 그런데 어느 날 다윗이 집에 대해 언급했으니 명시적으로 말하지 않았지만 그게 성전을 짓겠다는 뜻임을 쉽게 간파할 수 있었던 것이다. 그는 야훼의 뜻을 묻는 절차를 생략하고 그 자리에서 '예스(yes)'라고 답했다.

──── 나단은 그날 밤 야훼가 나타나서 자기의 생각이 틀렸다고 말했을 때 깜짝 놀랐을 거다. 이스라엘의 전통신학에 익숙했다면 놀랄 일이 아니었겠지만 말이다. 이스라엘의 예언자는 자기 생각을 야훼의 뜻인 양 마음대로 말하면 안 된다. 신명기는 진짜 예언자와 가짜 예언자를 이렇게 구별하라고 말한다.

"나는 그들의 동족 가운데서 너와 같은 예언자 한 사람을 일으켜 세워 나의 말을 그의 입에 담아 줄 것이다. 그는 내가 명한 모든 것을 그들에게 다 일러줄 것이다. 그가 내 이름으로 말할 때에 내 말을 듣지 않는 사람은 내가 벌을 줄 것이다. 또 내가 말하라고 하지 않은 것을 제 마음대로 내 이름으로 말하거나 다른 신들의 이름으로 말하는 예언자는 죽임을 당할 것이다." 하셨습니다. 그런데 당신들이 마음속으로 그것이 야훼께서 하신 말씀인지 아닌지를 어떻게 알겠느냐고 말하겠지만 예언자가 야훼의 이름으로 말한 것이 그대로 이루어지지 않으면 그 말은 야훼께서 하신 말씀이 아닙니다. 그러니 당신들은 제멋대로 말하는 그런 예언자를 두려워하지 마십시오(18:18-22).

───── 이 기준대로라면 나단은 가짜 예언자로 의심받을 만했다. 그는 성전을 짓겠다는 다윗에게 예언자 자격으로 자기 마음대로 '백지수표'를 내줬으니 말이다. 참 예언자와 가짜 예언자에 대해 학자들은 오랫동안 연구해왔다. 둘을 구별하는 객관적인 기준은 존재하지 않는다. 예언이 말해진 상황을 고려해서 그때그때 판단하지 않으면 안 된다. 가짜 예언자에 대해서는 신명기 13장에 이런 규정도 있다.

당신들 가운데 예언자나 꿈으로 점치는 사람이 나타나서 당신들에게 표징과 기적을 일으킬 수 있다고 말하고 실제로 그 표징과 기적을 그가 말한 대로 일으키면서 말하기를 '너희가 지금까지 알지 못하던 다른 신을 따라가 그를 섬기자.' 하더라도 당신들은 그 예언자나 꿈으로 점치는 사람의 말을 듣지 마십시오. 이것은 야훼 당신들의 하느님이 당신들이 정말 마음을 다하고 정성을 다하여 주 당신들의 하나님을 사랑하는지를 알고자 하셔서 당신들을 시험해 보시는 것입니다. 당신들은 야훼 당신들의 하느님만을 따르고 그분만을 경외하며 그분의 명령을 잘 지키며 그분의 말씀을 잘 들으십시오. 그분만을 섬기고 그분에게만 충성을 다하십시오. 예언자나 꿈으로 점치는 자들은 당신들을 미혹하는 자들입니다. 그들은 이집트 땅에서 당신들을 인도해 내시고 그 종살이하던 집에서 당신들을 속량하여 주신 야훼 당신들의 하느님을 배반하게 하며 야훼 당신들의 하느님이 가라고 명하신 길에서 당신들을 떠나게 하는 자들입니다. 그러므로 그런 자들은 죽여야 합니다. 그렇게 하여서 당신들은 당신들 가운데서 그런 악을 뿌리째 뽑아버려야 합니다(13:1-5).

───── 야훼가 시키지도 않은 말을 야훼의 이름으로 말하는 자는 가짜 예언자이고 야훼의 이름으로 말했지만 예언의 내용이 실현되지 않은 자라면 표징과 기적을 일으키더라도 가짜 예언자다. 이 기준으로도 가짜 예언자를 모두 걸러낼 수는 없다. 신탁의 내용이 실현됐는지 실현되지 않았는지를 어떻게 알겠는가? '아직' 실현되지 않았지만 '언젠가' 실현된다고 주장하는 예언자는 진짜 예언자인가, 가짜 예언자인가? 예수의 재림 예언은 2천 년이 지났지만 실현되지 않았다. 이 예언은 진실일까 거짓일까?

야훼는 집을 지어 바치겠다는 다윗의 제안을 거절한 대신 그에게 '영원한 왕조'를 약속했다. 다윗이 원했던 바를 훨씬 뛰어넘는 것을 약속한 것이다. 다윗 왕조가 영원히 지속되리라는 약속, 이것이 성전 건축 여부를 둘러싸고 벌어진 사건이 말하고자 한 핵심이다. 고대 중동에서 신전은 종교적 상징인 동시에 정치권력의 근간이었다. '성전'과 '왕조'의 뜻을 모두 갖고 있는 '집'(히브리어로 '바이트')이란 단어가 사용된 것은 우연이 아니다. 신의 거주지인 '성전'과 세습으로 유지되는 '왕조'는 뗄 수 없는 관계였다.

───── 월터 브뤼그만은 사무엘상 7장 주석에서 종교와 정치의 관계를 길게 서술한다. 그는 다윗의 행위에서 종교적 경건과 정치적 계산을 동시에 감지하고 곤혹스러워한다. 다윗이 정치적 이득을 취할 목적으로 행동했다면 그의 종교적 경건은 의심을 받아야 한다는 것이다. 하지만 당시는 개인 또는 집단의 정치적 이득을 넘어서는 보편적인 종교 가치를 따지던 시대가 아니었다. '모든 인류를 아우르는 보편적인 신'이란 개념은 당시에 존재하지 않았다. 정적관계인 사울과 다윗의 이해를 동시에 만족시키는 도덕이나 각각의 이해관계를 초월하는 보편적인 가치는 그 당시 사람들의 상상의 테두리 밖에 있었다. 현대인에게는 브뤼그만의 고민이 이해되겠지만 다윗시대에는 그렇지 않았다(Walter Brueggemann, *First and Second Samuel*, 253-259쪽).

사무엘하 8장을 채운 전쟁은 이전과 달리 방어전 아닌 공격전이었다. 주변 종족을 공격해서 영토를 넓히고 재화를 확보한 전쟁이었다. 전쟁은 영토와 재화를 확보하는 효과적인 수단이었다. 사무엘하 8장이 서술하는 전쟁은 전형적인 공격전쟁으로 작은 규모의 제국주의적 확산을 위한 전쟁이었다. 다윗은 새로운 체제를 유지하기 위해서 재화를 확보해야 했는데 세금과 전리품이 큰 부분을 차지했다. 다윗은 백성들에게 세금을 부과했고 전쟁을 통해 얻은 재화를 '제국'의 유지에 사용했다.

───── 구약성서에 이스라엘 군주제 초기의 조세제도에 대해서 체계적으로 서술한 곳은 없다. 사무엘이 왕을 달라는 백성을 경고한 말 중에 "그(왕)는 당신들의 밭과 포도원과 올리브 밭에서 가장 좋은 것을 가져다가 왕의 신하들에게 줄 것이며 당신들이 둔 곡식과 포도에서도 열에 하나를 거두어 왕의 관리들과 신하들에게 줄 것입니다"(사무엘상 8:14-15)라는 대목에는 그가 세금을 부과할 것임이 암시되어 있다. 사울이 골리앗과 대적할 자를 찾았을 때 사람들이 "임금님은 누구든지 저 자(골리앗)를 죽이면 많은 상을 내리실 뿐 아니라 임금님의 사위로 삼으시고 그의 집안에는 모든 세금을 면제해 주시겠다고 하셨네"(사무엘상 17:25)라고 말한 대목에서도 세금제도가 있었음을 추측할 수 있다.

다윗이 요나단의 아들인 장애인 므비보셋을 '관리'한 것도 눈에 띠는 대목이다. 므비보셋에 대한 다윗의 조치는 그의 재산을 잠정적으로 제3자에게 관리하게 하고 그의 인신을 잡아두겠다는 의미이다. 왕의 식탁에 자리를 내준다는 것은 영예로운 일이지만 다른 한편으로는 곁에 가까이 두고 감시하겠다는 뜻이다. 물론 그를 삼시세끼 자기 식탁에 불렀다는 뜻이 아니라 특별한 연회가 벌어질 때 그랬다는 뜻이지만 말이다.

3

다윗이 이스라엘의 왕위에 오른 후 예루살렘을 정복하고 블레셋과 두 번에 걸친 전투를 치르고 궤를 예루살렘으로 옮기고 나단과 성전 건축에 관해 논의하고 주변 종족들을 정복한 이야기들에서 우리는 다윗이란 사람에 대해 많은 것을 알게 된다. 감춰졌던 그의 모습이 서서히 드러나기 시작했다. 설화자는 그의 어두운 면을 미화하고 숨기지만 그것이 가끔 수면 위로 올라오는 것까지 막지는 못했다.

다윗은 치밀했다. '부하들'을 거느리고 예루살렘을 정복하고 '시온산성'을 점령함으로써 그는 예루살렘의 일부를 개인의 땅으로 만들었다. 땅은 조상에게서 물려받아 후손에게 물려줘야 하므로 사고팔 수 없다는 이스라엘의 전통을 일부나마 무너뜨린 것이다. 시작이 어렵지 일단 시작한 다음 확대되는 것은 어려운 일이 아니다. 개인이 땅을 소유하고 사고팔 수 있는 제도의 변화가 이로써 시작됐다.

하지만 그는 전통 가치를 쉽게 버리지도 않았다. 블레셋을 비롯해서 주변 종족들과 전투를 벌인 것은 이스라엘의 왕에게 부과된 전통적인 의무를 성실히 이행한 것이었다. 오랫동안 아비나답의 집에서 잠자듯 있던 야훼의 궤를 현실로 이끌어낸 사람도 다윗이었다. 그는 전통적 권위의 상징인 궤를 새로 정복한 예루살렘에 둠으로써 전통가치와 혁신가치의 융합을 꾀했다. 다윗은 이로써 이스라엘에 처음으로 왕조신학(royal theology)을 도입했다. 이스라엘의 왕은 신을 대신해서 지상의 일을 관리하는 사람이라는 것이다. 이 행위는 '신의 한 수'였다. 사람들은 여부스 땅에서 궤가 부정하게 됐다고 여기지 않고 여부스 땅이 궤로 인해 정화됐다고 여길 것이다. 실제로 예루살렘은 이스라엘인들에게 가장 거룩한 땅이 되었다.

야훼의 왕조 약속에 대한 다윗의 감사기도에는 신명기역사가의 신학이 짙게 반영되어 있다. 설화자는 다윗의 성전건축의 의사가 왜 실현되지 않았는지를 설명해야 했다. 역대기는 그 원인을 다윗이 전쟁을 벌여서 많은 피를 흘렸기 때문이라고 설명했다("그러나 하느님께서는 나에게 '너는 군인으로서 많은 피를 흘렸으므로 나의 이름을 위하여 성전을 건축할 수 없다.'하고 말씀하셨습니다"[역대기상 28:3]). 설화자는 이 질문에는 답하지 않고 슬며시 '왕조'에 대한 약속으로 독자의 관심을 이끈다. '이슈로 이슈를 덮는' 전략이다.

――――― 조얼 베이든은 다윗이 성전을 짓지 못한 게 아니라 짓지 않았다고 주장한다. 야훼의 궤도 예루살렘에 가져다 놨고 제단(altar)도 있으므로 굳이 성전을 지을 필요가 없었다는 것이다. 그는 성전의 경제적 기능에 주목한다. 야훼의 궤와 제단이 있었으므로 사람들이 제물을 바칠 다른 건축물은 필요하지 않았다는 것이다. 궤와 제단이 이데올로기적-경제적 역할을 충분히 수행하고 있었으므로 성전은 불필요했다는 얘기다(Joel Baden, *The Historical David: The Real Life of an Invented Hero*, 177쪽). 바룩 핼펀은 베이든과는 다른 면에서 다윗이 성전을 건축하려 하지 않았다고 주장한다. 그에 따르면 다윗은 성전 건축과 같은 공공사업을 위해 세금을 거둘 생각도 없었고 그럴만한 체제를 갖추지도 못했다고 한다(Baruch Halpern, *David's Secret Demons: Messiah, Murderer, Traitor, King*, 340쪽).

다윗 이전에도 이스라엘에는 '성소'가 있었다. '중앙 성소'도 있었다. 중앙 성소가 열두 지파 전부를 포괄하지는 않았지만 세겜, 베델, 길갈 등에 있던 성소들이 중앙 성소 구실을 했다. 이들은 공동체의 정치적,

경제적, 종교적 구심점 역할을 했다. 그런데 다윗은 이들 성소의 존재를 무시하고 '성전'을 짓겠다고 했다. 궤를 두기 위해 성전이 필요하다는 것인데 궤가 출애굽 이후 줄곧 천막에 있었다는 다윗의 말은 사실이 아니다. 궤는 실로 성소에 있었으니 말이다. 다윗이 그렇게 말한 것은 성전 건축의 필요성과 정당성을 강조하기 위해서였다고 볼 수 있다. 다윗이 성전 건축에 대한 조언을 나단에게 구한 것도 의도적으로 보인다. 앞서 언급했듯이 나단은 이스라엘의 전통신학과 다윗의 혁신의 조화를 감안해서 조언할만한 참모가 아니었다. 다윗이 그를 부른 것은 동의를 얻기 쉬웠기 때문일 것이다.

다윗은 성전을 지음으로 이스라엘의 전통가치 및 체제와 서서히 결별하려 했다고 보인다. 이를 위해서는 지파체제의 중심 역할을 했던 과거의 중앙 성소가 아니라 왕실의 수호 성소이자 국가제의의 중심인 성전이 필요했다(Joel Baden, *The Historical David*, 165쪽). 이런 다윗의 계획이 실행되지는 못했지만 야훼는 그 계획을 질책하지 않고 완곡하게 만류한다. 야훼는 자신의 집을 짓지 말라고 하지 않고 '내가 언제 집을 지어 바치라고 말한 적이 있더냐?'는 식으로 말했다. 더욱이 야훼는 그의 후손이 성전 짓는 것은 허락했다. 성전에 대한 야훼의 태도가 확고하게 절대 금지였다면 솔로몬에게도 그 원칙을 적용했을 것이다. 야훼는 솔로몬이 자기에게 집을 지어 바침으로써 자기의 이름을 빛낼 것이라고 했다(7:13). 성전 건축은 원칙적으로 금지된 것은 아니다. 다만 다윗이 아니라 솔로몬이 지으라는 거였다.

역대기는 다윗이 너무 많은 전쟁을 치렀기 때문이라거나(열왕기상 5:17), 전쟁에서 너무 많은 피를 흘리게 했으므로(역대기상 22:8; 28:3) 성전을 지을 수 없다고 했지만 실제로는 현실정치의 역학관계가 크게 작용했다고 보인다. 다윗은 예루살렘을 정복한 후에도 여부스 족의 기존체제를 파괴하거나 인적청산을 하지 않았다. 예루살렘의 기존 체제를 유지하면서 이스라엘 전통체제와 균형을 유지하려 했다. 두 세력 사이에 긴장과 갈등이 있었음을 어렵지 않게 추측할 수 있다.

이런 상황에서 나단이 성전 건축을 반대할 이유는 없었지만 역학관계로 보면 시기상조로 본 듯하다. 아직은 이스라엘 전통체제의 힘이 우위에 있다고 봤다는 것이다. 나단에게 문제는 성전의 성격이었고 거기서 어떤 성격의 제의가 실행되느냐 하는 것인데 이 상태에서 성전을 지으면 야훼주의 신앙의 색채가 우세할 수밖에 없었다. 그래서 다윗이 아니라 그의 후손이 성전을 짓는 게 더 낫다고 판단했던 것이다.

나단 신탁의 또 다른 핵심은 다윗 '왕조'(dynasty)에 정당성을 부여하는 일이었다. 이 대목은 하나의 완결구조를 갖는 이데올로기로서 '왕조'(히브리어로 '바이트'), '직계후손'(조에라), '왕좌'(키세), '왕국'(마믈라카) 등의 개념이 사용됐고 야훼와 왕 사이의 특별한 관계를 표현하는 '아버지와 아들'(아브와 벤)과 '계약적 사랑'(헤쎄드) 등의 표현도 사용됐다. 과거 다윗이 이스라엘의 왕이 됐을 때 양자 간에 맺은 언약의 내용은, 이스라엘은 다윗 가문에 충성하고 다윗 가문은 이스라엘이 야훼와 맺은 시내산 언약을 준수한다는 것이었다. 이 언약은 양자가 주어진 조건을 지키는 한에서 유효한 조건부 언약이었다.

하지만 나단을 통해 다윗이 야훼와 새롭게 맺은 언약은 그것과 성격이 달랐다. 야훼의 언약 파트너가 전체 이스라엘이 아니라 다윗 가문이었다. 다윗 가문의 왕이 야훼와 이스라엘 사이를 중재한다고 되어 있다. 시내산 언약에서는 이스라엘 전체가 하느님의 '맏아들'이었지만(출애굽기 4:22) 새로운 언약에서는 다윗의 후손이 하느님의 아들이다(7:14). 시내산 언약을 특징짓는 '조건부'도 없어졌다. 다윗의 후손이 죄를 지으면 야훼에게 징계는 받겠지만 사울에게 한 것과는 달리 야훼는 그에게서 '총애'(헤쎄드)를 거두지 않을 것이다. "네 집과 네 나라가 내 앞에서 영원히 이어 갈 것이며 네 왕위가 영원히 튼튼하게 서 있을 것이다"(7:16).

고대 중동지역 사람들은 신에게 신전을 바치면 반대급부가 따른다고 믿었다. 다윗도 예외는 아니었다. 그런데 그는 성전을 바치는 대가로 '영원한 왕조'라는 기대 이상의 보상을 약속받았다. 감사기도가 따르는 것은 당연했다. 다윗은 기도에서조차 야훼가 한 약속을 반드시 지키라는 요구를 잊지 않았다. 다윗은 이렇듯 치밀했다. 사울은 애초에 다윗의 상대가 아니었는지도 모른다. 애초에 '잘못된 만남'이었다.

이런 다윗도 '안에서부터' 물이 새는 것은 막지 못했다. 이후 다윗에게 또 다른 고통이 닥쳐왔는데 그것들은 외부에서 오지 않고 집안 내부에서 왔다는 점이 이전과는 달랐다.

3장

집안에서
물이 새기 시작했다

1

므비보셋 '관리'에 대한 이야기를 매듭짓자 설화자는 독자의 시선을 대외관계로 옮긴다. 암몬은 사울이 왕이 되는 과정에서 야베스 길르앗에 쳐들어왔다가 사울 군대에 대패당한 후 줄곧 이스라엘의 통제 하에 있었다(사무엘상 11장). 사건은 다윗과 친선관계를 유지했던 나하스가 죽고 아들 하눈이 왕위를 계승한 후에 벌어졌다. 다윗은 하눈과의 친선관계를 유지하려고 조문사절을 보냈는데 나하스 신하들은 사절단이 조문 온 것이 아니라 정탐하러 왔다고 조언했다(10:3). 나하스는 그 조언을 받아들여 사절단의 "한쪽 수염을 깎고 입은 옷 가운데를 도려내어 양쪽 엉덩이가 드러나게 해서 돌려보냈다"(10:4). 다윗은 사절단의 체면을 살려주려고 수염이 자랄 때까지 그들을 여리고에 머물게 했다.

　암몬 사람들도 파장을 예측했던 모양이다. 주변에 전령을 보내서 전쟁준비를 했으니 말이다. 다윗은 소식을 듣고 요압을 지휘관으로 임명해서 군대를 출동시켰다. 첫 대결에서는 이스라엘 군이 승리했다(10:9-14). 하지만 시리아도 포기하지 않고 다시 군대를 모아 2차 공격에 나섰다. 다윗도 참전한 2차 전투에서 적군은 사령관까지 전사하는 대패를 당하고서(10:15-18) 이스라엘과 화해하고 이스라엘을 섬겼다(10:19).

이듬해에도 이스라엘은 암몬과 전투를 벌였다. 다윗은 출정하지 않고 요압을 사령관으로 세워 내보냈단다. 이스라엘 군이 랍바를 포위했을 때도 "다윗은 예루살렘에 머물러 있었다"(11:1). 하루는 다윗이 왕궁 옥상을 거닐다가 매우 아름다운 한 여인이 목욕하는 모습을 내려다봤단다(11:2). 신하를 보내서 여인이 누군지 확인했더니 "엘리암의 딸이고 헷 사람 우리야의 아내 밧세바"라는 보고를 받았다(11:3). 다윗은 그녀를 불러들여 동침했는데 마침 밧세바가 달거리를 마친 다음이었단다(11:4).

얼마 후 그녀는 자기가 임신한 걸 알게 되어 다윗에게 그 사실을 알렸다(11:5). 그러자 다윗은 보통사람은 생각지도 못할 행동을 감행했다. 암몬과 전쟁하고 있는 요압에게 전령을 보내 밧세바의 남편 우리야를 왕궁으로 불러들였다. 불려온 우리야에게 형식적으로 전황을 물은 다음 그는 본론을 꺼냈다. 집에 가서 목욕하고 쉬라는 것이었다(11:8). 『새번역 성서』가 '목욕하다'라고 번역한 말은 원어로는 '발을 씻다'로 성행위의 순화된 표현이다. 우리야는 집으로 가지 않고 상전의 종들과 대궐 문간에 누워서 잤다. 우리야를 밧세바와 동침하게 해서 '알리바이'를 만들려던 다윗의 계획은 허사가 됐다. 다윗이 우리야에게 이유를 묻자 그는 이렇게 대답했다.

언약궤와 이스라엘과 유다가 모두 장막을 치고 지내며 저의 상관이신 요압 장군과 임금님의 모든 신하가 벌판에서 진을 치고 있습니다. 그런데 어찌 저만 홀로 집으로 돌아가서 먹고 마시고 나의 아내와 잠자리를 같이 할 수가 있겠습니까? 임금님이 확실히 살아 계심과 또 임금님의 생명을 걸고 맹세합니다. 그런 일은 제가 하지 않겠습니다(11:11).

이쯤이면 다윗이 무척 창피했을 것 같은데 그렇지 않았던 모양이다. 그는 또 우리야를 불러서 술 취하게 만들어놓고 집으로 보냈는데 그는 이번에도 집에 들어가지 않고 신하들과 잤다(11:13). 같은 방법이 계속 실패하자 다윗은 방법을 바꿔서 요압에게 보내는 편지를 우리야 손에 들려서 그를 전쟁터로 돌려보냈다. 내용은 "너희는 우리야를 전투가 가장 치열한 전선으로 앞세우고 나아갔다가 너희만 그의 뒤로 물러나서 그가 맞아서 죽게 하여라"(11:15)는 것이었다. 아군 장수를 적의 손에 죽게 만들라는 편지를 사령관에게 보낸 거다. 전에는 야훼의 의중을 자주 묻던 그는 이번엔 켕기는 게 있었는지 그러지 않았다.

편지를 받은 요압은 아무 말도 하지 않고 우리야를 치열하게 전투가 벌어지는 현장에 배치해서 죽게 만들었다(11:17). 다윗과 요압은 우리야 살해의 공범이 된 것이다. 요압은 전령을 다윗에게 보내 보고하게 하면서 주의사항을 전했다. 전령도 요령껏 행동하지 않으면 위험하게 될 줄 알았는지 주의를 기울였다(11:20-25). 다윗이 전령의 보고를 듣고 보인 반응은 기록으로 남길 만했다.

너는 요압에게 칼은 이 편도 죽이고 저 편도 죽이기 마련이니 이번 일로 조금도 걱정하지 말라고 전하여라. 오히려 그 성을 계속 맹렬히 공격하여서 무너뜨리라고 전하여 요압이 용기를 잃지 않도록 하여라(11:27).

정말 다윗이 이렇게 가증스러운 사람인가 싶다. 우리야의 억울한 죽음이 잊히는 데는 긴 시간이 필요치 않았다. '우리야의 아내'(설화자는 대부분 밧세바를 이렇게 부른다)는 정해진 애도기간이 지난 후 다윗의 부름을 받아 그의 아내가 됐고 때가 차서 아들을 낳았다. 설화자는 이야기를 마무리하면서 넌지시 한 마디 했다. "그러나 야훼께서 보시기에 다윗이 한 이번 일은 아주 악하였다"(11:27).

이때 예언자 나단이 등장한다. 야훼의 보냄을 받은 그는 다윗에게 비유를 이야기했다. 가축을 많이 갖고 있는 부자와 어린 암양 한 마리가 가진 것의 전부인 가난한 사람이 있었는데 부자에게 나그네 하나가 찾아오자 그는 자기 짐승을 잡아 대접하기가 아까워서 가난한 사람의 유일한 재산이자 딸 같은 암양을 빼앗아 그걸로 나그네를 대접했다는 내용이었다(12:2-4).

다윗은 이 이야기를 듣고 크게 화를 내면서 "야훼께서 확실히 살아계심을 두고서 맹세하지만 그런 일을 한 사람은 죽어야 마땅합니다. 또 그가 그런 일을 하면서도 불쌍히 여기는 마음이 전혀 없었으니 그는 마땅히 그 어린 암양을 네 배로 갚아 주어야 합니다"(12:6)라고 말했다. 나단은 "임금님이 바로 그 사람입니다"라고 말하고 다윗의 지난 세월 이야기를 길게 이야기한 후 "너는 이렇게 나를 무시하여 헷 사람 우리야의 아내를 빼앗아다가 네 아내로 삼았으므로 이제부터는 영영 네 집안에서 칼부림이 떠나지 않을 것이다"(12:10)라는 야훼의 선고를 전했다.

또 "야훼께서 또 이렇게 말씀하십니다. '내가 너의 집안에 재앙을 일으키고 네가 보는 앞에서 내가 너의 아내들도 빼앗아 너와 가까운 사람에게 주어서 그가 대낮에 너의 아내들을 욕보이게 하겠다. 너는 비록 몰래 그러한 일을 하였지만 나는 대낮에 온 이스라엘이 바라보는 앞에서 이 일을 하겠다'"(12:12)라는 말도 덧붙였다. 다윗은 지체 없이 "내가 야훼께 죄를 지었습니다"라고 자백했고 나단은 기다렸다는 듯이 "야훼께서 임금님의 죄를 용서해 주실 것입니다. 그러므로 임금님은 죽지는 않으실 것입니다. 그러나 임금님은 이번 일로 야훼의 원수들에게 우리를 비방할 빌미를 주셨으므로 밧세바와 임금님 사이에서 태어난 아들은 죽을 것입니다"라고 말했다(12:13-14). 마치 각본이라도 있었다는 듯이 말이다.

다윗이 나단의 심판예언에 '설마' 했을까, 아니면 그대로 일어나리라고 생각했을까? 야훼는 둘 사이에 태어난 아이를 쳐서 앓게 했단다. 나단의 예언이 맞았다는 걸 보여준 거다. 다윗은 아이를 살리려고 금식 기도했지만 이레째 되는 날 아이는 그만 죽고 말았다. 신하들이 그 소식을 전하지 못하고 우물쭈물하자 다윗은 눈치 채고 아기의 죽음을 확인한 후 바로 "땅바닥에서 일어나서 목욕을 하고 몸에 기름을 바르고 옷을 갈아입은 뒤에 성전으로 들어가서 야훼께 경배하였다. 그는 왕궁으로 돌아오자 음식을 차려오게 하여서 먹었다"(12:20). 신하들이 까닭을 묻자 그는 아이가 살아 있을 때는 혹시 야훼가 그를 살려줄까 해서 매달렸지만 죽은 다음에야 무슨 소용이겠냐며 "내가 그를 다시 돌아오게 할 수가 있겠소? 나는 그에게로 갈 수 있지만, 그는 나에게로 올 수가 없소”라고 답했다(12:23). 시간이 지난 후 다윗과 밧세바가 동침해서 솔로몬을 낳았다. 나단은 야훼가 그를 사랑한다는 뜻으로 ‘여디디야’라고 불렀다는데(12:25) 왜 다윗의 아들 이름을 나단이 지었는지는 알 수 없다.

설화자는 다윗과 밧세바의 불륜사건과 이어지는 나단의 비유, 아이의 죽음과 솔로몬의 탄생 등의 사건을 모른다는 듯이 사무엘하 10장의 암몬과의 전투 이야기를 이어간다(12:26-31). 다윗과 밧세바 사건을 후대의 삽입으로 보는 이유는 그래서다.

요압은 전투에서 승기를 잡자 다윗을 싸움터로 초대해서 승리의 영예를 그에게 돌렸다(12:28). 이스라엘은 막대한 전리품과 노예를 획득했다(12:30-31).

2

다윗의 왕위계승 이야기에 대해서 지금은 고전이 된 책을 쓴 레온하르트 로스트는 사무엘하 9장의 다윗과 므비보셋 이야기를 솔로몬의 왕위계승 이야기의 출발점으로 봤다(Leonhard Rost, *The Succession to the Throne of David*, 65-114쪽 참조). 종착점은 열왕기상 2장에 나오는 솔로몬이 왕위에 오른 대목이다. 그 이후 많은 학자들이 이 주장에 동의하거나 반대해왔다. 대체로 동의하지만 일부를 수정한 경우도 있다. 가장 논란이 됐던 대목은 계승 이야기의 출발점을 어디로 보느냐 하는 것이다. 로스트의 주장대로 9장이 출발점이라고 보는 학자들도 있고 11장을 출발점으로 보는 학자들도 있는데 후자는 솔로몬 탄생 이야기가 들어 있는 11장에서 다윗과 밧세바의 불륜 이야기가 시작되기 때문이다.

———— 토니 카트리지는 사무엘하 11장을 '다윗 종말의 출발점'(the beginning of the end of David)이라고 불렀고(Tony W. Cartledge, *1 & 2 Samuel*, 495쪽), 안토니 캠벨은 같은 장을 '다윗의 중년시기 이야기들'(the stories of David's middle years)의 시작이라고 불렀다(Antony F. Campbell, S. J, *2 Samuel*, 111쪽). 이 이야기의 문학적, 예술적 가치를 높이 평가한 캠벨은 이 가치를 음미하려면 시간을 들여서 천천히 주의 깊게 읽어야 한다고 썼다(같은 책 113쪽). 이 이야기는 욕망, 욕정, 사랑, 결혼, 음모, 살인, 은폐, 좌절, 애도 등이 잘 섞여 있는 매우 흥미로운 이야기다(Craig E. Morrison, *2 Samuel*, 134쪽).

다윗이 요압을 지휘관으로 세워 암몬의 수도 랍바를 정벌하는 전투에 내보내고 자신은 예루살렘에 머물러 있었다는 데서 사건이 시작됐다. 다윗은 예전과는 다른 사람이 됐다. 예전에는 그가 직접 군대를 이끌고 참전했는데 이번에는 예루살렘에 머물러 있었다니 말이다. 훗날 압살롬과 싸웠을 때도 그는 싸움에 나서지 않았는데 그때는 군인들이 말렸기 때문이었다(18:3). 다윗은 차차 전투에서 뒤로 물러나고 대신 '내면의 전투'를 치렀다. 예전의 다윗은 개인적 약점을 드러내는 경우가 거의 없었지만 이제부터는 깊고 어두운 그의 내면을 조금씩 드러내기도 한다.

그가 목욕하는 밧세바를 보게 된 것은 우연이었을까? 그녀를 눈으로 보고 마음에 담은 다음에 그는 야훼의 계명이나 왕의 의무 따위는 무시하고 행동했다. 사람을 보내서 그녀가 수하 장군 아내임을 확인하고도 다시 사람을 보내서 그녀를 데려와서 그녀와 함께 누웠다. 『새번역 성서』는 "다녀온 신하가 그 여인은 엘리암의 딸로서 헷 사람 우리야의 아내 밧세바라고 하였다"(11:3)라고 번역했는데 이는 원문의 뉘앙스와는 거리가 있다. 원문에는 "그녀는 엘리암의 딸이고 헷 사람 우리야의 아내 아닙니까?"(Is not this Bathsheba, the daughter of Eliam, the wife of Uriah the Hittite?)라는 수사의문문(rhetorical question)으로 쓰여 있다. 신하는 다윗이 그녀가 누구라는 걸 당연히 안다고 생각했다는 거다.

───── '밧세바'(Bathsheba)라는 이름의 원래 뜻은 '풍요의 딸'(daughter of abundance) 또는 '일곱 신들의 딸'(daughter of seven gods)로서 가나안의 다신교를 배경으로 한다고 추측된다(Karen Armstrong, *Jerusalem: One City, Three Faiths*, 40쪽; Jonathan Kirsch, *King David: The Real Life of the Man Who Ruled Israel*, 187쪽에서 인용). 이 때문에 밧세바를 여부스인으로 여기는 학자들도 있다. 밧세바에 대해서는 *Anchor Bible Dictionary* 제1권 627-628쪽을 참조할 수 있다.

그녀는 불륜을 저지르고(또는 다윗에게 강간당하고) 임신하고 남편 우리야를 잃고 다윗과 결혼하는 과정에서 전혀 감정표현을 하지 않았다. 그녀는 남편의 죽음에 대해서 안도하거나 만족해하지도 않고 침묵으로 일관했다. 독자는 남편의 죽음에 대해 그녀가 진정성 있게 애도했는지를 물을 수 있다. 우리야의 죽음은 불륜으로 인한 처벌의 위험에서 그녀를 해방시켜줬으니 말이다. 고대사회에서 왕이 전사한 장수의 미망인과 결혼하는 일은 비난의

표적이 되지 않았다(Uriel Simon, *Reading Prophetic Narratives*, 100-101쪽). 하지만 설화자는 "야훼께서 보시기에 다윗이 한 이번 일은 매우 악하였다"라고 서술했다(11:27).

이전까지는 모든 것이 다윗에게 '주어졌다(given).' 야훼와 요나단과 아비가일은 다윗에게 뭔가를 줬지만(give) 여기서는 다윗이 주체적으로 전령을 보냈고(sent) 밧세바를 취했으며(took) 그녀와 함께 자리에 누웠다(lay down). 그는 행위의 주체로서 거침없이 자기 마음대로 행동했다. 좌고우면하지 않았고 단호하고 신속했다. 그는 자기 명령대로 우리야를 사지로 보내 죽게 한 요압에게 "칼은 이 편도 죽이고 저 편도 죽이기 마련이니 이번 일로 조금도 걱정하지 말라고 전해라"라고 말했단다(11:25). 『새번역 성서』는 이렇게 번역했지만 원문을 직역하면 "칼은 이 편도 죽이고 저 편도 죽이게 마련이니 이 일이 네게 악이 되지 않게 하라"(Let not this thing be evil to you)가 된다. 두 절 아래의 말 "야훼께서 보시기에 다윗이 한 이번 일은 아주 악했다"(But the thing that David had done was evil to YHWH)와는 정반대로 말한 것이다.

불륜과 살인에 대해서 다윗과 야훼는 상반되게 생각했던 셈이다. 유다로 올라가야 할지 말아야 할지, 올라간다면 어느 성읍으로 갈지를 야훼에게 물었던 다윗, 블레셋과 싸울지 말지를 야훼에게 문의했던 다윗은 이제 자신의 행위에 대한 선악의 판단을 야훼와 정반대로 했다. 이런 어긋남이 앞으로 어떻게 전개될지 궁금하다. 그 간격이 더 벌어질 것인가, 아니면 같은 방향으로 모일 것인가?

그때가 밧세바가 '부정한 몸을 깨끗이 씻고 난 다음'이었단다. 달거리가 끝난 후였다는 뜻이다. 여기에는 몇 가지 의미가 포함되어 있다. 우선 다윗이 정결법을 어기지 않았다는 뜻이다. 임신이 가능했던 때라는 의미이기도 하고 동시에 임신할 아이가 우리야의 씨가 될 수 없다는 뜻이기도 하다. 얼마 후 밧세바는 "I am pregnant!"라며 자기의 임신 사실을 선언하듯 다윗에게 알렸다. 월터 브뤼그만은 이 과정에서 둘 사이에 대화는 전혀 없고 오로지 행동만 있었음에 주목했다. 둘의 관계는 사랑이 아니라 오로지 욕정이었음을 상징한다는 것이다(Walter Brueggemann, *First and Second Samuel*, 273쪽).

그녀는 왜 다윗에게 임신 소식을 알렸을까? 다윗이 어떤 행동을 해주기 바랐을까? 왕의 자식을 가졌으니 알아서 극진히 대우해달라는 뜻이었을까? 다윗은 밧세바의 임신 소식을 어떻게 들었을까? 그가 불임 아내를 갖고 있던 것도 아니었으므로 임신 소식 그 자체가 대단히 기쁜 소식은 아니었을 터이다. 다윗은 길게 생각하지 않고 단호하게 태도를 정하고 신속하게 행동했다. 그는 전쟁터에 있던 그녀의 남편 우리야를 예루살렘으로 불러들였다.

헷 사람 '우리야'는 이스라엘로 귀화한 헷 사람 후예였다고 짐작된다. '우리야'는 전형적인 이스라엘 이름으로 '나의 빛은 야훼'라는 뜻이다. 전쟁터에서 느닷없이 왕에게 호출됐을 때 그는 무슨 생각을 했을까? 요압은 왜 다윗이 그런 명령을 내렸다고 생각했을까? 전쟁 중에 장군을 궁전으로 불러들인 이례적인 명령의 이유가 요압도 궁금했을 터이다. 그는 다윗과 함께 산전수전 다 겪은 사람이었으니 다윗이 무슨 생각으로 그런 명령을 내렸는지 짐작했을 수 있다. 하지만 그는 다윗의 '이상한' 명령에 대해 의문을 제기하지도 않았고 명령 수행을 저

어하지도 않고 즉각 수행했다. 요압과 우리야 둘 중 하나는 다윗과 밧세바의 불륜을 눈치 채지 않았을까?

불륜을 감추려 했다면 다른 방법을 쓸 수도 있었을 게다. 끔찍하지만 밧세바나 우리야 둘 중 하나, 또는 둘 다 죽일 수도 있었다. 가나안에 기근이 들어서 아브라함 부부가 이집트에 내려갔을 때 파라오가 자기를 죽이고 아내 사라를 뺏을까봐 아내를 누이라고 거짓말하지 않았던가(창세기 12:10-20). 파라오가 할 뻔했던 행동을 다윗이라고 못했을 리 없다. 우리야를 불러들여 밧세바와 동침하게 만드는 일은 이보다 복잡하고 귀찮았는데 왜 다윗은 이 방법을 선택했는지 궁금하다.

원칙에 대한 우리야의 충성심 때문에 다윗은 당황했다. 그는 아내와 동침하지 않고 야훼의 전쟁 원칙을 지켰다. 이런 점에서 다윗은 우리야를 잘못 판단했다. 그도 자기처럼 제어할 수 없는 욕정에 사로잡혀 윤리적 자제력을 상실하리라고 봤던 것이다. 원칙을 충실히 지켜야 했던 다윗은 우리야로 하여금 그 원칙을 어기게 만들려고 안쓰러울 정도로 애를 썼다. "언약궤와 이스라엘과 유다가 모두 장막을 치고 지내며 저의 상관이신 요압 장군과 임금님의 모든 신하가 벌판에서 진을 치고 있습니다. 그런데 어찌 저만 홀로 집으로 돌아가서 먹고 마시고 나의 아내와 잠자리를 같이 할 수가 있겠습니까?"라는 우리야의 말(11:11)에는 다윗을 비난하는 뉘앙스가 담겨있다. 얼마나 역설적인가. 다윗이 우리야를 죽이려고 요압에게 내린 명령은 어리석으면서 잔인했다. 우리야 한 사람을 죽이려고 많은 아군을 죽이는 것도 불사했으니 잔인했고 그 계획이 아군에게 탄로 나게 되어 있었으니 어리석었다. 오죽하면 요압도 그 명령을 그대로 따르지 않았겠는가.

다윗이 그 방법을 택했던 데는 이유가 있었다. 당시 예루살렘의 정치적 상황을 고려하면 그는 우리야를 죽이지 않은 게 아니라 죽이지 못한 것이다. 다윗 왕권은 절대적 힘을 갖지 못했었다. 이스라엘 파와 여부스 파 사이에서 적절한 균형을 유지해야 했다. 그런 점에서 우리야가 헷 사람이란 점(여부스적 요소)과 '야훼는 나의 빛'이라는 뜻의 이름을 가졌다는 점(이스라엘적 요소)은 매우 상징적이다. 다윗이 정치적 고려 없이 그를 죽였다면 여부스 세력이 가만히 있었을까? 그는 정치적 균형을 깰 수 없었다. 우리야가 예루살렘이 아닌 전쟁터에서 죽어야 했던 이유가 여기 있다.

──── 조나단 커쉬는 나단을 이스라엘의 전통적 예언자로 간주한다. 그는 다윗도 사울이 그랬던 것처럼 제사장들을 몰살할 수는 있었지만 예언자들은 그렇게 할 수 없었다고 주장한다. 그는 다윗의 예루살렘 왕실에서의 이스라엘 파와 여부스 파의 갈등은 전혀 염두에 두지 않는다. 나단이 여부스 출신일 가능성도 배제하고 있다(Jonathan Kirsch, *King David: The Real Life of the Man Who Ruled Israel*, 196쪽).

이 사건에서 간음죄에 대한 율법 규정은 별 의미도 없고 힘도 발휘하지 못했다. 다윗이 밧세바와 동침했을 때나 나단이 다윗을 비판했을 때나 누구고 간음에 관한 율법을 염두에 두지 않았다. 다윗이 두려워했고 나단이 염려했던 바는 간음 계명을 어겼다는 점이 아니라 그 행위로 인해 정치적 균형이 불안정해질 가능성이었다. 나단이 전한 야훼의 신탁에는 "나(야훼)는 네(다윗) 상전의 왕궁을 너에게 넘겨주고 네 상전의 아내들도 네 품에 안겨 주었고 이스라엘 사람들과 유다 나라도 너에게 맡겼다. 그것으로도 부족하다면 내가 네게 무엇이든지 더 주었을 것이다"(12:8)라는 대목이 있다. 여기 어디서 간음죄에 대한 경각심이나 두려움이 있는가.

고대사회에서 부인의 숫자는 권력자가 가진 권력의 크기와 비례했다. 요즘은 권력자의 불륜이 추문꺼리라도 되지만 그 시대에는 추문꺼리도 못됐다. 그런 시대에 나단이 간음한 왕의 죄악을 통렬하게 꾸짖었으니 독자의 기억에 남을 수밖에 없다. 나단이 다윗 앞에서 했다는 비유는 오늘날 설교자들이 불의한 권력을 질타할 때 쓰는 단골메뉴다. 우화 자체에는 별다른 특이점이나 매력이 없다. 짐승을 떼로 갖고 있는 부자가 손님을 치르려고 가난한 사람의 유일한 암컷 어린양 하나를 빼앗았다는 이야기가 그토록 유명하다는 사실이 의아할 정도다. 흥미로운 대목은 우화에 대한 다윗의 반응(12:5, 6, 13a)과 나단의 선언(12:7-12, 13b), 그리고 선언 후에 이어진 아기의 죽음과 솔로몬의 탄생(12:15b-25)이다. 이 대목에서 우화의 목적이 무엇인지 이해할 수 있다.

"야훼께서 확실히 살아 계심을 두고서 맹세하지만 그런 일을 한 사람은 죽어야 마땅합니다. 또 그가 그런 일을 하면서도 불쌍히 여기는 마음이 전혀 없었으니 그는 마땅히 그 어린 암양을 네 배로 갚아 주어야 합니다"(12:5-6). 우화를 듣고 다윗이 처음에 보인 반응이다. 다윗은 분기탱천해서 그런 사람은 죽어 마땅하다고 선언한 다음 곧바로 그는 가난한 사람에게 네 배로 갚아야 한다고 말했다. 전자는 형법에 따른 사형판결이고 후자는 출애굽기 22장 37절의 민법 규정에 따른 선언이다. 그것밖에는 가진 게 없는 가난한 사람이지만 고작 양 한 마리를 빼앗았다고 해서 사형에 처하는 것은 지나치다. 다윗이 그렇게 말한 데는 다른 이유가 있어 보인다.

우화에서 부자는 다윗을, 가난한 사람은 우리야를, 어린 암양은 밧세바를 가리킨다. 암양을 빼앗은 부자는 밧세바를 취한 다윗이다. 우화에서는 부자가 암양을 빼앗기만 했지만 현실에서는 다윗이 우리야를 죽였다. 우화에는 살인이라는 요소가 빠져있다. 다윗이 '죽어 마땅하다'고 말한 데는 나단의 관심사가 '불륜'이 아니라 '살인'이란 점을 드러내려는 의도가 아니었을까? 다윗의 우리야 살해가 몰고 올 파장을 경고한 데서 드러난 정치적 의미가 부자를 죽여야 한다는 다윗의 '판결'에 암시되어 있는 게 아닐까?

우화에 이어지는 둘의 대화 및 아기의 죽음과 관련된 이야기는 정치적 위기에 처한 다윗이 출구를 찾아가는 이야기다. 일종의 '사면 선언'을 위한 신학 작업이었다. 나단은 다윗 가문이 받을 처벌은 그의 집안에 칼부림이 가실 날이 없을 것과 그가 보는 앞에서 백주에 그의 아내들이 '가까운 사람'에 의해 욕보는 일이라고 했다(12:10-12). 전자는 우리야 살해에 대한 벌이고 후자는 밧세바와의 간음에 대한 벌이다. 다윗은 "내가 야훼께 죄를 지었습니다"라고 고백했다(12:13). 나단은 이 고백이 징벌에 미치는 영향을 이렇게 밝혔다.

> 야훼께서 임금님의 죄를 용서해 주실 것입니다. 그러므로 임금님은 죽지는 않으실 것입니다. 그러나 임금님은 이번 일로 주님의 원수들에게 우리를 비방할 빌미를 주셨으므로 밧세바와 임금님 사이에서 태어난 아들은 죽을 것입니다(12:13-14).

다윗은 야훼 눈에 악한 일을 했지만 그가 죄를 인정하자 야훼는 기다렸다는 듯이 그를 용서해줬다. 다윗이 야훼의 '마음에 맞는 사람'이었기 때문일까?(사무엘상 13:14) 그는 죽지 않을 거란다. 그의 집안에 칼부림이 가시지 않겠지만 그는 죽지 않겠고 대신 밧세바가 낳을 아이가 죽을 터이다. 왜 아이가 죽어야 할까? 죄는 부모가 저질렀는데 왜 그 사실조차 모르는 아이가 이름도 갖기 전에 죽어야 하는가 말이다.

야훼가 아이를 쳐서 그가 중병에 걸렸다(12:15). 다윗은 베옷을 입고 금식하며 맨땅에 엎드려 밤을 새가면서 아이를 살려달라고 기도했단다(12:16). 신하들이 그를 말렸지만 소용없었다. 두 가지 의문이 생긴다.

첫째로 신하들은 이런 다윗을 이상하게 보지 않았을까 하는 의문이다. 밧세바는 우리야의 아내이므로 중병에 걸린 아이는 '공식적으로' 그들의 자식이다. 그런데 왜 다윗이 아이를 살려달라고 간절히 기도하는가 말이다. 그는 죽어가는 신하의 아이를 위해 식음을 전폐하고 기도할 정도로 신하를 아끼고 사랑했나? 신하들은 '공식적으로' 아이가 다윗과 밧세바 사이에서 태어났다는 사실을 몰라야 했다. 그렇게 하려고 우리야를 예루살렘으로 불러들였고 복잡한 방법으로 죽이지 않았는가 말이다. 다윗이 아이를 위해 간절히 기도하는 것을 신하들은 이상한 눈으로 봐야 했는데 그러지 않았다.

둘째로, 다윗은 아이가 죽을 걸 알고 있었다. 신하들은 몰랐지만 다윗은 나단에게서 그 사실을 들어 알고 있었다. 그런데도 그는 혹시 야훼가 마음을 바꿔서 아이를 살려줄 수도 있다고 기대하고 그토록 간절히 기도했을까? 자기는 야훼의 '마음에 맞는 사람'이니 자기가 기도하면 야훼가 결정을 돌이킬 수 있다고 생각했을까?

다윗은 야훼의 용서를 받아 죽지 않겠지만 아이는 죽을 것이라고 나단이 말했다(12:14). 아이는 자기가 책임질 필요 없는 일 때문에 죽는다는 것이다. 아이의 죽음은 다윗에 대한 야훼의 용서를 보여주는 징표였다. 눈에 보이는 징표가 없다면 죄의 용서를 확인할 길이 없다. 대개의 경우 죄의 용서는 용서받았다는 느낌과 감정으로 (불안정하게) 확인되지만 다윗의 경우는 '공적인 절차'여야 했으므로 용서의 가시적인 징표가 있어야 했다. 그것이 아이의 죽음이었다. 다윗의 죄에 대한 용서와 아이의 죽음은 뗄 수 없는 한 쌍이 되어버렸다. 아들의 죽음은 다윗에게 엄청난 슬픔이지만 그 일이 벌어져야 자기 죄가 용서받았음이 확인되는 것이다. 엎드려 기도하던 다윗의 심정이 얼마나 착잡했을지는 짐작할 수조차 없다. 압살롬의 죽음을 제외하면 이 일이 그의 생에서 가장 비극적인 사건이었을 터이다.

불륜의 결과는 이름도 없이 그렇게 죽었다. 다음에 태어난 아기가 솔로몬이었다. 야훼의 사랑을 받아(12:24) 다윗의 뒤를 이을 아이가 태어난 것이다. 다윗은 부정하게 임신한 여인과의 결혼이 아니라 참회와 상실로 든든하게 다져진 '건전한' 결혼을 했던 것이다.

그의 집안에 이어질 칼부림은 솔로몬의 책임이 아니라 다윗의 책임이다. 암논과 압살롬과 아도니야의 죽음 모두 솔로몬과는 무관하다는 거다. 아도니야의 죽음은 솔로몬과 무관하지 않지만 그조차 다윗의 죄가 야기한 칼부림의 결과이므로 솔로몬은 적어도 '신학적'으로는 면죄된다. 이 에피소드가 왕위계승 이야기에 들어 있는 까닭이 여기에 있다. 설화자는 왕위승계 과정에서 일어난 피 흘림에 대해 솔로몬에게는 무죄를 선언했다. 다윗에게는 책임이 있지만 그마저도 용서받았다. 이로써 설화자는 다윗 집안의 비극이 누구의 책임인지를 모호하게 만들어놓았다. 누군가 죄를 저질렀고 그로 인해 비극적인 사건은 벌어졌지만 누구의 책임인지는 모호하다는 것이다.

3

다윗과 밧세바 이야기는 수많은 예술작품으로 재현됐다. 대부분은 밧세바가 다윗을 유혹한 것으로 표현되어 있다. 수많은 예술작품이 여성의 목욕하는 광경이 남성의 성욕을 유발했다면서 여성에게 책임을 전가한다. 왜 백주에 궁전 옥상에서 훤히 내려다보이는 곳에서 벌거벗고 목욕을 했느냐는 거다. 그녀가 다윗을 유혹할 의도를 갖고 있었으니 다윗은 불륜을 저지른 게 아니란다. 유대교 해석자들 중에는 우리야가 전쟁터에 나가기 전에 밧세바에게 '이혼증서'를 줬기 때문에 둘은 불륜관계가 아니라고 주장하는 학자도 있단다(Jonathan Kirsch, *Kiing David: The Real Life of the Man Who Ruled Israel*, 200쪽).

──────── 우리엘 시몬은 이와 정 반대의 주장을 편다. 그녀는 밧세바가 의도적으로 궁전에서 볼 수 있는 곳에서 목욕을 했다고 주장한다. 설화자가 "다윗은 사람을 보내어서 그 여인을 데려왔다"라고 쓴 다음에 바로 "밧세바가 다윗에게 오니"라고 쓴 것(11:4)은 그녀가 자의적으로 왔음을 보여준다는 것이다. 그녀는 명백하게 죄를 지었지만 설화자는 이를 분명히 보여주지 않는다. 나단의 우화와 그에 대한 해설에도 이 점이 드러나 있지 않다. 또한

야훼의 눈에는 '다윗이 한 이번 일'이 아주 악했을 뿐이고 그녀의 행위에 대해서는 판단하지 않는다(Uriel Simon, *Reading Prophetic Narratives*, 105쪽).

하지만 위에 서술한 대로 밧세바는 설화자에 의해 '펜으로' 강간당했다. 설화자는 다윗의 눈으로 바라본 밧세바를 독자들에게 내놓음으로써 다윗을 편들고 있다. 엑섬은 다윗이 목욕하는 그녀를 바라본 행위는 그녀의 사생활 침해인 동시에 그녀의 인격에 대한 폭력행위였다고 주장한다(Cheryl Exum, *Fragmented Women*, 170-201쪽. 특히 174-175쪽). 다윗은 아리따운 여인이 목욕하는 것을 목격하고 욕정에 사로잡혀 그녀의 정체를 확인하고 나서도 불러들여 욕정을 채웠다. 그 순간에는 암몬과의 전투도, 예루살렘의 정치적 역학관계도, 영원한 왕조 약속도 눈에 들어오지 않았다.

그는 이런 사람이 아니었다. 진정성이 의심되는 경우도 있었지만 그는 틀림없는 '야훼주의자'였고 나아갈 때와 들어갈 때를 잘 분별해서 적절하게 행동하는 사람이었다. 그랬던 그가 유다와 이스라엘의 왕좌에 올랐고 예루살렘을 정복해서 '백향목'으로 지은 궁전에 살면서 야훼의 궤를 옮겨온 후로는 '모든 이방나라'의 왕처럼 되어갔다.

본래 신실하고 경건한 사람이었는데 상황이 변해서 권위주의자가 됐는지, 아니면 본래 권위주의 성향이 강했지만 권좌에 오르기 전까지는 그걸 감춰뒀다가 나중에 발현됐는지 따지는 일은 별 의미가 없다. 지금 우리 앞에 있는 다윗이 누구인지가 중요하다. 우리 앞에 있는 다윗은 수하 장군의 아내쯤은 마음대로 데려와서 욕정의 대상으로 만들어도 된다고 여기는 권력자다. 그를 다급하게 만든 것은 밧세바의 임신이었다. 새 생명의 탄생이 그를 살인으로 이끌었던 것은 아이러니다. 잠시 잃어버렸던 그의 '지혜'가 돌아온 것도 이때였다. 그는 간사함과 어리석음이 뒤섞여 있는 계략으로 우리야를 죽여서 알리바이를 확보했다. 전령을 통해 요압에게 전한 메시지를 보면 그는 자기의 행동에 대해 조금의 후회도 하지 않았다. 진실한 신학자였던 그(Walter Brueggemann, *David's Truth: In Israel's Imagination and Memory* 같은 저자 *David and His Theologian: Literary, Social, and Theological Investigation of the Early Monarchy*)는 무자비한 살인자로 변했다.

하지만 그의 변화는 '돌변'이 아니었다. 상황이 변하면서, 그의 지위에 변화가 생기면서 가랑비에 옷이 젖듯 그는 서서히 변해갔다. 그는 자기가 저지른 죄악의 부정적 영향을 최소화하는 데 성공했다. 이 작업의 주도권은 나단이 쥐고 있었지만 가장 크게 덕 본 사람은 다윗이었다. 나단의 예언대로 그의 집안에 칼부림이 이어졌지만 그는 천수를 누리고 살다 죽었다. 하지만 그것이 그에게 '다행'이나 '축복'이었을까? 그가 겪을 가족 간의 강간과 살인사건은 그때 자기를 벌해달라고 기도하는 게 나았겠다고 생각하지 않았을까? 그는 자식이 둘이나 먼저 죽는 경험을 해야 했으니 말이다.

4장

집안에서 물이 더 많이
새기 시작했다

1

이야기는 다윗 군대가 암몬 수도 랍바를 점령한 후에 벌어진 일로 이어진다. 압살롬과 그의 아리따운 누이 다말이 등장한다. 압살롬은 사무엘하 3장 3절에서 다윗의 아들들을 소개할 때 이름이 언급된 뒤 처음 등장이고 구약성서에 여러 명의 동명이인이 있는 다말은 첫 등장이다. 그리고 암논이 등장한다. 다윗의 장손인 그는 이스르엘 출신 아히노암과 사이에서 태어났다. 압살롬과 다말은 그술의 공주 마아가가 낳은 남매다. 암논과 압살롬, 다말은 이복형제/남매였던 것이다(3:3-3; 사무엘상 25:43). 다윗은 그술 공주 마아가와 정략결혼 했다고 추측된다. 앞서 이야기한 대로 아히노암은 사울의 아내였을 가능성이 높다.

암논이 다말을 '사랑'한 데서 사건이 벌어졌다. 다말이 일반인이라면 암논이 어떻게 해보겠지만 '사랑'의 대상이 이복동생이고 게다가 '처녀'였으니 어떻게 해보지 못하고 그만 상사병에 걸리고 말았다. 여기서 그의 '친구'(실제로는 '사촌') 요나답이 등장한다. 나날이 수척해지는 암논을 본 그는 그게 다말에 대한 사랑 때문임을 알고 암논의 고민을 해결해주게 된다. 설화자는 이 대목에서 요나답이 '아주 교활한 인물'(13:3)이라고 설명함으로써 장차 벌어질 일에 어두운 그림자를 드리운다.

요나답은 암논이 병든 체하고 침대에 누워버리면 다윗이 문병 올 터이니 그때 다말이 음식을 직접 가져다 줄 것을 청하라고 했다(13:5). 일이 그의 조언대로 성사되어 다말이 암논의 집에 와서 음식을 제공했는데 그는 먹을 생각은 하지 않고 사람들을 밖으로 내보낸 후 다말에게 빵을 침실로 가져와서 직접 먹여달라고 했다(13:10). 그녀는 속이 뻔히 들여다보이는 수작을 알아채지 못하고 그대로 했고 암논이 그녀를 끌어안고 겁탈하려 했단다. 그녀는 가만히 있지 않고 이렇게 말하며 저항했다.

이렇게 하지 마십시오, 오라버니! 이스라엘에는 이러한 법이 없습니다. 제발 나에게 욕을 보이지 마십시오. 제발 이런 악한 일을 저지르지 말아주십시오. 오라버니가 나에게 이렇게 하시면 내가 이런 수치를 당하고서 어디로 갈 수 있겠습니까? 오라버니도 또한 이스라엘에서 아주 정신 빠진 사람들 가운데 하나와 똑같이 되고 말 것입니다. 그러니 이제라도 제발 임금님께 말씀을 드려 보십시오. 나를 오라버니에게 주기를 거절하지 않으실 것입니다(13:12-13).

강간범은 피해자의 말을 듣지 않는다. 암논도 그녀의 말을 듣지 않고 그녀를 강간한 후 다말이 갑자기 미워져서 그녀를 자기 집에서 내쫓았다(13:14). 다말은 한 번 더 그에게 "그렇게 하시면 안 됩니다. 이제 나를 쫓아내시면 이 악은 방금 나에게 저지른 악보다 더 큽니다"라고 애원했지만(13:17) 그는 아랑곳하지 않고 그녀를 내쫓아버렸다. 이때 그녀는 공주들이 시집가기 전에 입던 소매에 색동으로 수를 놓은 긴 옷을 입고 있었는데 "머리에 재를 끼얹고 입고 있는 색동 소매 긴 옷도 찢고 손으로 얼굴을 감싼 채로 목을 놓아 울면서 떠나갔다"(13:19). 이렇게 다말은 이복오빠 암논에게 강간당한 후 쫓겨났다.

─────── 다말이 입었다는 '색동옷'과 야곱이 늘그막에 얻어 다른 아들들보다 더 사랑했다는 요셉이 입었던 '화려한 옷'은 히브리 원어로 같은 단어(크토나트 파심)가 사용됐다(창세기 37:3). 이 단어는 구약성서에 이곳 두 군데에만 나온다.

이때 압살롬이 등장해서 암논의 강간사실을 확인했다. 웬일인지 그는 그녀에게 침묵하라고 했다(13:20). 왜 그는 다말에게 침묵을 강요했을까? 다윗은 이 이야기를 다 듣고도 그냥 '몹시 분개'하기만 했다(13:21). 압살롬은 암논을 미워하여 아무 말도 하지 않았단다(13:22). 다말은 속이 다 타서 없어지고 재만 남았겠다. 강간당한 다말은 처녀 공주들을 위한 왕실의 보호를 받을 수 없었으므로 갈 곳이라고는 압살롬의 집밖에 없었다. 그녀는 거기서 '처량하게' 지냈다(13:20).

2년의 세월은 사건을 잊어버릴만한 시간이겠지만 압살롬에게는 그렇지 않았다. 그는 양털 깎는 축제에 다윗과 왕자들과 신하들을 초대했다(13:23). 그는 암논을 죽일 생각을 하고 있었다. 모두를 초청했다니 그들 모두가 보는 앞에서 암논을 죽이려 했던 걸까. 다윗은 그의 초대를 완곡히 거절했다. 압살롬은 암논이라도 오게 해달라고 간청했다. 다윗은 왜 하필 암논인지 의심해보지 않았을까? 암논도 압살롬의 의도가 수상하다고 생각하지 않았을까? 다윗은 암논과 왕자들을 압살롬의 잔치에 보냈다.

압살롬은 부하들에게 명령해서 암논을 쳐 죽였다. 부하들이 겁에 질려 망설일까봐 그는 "책임은 내가 진다. 다만 너희는 용감하게, 주저하지 말고 해치워라!"라고 강력하게 명령했다(13:28). 그들이 암논을 쳐 죽이자 다른 왕자들은 저마다 노새를 타고 도망쳤다. 다른 왕자들은 압살롬의 안중에 없었다. 그가 노린 사람은 암논 하나였다.

이 소식은 왕자들의 노새보다 더 빨리 예루살렘에 도달해서 다윗도 사실을 알게 됐다. 처음에는 왕자들이 모두 죽었다는 가짜뉴스가 전해져서 다윗은 옷을 찢고 땅바닥에 드러누웠다. 이때 요나답이 나섰다. 암논에게 다말 유인책을 알려줬던 그 자 말이다. 그는 왕자들이 다 죽은 게 아니라 암논만 죽었다고, 이는 그가 다말을 욕보인 데 대한 복수라고 말했다(13:32-33). 사건의 본질이 뭔지는 그가 알았다 해도 다른 왕자들은 무사하다는 걸 그가 어떻게 알았을까? 짐작한 게 아니면 사전에 압살롬과 모의했던 게 아닐까? 압살롬은 그술의 외갓집으로 도망가서 3년 동안 머물렀다. 다윗은 암논 때문에 슬픈 나날을 보내다가 3년이 지나고 사건의 충격이 서서히 가라앉자 압살롬을 보고픈 마음이 간절해졌단다(13:39)

왕의 심중을 헤아리는 데 남다른 능력을 갖고 있는 요압은 왕의 마음이 압살롬에게로 쏠리는 걸 간파했다. 그는 드고아로 사람을 보내서 '슬기로운 여인' 하나를 불러들여 그녀에게 명령을 내렸다. 그는 여인더러 초상당한 여인처럼 꾸미고 왕에게 나아가서 이렇게 이야기하라고 명했다. 자기는 남편을 잃고 아들 둘을 갖고 있는 과부인데 그들이 서로 싸우다가 한 아들이 다른 아들을 죽였다는 것이다. 그러자 온 집안이 들고 일어나서 형제를 죽인 아들에게 원수를 갚아야 한다고 주장하는데 그러면 남은 아들마저 죽을 텐데 이를 어쩌면 좋겠냐고 물었다.

이야기를 마친 그녀는 "우리의 높으신 임금님께서 무엇을 하시든지 이 일에 있어서 허물은 저와 제 아버지의 집안에 있습니다. 임금님과 왕실에는 아무런 허물이 없습니다"라고 맥락에 닿지 않는 이야기를 했다(14:9). 왕이 그에 대해 "누구든지 너를 위협하거든 그를 나에게로 데리고 오너라. 아무도 너를 괴롭히지 못하게 하겠다"라고 말했다니(14:10) 이런 동문서답이 어디 있겠나. 여인은 집안사람들이 남아 있는 아들까지 죽이지 못하게 막아달라고 청했고 다윗은 "야훼께서 확실히 살아 계심을 두고 맹세하지만 네 아들의 머리카락 하나도 땅에 떨어지지 않게 하겠다"라고 약속했단다(14:11). 그러자 여인은 단도직입적으로 말했다.

어찌하여 임금님께서는 하느님의 백성에게 그처럼 그릇된 일을 하셨습니까? 임금님께서는 임금님의 친아들인 왕자님이 이 나라로 돌아오는 것을 허락하지 않으셨습니다. 이러한 처사는 지금까지 이 종에게 말씀하신 것과는 다릅니다. 임금님께서는 그렇게 말씀만 하시고 왕자님을 부르지 않으셨으니, 이것은 잘못된 일이라고 생각합니다. 우리는 다 죽습니다. 땅에 쏟으면 다시 담을 수 없는 물과 같습니다. 그러나 하느님은 생명을 빼앗지 않으시고 방책을 베푸셔서 비록 내어 쫓긴 자라 하더라도 어떻게 해서든지 하느님께 버림받은 자가 되지 않게 하십니다(14:13-14).

한 입으로 두 말 하지 말라는 말을 듣고 다윗은 요압이 보냈냐고 물었다. 그녀는 "그(요압)가 이 모든 말을 이 종의 입에 담아 주었습니다"라고 대답했다(14:19). 일의 전모를 파악한 다윗은 요압을 불러 압살롬을 불러오라고 명했고 요압은 그술로 가서 압살롬을 예루살렘으로 데려왔다(14:21-23). 그러나 다윗은 그를 만나려 하지 않아서 압살롬은 다윗에게 인사도 못했다고 했다.

구약성서에서 누군가의 외모를 언급하는 것은 안 좋은 징조다. "온 이스라엘에 압살롬처럼 머리끝에서 발끝까지 흠 잡을 데가 하나도 없는 미남은 없다고 칭찬이 자자하였다. 그는 머리숱이 많아 무거워지면 해마다 연말에 한 번씩 머리를 깎았는데 머리를 깎고 나서 그 머리카락을 달아 보면 왕궁 저울로 이백 세겔이나 되었다"라는 칭찬(14:25-26)도 좋게 들리지 않는다.

사울(사무엘상 9:2)과 다윗(사무엘상 16:12)도 외모가 언급됐다. 대권주자들만 외모가 언급된 셈이다. 다윗의 큰형 엘리압의 외모는 간접적으로만 언급됐고 그조차 '외모를 보지 말라'는 야훼에게 거부당했다(사무엘상 16:6-7). 압살롬도 대권주자 급으로 봤을까? 압살롬에게는 세 아들과 딸 하나가 있었는데 "그 딸의 이름은 다말인데 생김새가 아주 예뻤다"고 했다(14:27). 딸 이름을 누이동생과 똑같이 지은 데는 이유가 있었을까? 압살롬의 딸도 이모처럼 예쁘다고 하니 그녀는 이모의 아바타였을까?

압살롬은 오랜 기다림 끝에 예루살렘으로 돌아왔지만 2년 동안 아버지 얼굴도 못 봤다. 다윗이 그의 왕궁 출입을 금했기 때문이다. 압살롬은 자기의 귀환을 도운 요압에게 두 번 사람을 보냈지만 답을 듣지 못하자 그의 밭에 불을 질렀다. 이 일을 따지러 온 요압에게 압살롬은 이럴 거면 왜 자기를 불러들였느냐고, 이럴 바에는 차라리 그술에 머무는 편이 나았겠다고, 임금 얼굴을 뵙고 자기 죄가 남아있다면 죽여달라 하겠다고 목소리를 높였다. 그제서야 요압은 왕에게 압살롬의 뜻을 전했고 왕은 그를 불러들여 절을 받고 입을 맞추었다고 한다(14:29-33).

2

설화자는 이스라엘의 정치사를 다윗 집안의 가족사와 엮어 놨다. 암몬과의 전투에서 승리한 '뒤에' 다윗 가족에 비극적인 사건이 터졌다. 이 이야기는 다윗과 밧세바의 불륜 이야기와 비슷한 구조를 갖고 있다. 강간과 살인이 잇달아 저질러진 것이나 나단과 요압이라는 중재자가 등장하는 것이나 '우화'를 통해서 사건을 해결하는 것 등이 그렇다. 사무엘하 13장의 가족 간의 강간이 15장 이하의 압살롬 반란을 촉발했다는 점에서 13-14장은 15장 이하의 서론으로 볼 수 있다. 다윗은 이 모든 사건에 빌미를 제공했다.

암논이 다말을 강간한 사건의 뿌리에는 여러 번에 걸친 다윗의 정략결혼이 자리 잡고 있다(Joel Rosenberg, *King and Kin: Political Allegory in the Hebrew Bible*, 141-143쪽). 다른 어머니에게서 태어난 아들들이 왕위를 놓고 다투는 일은 매우 흔했다. 그 와중에 이복남매와 부적절한 관계를 맺는 일은 욕정을 채우는 일이자 정치적 목적을 달성하려는 행위이기도 했다. 다말은 눈에 띄게 아름다웠고 암논은 그런 이복여동생을 욕정의 대상으로 삼아도 될 만한 권력을 갖고 있었다.

―――― 구약성서에는 세 명의 다말이 등장한다. 처음 등장하는 다말은 유다 지파의 조상인 유다의 큰 며느리 다말이다(창세기 38장). 그녀는 시아버지 유다가 시동생과의 동침을 불허하자 창녀로 변장하여 유다를 유혹해서 임신했다. 다음에 등장하는 다말은 암논에게 강간당한 다말이고 마지막에 등장하는 다말은 두 번째 다말의 오라비 압살롬의 딸이다(14:27).

암논은 물불 안 가리고 욕정을 채울 정도로 비이성적인 사람은 아니었다. 다말을 어떻게 해보지 못하고 상사병에 걸렸다고 하니 말이다. 여기에는 일반적으로 사랑을 지칭하는 '아하브'라는 동사가 쓰였지만 문맥상 그 말은 '욕정' 또는 '색욕'을 가리킨다. 암논의 '친구' 요나답에 대해서도 일반적으로 '지혜롭다'는 의미인 '하캄'이 사용됐지만 『새번역 성서』는 문맥에 맞게 '교활하다'고 표현했다.

요나답은 암논의 욕정을 간파하고 다말을 끌어들일 계략을 알려줬다. 그것이 성공하기 위해서는 다윗의 역할이 중요했다. 처녀 공주 다말은 궁전에서 형제와 만나는 것조차 제한하는 구역에 거주했으므로 그녀를 자기 방까지 끌어들이려면 다윗의 힘이 절대적으로 필요했다. 다윗은 왜 암논이 다말을 불러달라고 했는지 의심해보지 않았을까? 그랬다면 '지혜로운' 사람이라고 할 수 있겠고 의심했지만 암논의 청을 들어줬다면 딸의 안전은 안중에 없는 '냉혈한'이라고 볼 수밖에 없다(Antony F Campbell, S. J 2 Samuel, 130쪽). 그는 우리야를 사지로 몰아넣어 죽일 정도로 '냉혹한' 모습을 보여준 적도 있지 않은가.

이 이야기에서 유일하게 흠모할만한 성품을 가진 사람은 다말이다. 그녀는 이복 오라비 암논에게 강간당하는 상황에서도 놀랍게 단호하고 이성적인 모습을 보였다. 그녀는 암논에게 이스라엘에 이런 법은 없다고, 자기를 욕보이는 악을 행하지 말라고, 이런 짓은 자신을 수치스럽게 만들 뿐 아니라 암논 자신도 '정신 빠진 사람' 취급을 받게 된다면서 최선을 다해 그를 저지했다. '정신 빠진 사람'은 히브리어로 '나발'이다. '어리석다'는 의미를 갖는 '나발'은 아비가일 전 남편의 이름이기도 하다(사무엘상 25장). 그가 나발처럼 죽을 거라는 예시로 읽을 수 있다.

──── 조나단 커쉬는 암논과 다말에게서 서로 상반되는 다윗의 두 가지 성품을 볼 수 있다고 썼다. 다말은 다윗의 가장 좋은 성품을 물려받은 반면 암논은 가장 나쁜 성품을 물려받았다는 것이다. 암논이 욕정에 사로잡혀서 폭력까지 사용한 것은 불륜과 살인을 저지른 다윗을 꼭 닮았으며 다말의 지혜와 합리적 사고, 그리고 달변은 다윗을 꼭 닮았다(Jonathan Kirsch, King David: The Real Life of the Man Who Ruled Israel, 209쪽).

아버지의 허락을 받아 '합법적으로' 자기와 결혼하라고 다말이 암논에게 했던 말도 주목을 끈다. 다말은 다윗이 그 결혼을 허락하리라고 생각했을까? 위기를 피하려고 아무 말이나 던졌던 것은 아닐까?

──────── 구약성서에 이복남매의 결혼에 대한 규정이 없으므로 그것이 허락됐는지 금지됐는지는 알 수 없다. 레위기 18장 9절("너는 네 누이의 몸을 범하면 안 된다. 네 아버지의 딸이든지 네 어머니의 딸이든지 집에서 낳았든지 낳아서 데리고 왔든지 그 여자의 몸을 범하면 안 된다.")과 11절("너는 네 아버지가 데리고 사는 여자가 네 아버지와 관계하여 낳은 딸의 몸을 범하면 안 된다. 그 딸은 바로 네 누이이기 때문이다."), 신명기 27장 22절("자매, 곧 아버지의 딸이나 어머니의 딸과 동침하는 자는 저주를 받는다' 하면 모든 백성은 '아멘' 하십시오.") 등은 남매간의 성관계를 엄격히 금하는데 이로 미루어 이복남매 간의 결혼도 금지됐을 가능성이 높다. 물론 계명들이 기원전 10세기 다윗시대에도 그대로 지켜졌는지는 확실치 않다.

이와 별도로 출애굽기 22장 16절("어떤 사람이 아직 약혼하지 않은 처녀를 꾀어서 건드리면 그는 반드시 신부의 몸값을 내고 그 여자를 아내로 맞아들여야 한다.")과 신명기 22장 28-29절("어떤 남자가 약혼하지 않은 처녀에게 욕을 보이다가 두 사람이 다 붙잡혔을 때에는 그 남자는 그 처녀의 아버지에게 은 오십 세겔을 지불해야 합니다. 그리고 그 여자에게 욕을 보인 대가로 그 여자는 그의 아내가 되고 그는 평생 동안 그 여자와 이혼할 수 없습니다.")에 따르면 남자가 처녀를 강간했을 때는 금전적 대가를 치르거나 피해자와 결혼해야 했다.

여기서 기억해야 할 점은 고대 중동지역에서는 일반적으로 가까운 친척이나 가족 간의 결혼이 허용된 정도가 아니라 장려되고 축제로 받아들여졌다는 사실이다. 이집트의 경우가 대표적이어서 이집트 파라오는 남매간에 결혼한 경우가 매우 흔했다. 다윗 왕실이 그 영향을 얼마나 받았는지 알 수 없지만 영향을 받았다면 다윗에게 허락 받아 결혼하자는 다말의 제안은 불가능하지 않았다고 하겠다.

다말이 이토록 필사적으로 저항한 데는 당시 중요하게 여겨진 '처녀성'이 상실되어 자신의 미래를 망가뜨릴 수 있었기 때문이다. 그녀가 궁전으로 돌아가지 못하고 압살롬의 집으로 가야 했던 것도 이 때문이 아니었을까? 역설적이게도 강간피해자가 취할 수 있는 최선의 방책은 강간범과 결혼하는 길밖에 없었다. 암논에게는 그럴 생각이 전혀 없었다. 그는 다말을 '사랑'했다지만 '욕정'을 채운 후 마음이 변했다(13:15). 요나답이 처음부터 왕의 허락을 받아 다말과 결혼하는 방안을 제안하지 않은 것도 암논의 목적을 파악했기 때문일 것이다.

─── 구약성서의 강간사건으로는 야곱의 딸 디나가 히위 사람 하몰의 아들 세겜에게 강간당한 사건이 유명하다(창세기 34장). 세겜은 디나를 강간했지만 나중에 그녀를 '사랑'하게 되었단다. 그는 야곱을 찾아와서 결혼하게 해달라고 청했다. 야곱의 아들들은 이 혼인을 반대했다. 이들은 하몰 부자에게 세겜 남자들이 모두 할례 받으면 혼인하겠다고 거짓말을 해서 남자 주민들을 몰살했다. 디나를 강간했지만 나중에 그녀와 결혼하려고 애쓴 세겜이 다말을 강간한 후에 내쫓은 암논보다 낫다고 해야 할까.

암논은 다말의 호소에 귀를 기울이지 않고 결국 무자비하게 그녀를 강간했다. 그의 행위는 밧세바를 불러들여 불륜을 저지른 다윗의 행위와 다를 게 없었다. 다말에게 가능한 선택은 사건을 비밀에 부치는 것과 공개하는 것 두 가지였다. 그녀는 후자를 선택했다. 그녀는 머리에 재를 끼얹고 입고 있던 공주 옷을 찢고 얼굴을 감싼 채 목 놓아 울었다 (13:18-19). 다말의 행위는 자신의 강간 사실을 드러낸 의도적인 행위였다. 강간당하는 순간에도 암논을 설득하려 했고 그의 행위가 낳을 결과를 경고했던 사람답게 그녀는 사건을 공적 영역에 내놓았다. 그녀는 죽은 사람을 애도하는 듯이 행동했다. 누구를 위한 애도였을까? 자신의 죽음을 애도하는 심정이었을까?

압살롬은 그녀의 행색을 보고 사태를 파악했다. 암논이 강간범이란 것을 어떻게 알았을까? 암논이 전에도 비슷한 행동을 했을까? 설화자가 침묵하니 알 도리가 없다. 압살롬은 다말에게 침묵을 강요했다. 그가 '오라비'이기 때문이라는데(13:20) 오라비가 아니라면 침묵하지 않아도 된다는 뜻일까? 암논은 장남이고 압살롬은 삼남이다. 중간에 길르압이 있지만 그는 이름 이외에는 남아 있는 게 없다. 일찍 죽었을 가능성도 있다(3:2-5 참조). 암논이 없다면 자기가 왕위계승 순위 1위가 되는 셈이다. 혹시 강간사건 배후에 그보다 더 큰 음모가 있음을 그가 눈치 챘기 때문은 아닐까? 암논이 왕위 계승에서 자신의 경쟁자였기 때문은 아닐까? 그는 사건을 정치적으로 이용하려 했던 것은 아닐까? 어느 정도라도 근거가 있는 상상을 할 수 있으면 좋겠는데 그러기에는 텍스트 상의 근거가 너무 없다. 다말은 압살롬의 집에서 '처량하게' 지냈다(13:20). 다말은 그렇게 무대에서 사라졌다.

―――― 밧세바와 다말은 비슷한 일을 겪었기 때문에 자주 비교된다. 다윗

이 밧세바를 강간했는지 여부는 논란의 대상이다. 밧세바가 저항한 흔적이 없으므로 강간이 아니라는 주장도 있지만 당시 여자가 감히 왕에게 저항할 수 있었을까. 저항하지 않았다고 강간이 아니라고 보는 것은 권력의 속성을 도외시한 남성 중심적인 생각이다. 우리엘 시몬처럼 훤히 보이는 곳에서 벌거벗고 목욕을 했으니 밧세바가 다윗을 유혹했다고 보는 학자도 있다 (Uriel Simon, *Reading Prophetic Narratives*, 105쪽). 본문에는 그렇게 볼 근거가 희박하다. 다말은 강간당하면서도 암논에게 확실히 경고했고 적극적으로 저항했고 심지어 설득하기까지 했다.

두 사건에는 공통적으로 살인이 뒤따랐다. 당사자 다윗은 밧세바의 남편 우리야를 전쟁터에서 제3자의 손을 빌려서 죽였다. 반면 다말의 경우에는 제3자 압살롬이 암논을 죽였다. 전자는 불륜을 감추고 밧세바를 차지하기 위한 살인이었고 후자는 동생의 복수를 위한 살인이었다. 강간 피해자의 운명도 갈렸다. 강간 사실은 감추고 임신 사실을 은밀하게 다윗에게 알렸던 밧세바는 그의 아내가 되어 왕위에 오른 솔로몬을 낳았고 강간 사실을 공개했던 다말은 다윗의 무관심 속에서 오라비 집에서 '처량하게' 지내야 했다. 다말에 대한 기억은 압살롬의 딸 이름으로만 남아 있다.

다윗은 모든 이야기를 듣고 몹시 분개했다지만(13:21) 누구를 향해서 왜 분개했는지는 확실치 않다. 강간한 암논에게 분개했을까, 아니면 강간당한 다말에게 분개했을까? 상식적으로는 전자겠지만 그렇다면 왜 암논을 징벌하지 않았는지 이해되지 않는다. 왕위계승 1순위였기 때문일까? 그래서 『칠십인 역』은 "암논이 사랑하는 맏아들이라 기분 나쁜 말을 하지 않았다"라는 구절을 첨부했다(『새번역 성서』에는 이 첨가가 반영되지 않았는데 영어성서 NRSV에는 반영되어 있다). 한편 그가 다말에게 아무 조치도 취하지 않은 걸 보면 그녀 역시 탐탁히 않게 여겼던 것 같다. 다윗은 강간당한 딸을 수치로 여겨 돌보지 않은 아버지였다. 설화자의 관심은 압살롬이 암논을 살해했을 때 다윗은 그 자리에 있지 않았다는 사실을 분명히 하는 데 있다. 압살롬은 다윗이 모르는 가운데 그의 허락을 받지도 않고 살인을 저질렀다는 것이다(Steven L. McKenzie, *King David: A Biography*, 163쪽).

압살롬은 사건 이후로 암논과 말도 섞지 않으면서 복수를 도모했다. 그는 2년을 기다린 끝에 양털 깎는 축제를 복수의 기회로 삼고 왕과 왕자들과 신하들을 초대했다. 이들 모두를 초대한 이유는 복수 계획을 숨기기 위해서였거나 모두가 보는 앞에서 암논을 죽이려 했기 때문이리라. 후자였다면 대놓고 '반란'을 도모한 것이었다.

다윗은 초대를 거절했지만 암논을 비롯한 왕자들을 오게 하는 데는 성공했다. 『새번역 성서』는 '맏형'이라고 번역했지만 원문에는 '나의 형'으로 되어 있다. 압살롬은 여동생을 강간한 자를 '나의 형'이라고 부르면서까지 그를 불러들이려 했던 것이다. 다윗도 "암논이 너와 함께 가야 할 이유가 무엇이냐?"고 물었던 걸 보면 압살롬의 의도를 의심했던 모양이다(Jonathan Kirsch, *King David: The Real Life of the Man Who Ruled Israel*, 222쪽). 하지만 그는 압살롬의 청을 거절하지 않았고 아무런 대비책도 마련하지 않았다(13:26-27).

판이 마련되자 숙원을 푸는 일은 어렵지 않았다. 압살롬은 부하들을 시켜서 암논을 죽였고 이를 목격한 다른 왕자들은 노새를 타고 줄행랑을 쳤다. 압살롬의 종들은 자기들의 행위가 '반란'으로 여겨질 수 있다는 생각을 했을까? 왕자들이 모조리 죽었다는 뉴스는 반란이 일어났다는 뜻이었는데 다윗은 그것에 대비한 행동을 하지 않고 아들들의 죽음을 애도했다. 그는 요나답의 설명을 듣고서야 제 정신으로 돌아왔다. 참변이 압살롬의 복수라는 요나답의 설명을 다윗은 어떻게 받아들였을까? 여기서도 설화자의 침묵이 아쉽다. 거사에 성공한 후 압살롬은 망명길에 올랐다.

암논에게 요나답이 있다면 다윗에게는 요압이 있었다. 그는 왕의 마음이 압살롬에게 기우는 걸 간파하고 그의 귀환계획을 세웠다. 그는 '슬기로운' 여인 하나를 불러들여 다윗 앞에서 할 일을 세세하게 지시했다(14:2-3). 긴 대화 끝에 그녀는 왜 압살롬이 집으로 돌아오지 못하게 하냐고 따졌다. 왕은 요압의 의도대로 압살롬을 예루살렘으로 돌아오게 했다. 다만 궁전 출입은 금했는데 우여곡절 끝에 압살롬은 3년간의 가택연금을 끝내고 왕 앞에 나아가서 재회의 키스를 했다(14:33).

3

다말은 여기서 유일하게 품격을 갖춘 인물이다. 그녀는 공주 옷을 입고 궁전 안에 있는 출입제한구역에서 지내다가 아버지의 명을 받들어 이복오라비 암논에게 음식을 먹이러 갔다가 강간당한 불행한 여인이다. 그녀는 강간당하는 순간까지 특유의 품격을 유지했다. 그녀는 침묵을 강요당했지만 행동으로 암논의 죄악을 세상에 공개했다. 그녀는 최초의 '미투' 고발자였다.

압살롬은 목적 지향적이고 냉정한 성격의 소유자였다. 냉혈한이라고 불러도 과언이 아닐 정도다. 나중에 그가 다윗에게 반란을 일으켜 했던 행동도 그가 냉혈한임을 보여준다. 그는 다말에게 침묵을 강요했다. 사건이 세상에 드러나면 암논을 살해하는 데 방해될까봐 그랬을 수 있다. 그가 암논을 죽이려 했던 데는 복수 이상의 정치적 동기가 작용했다고 보인다. 정치적 살인을 동생에 대한 복수로 숨기려 했던 것은 아닐까? 그녀를 자기 집에 들인 것도 보호가 아니라 감금할 목적이었다고 하면 지나친 추측일까? 그는 결국 나중에 반란을 일으켜 다윗을 도피하게 만들었으니 결과적으로 그의 행위는 정치적 동기에서 나왔다고 해도 지나치지 않다(Joel Baden, *The Historical David: The Real Life of an Invented Hero*, 194쪽).

다윗은 여기서도 복합적이고 모순적인 성격의 소유자임이 드러난다. 그는 암논의 행위에 크게 분노했지만 화내는 것 외에는 아무런 조치도 취하지 않았다. 그는 강간범 암논을 처벌하지 않았고 피해자 다말을 보호하지도 않았다. 자기가 저지른 범죄의 결과로 아들을 살려보겠다고 금식기도도 마다하지 않았던 그는 딸의 강간범이 왕위계승 1순위 후보라는 이유로 그를 방치했고 딸이 강간당했다는 사실이 가져올 모욕을 피하려고 소문내지 않고 조용히 넘어가려 했던 것이다. 이와 같은 그의 행위를 정당화할 수 있는 유일한 이유는, 그는 다말 강간사건과 암논 피살사건이 자신의 죄악에 대한 야훼의 징벌이기 때문에 감수할 수밖에 없다고 여겼다는 것이다. 그 모든 일들이 야훼의 계획 속에서 벌어졌다면 누가 그걸 막을 수 있겠냐는 거다(Baruch Halpern, *David's Secret Demons: Messiah, Murderer, Traitor, King*, 358쪽).

압살롬은 자진해서 망명길에 올랐다. 그가 그술에 머물던 3년 동안 다윗이 그를 추적하지 않았던 사실은 그게 '귀양살이'였음을 보여준다. 자기 처가에 가있던 압살롬을 다윗이 데려오지 않은 이유가 여기 있다. 그가 돌아올 수 있었던 데는 '슬기로운' 여인뿐 아니라 그의 귀환을 원하는 정치세력이 있었던 것은 아닐까? 다윗이 그를 2년간 가택연금의 처벌을 부과한 데는 그의 귀환을 반대한 정치세력의 영향력이 작용했기 때문이 아닐까? 이러는 동안 다윗과 압살롬의 관계는 조금씩 멀어졌다고 추측된다. 압살롬이 반란을 일으킨 데는 이런 복합적인 원인들이 작용했을 터이다. 이런 물음에 대한 답은 텍스트의 내용만으로는 추론해내기 어렵고 '상상력'이 절대적으로 필요하다. 물론 일정한 개연성과 타당성이 있는 상상력이어야 하지만 말이다.

———— 스티븐 맥켄지는 다윗이 압살롬과 공모해서 암논을 죽였을 거라는 다소 황당한 주장을 내놓는다. 그래서 압살롬이 그술에 가 있는 3년 동안 그를 잡아오지 않았다는 거다. 그술 왕 암미훌의 아들 달매는 다윗의 장인이고 압살롬의 외할아버지였으므로 그가 원했다면 얼마든지 압살롬을 데려올 수 있었는데 그렇게 하지 않은 이유는 다윗이 그술을 압살롬의 귀양지가 아니라 도피처로 여겼기 때문이란다. 설화자가 드고아 출신의 '슬기로운' 여인을 등장시킨 것도 다윗이 압살롬의 귀향을 결정하는 과정을 변증하기 위해서였다(Steven McKenzi,e *King David: A Biography*, 166쪽). 조얼 베이든도 맥켄지처럼 다윗 역시 암논이 죽기를 원했다고 주장한다. 그 이유는 암논이 아히노암의 아들이기 때문이다. 다윗의 부인 아히노암은 사울의 부인이거나 동명이인이다. 만일 그녀가 사울의 부인이었다가 그의 사후에

다윗의 부인이 됐다면 사울의 후손이기도 한 암논이 왕위를 계승하는 것을 다윗은 원하지 않았을 거란 이야기다(Joel Baden, *The Historical David: The Real Life of an Invented Hero*, 195쪽).

압살롬은 아버지 다윗에게 반란을 일으켰다. 무엇이 그로 하여금 반란을 시도하게 했을까? 가장 먼저 들 수 있는 요인은 암논과 요나답이 공모해서 압살롬의 누이동생 다말을 강간한 사건이다. 강간은 요나답이 내놓은 계략에는 들어 있지 않았다. 그는 다말을 암논에게 데리고 오는 방법을 제시했을 뿐이다. 하지만 그런 세세한 내용까지 압살롬의 눈에 들어오지는 않았을 것이다. 그는 요나답을 암논의 공모자로 이해했을 터이다. 요나답은 왕자들 중에 오직 암논만 죽었다는 사실을 다윗에게 알려준 다음에 무대에서 사라졌다. 다윗이 강간범 암논을 처벌하지 않고 피해자 다말을 돌보지 않았다는 점도 반란의 원인으로 작용했을 것이다. 압살롬은 결국 암논을 죽였지만 그렇다고 해서 다윗의 행위를 용납할 수는 없었으리라.

하지만 이런 것들을 반란의 명분으로 내세울 수는 없었다. 모든 반란과 쿠데타에는 '공적인' 명분이 필요하다. 뒤집어엎으려고 하는 체제와 내치려고 하는 권력자에게 백성들이 공감하는 약점이 있어야 하고 반란의 주도자에게는 그것을 개선할 수 있는 자질과 능력이 있음이 입증되어야 한다. 압살롬이 예루살렘으로 돌아왔고 왕궁 출입이 자유로워진 후에 했던 일이 바로 그것이었다.

5장

집안에서 새는 물이 거센 풍랑이 되다
- 압살롬의 반란

1

압살롬이 요압을 부추겨서 아버지 다윗과 키스하고 '사면복권' 받고 얼마간 시간이 흐른 후 그는 기이한 행동을 하기 시작했다. 그는 "자기가 탈 수레와 말 여러 필을 마련하고 호위병도 쉰 명이나 거느렸다"(15:1). 이것은 왕을 자처하는 행동이었다. 암논은 죽고 둘째 길르압(또는 다니엘)은 생사를 알 수 없으니 그는 왕위 계승 1순위였다. 하루 빨리 왕이 되고 싶어 아버지가 죽기까지 못 기다렸던 걸까?

그는 왕좌를 노렸음에 분명하다. 그는 아침마다 일찍 일어나 예루살렘으로 들어오는 성문으로 나가서 소송거리를 들고 왕의 판결을 받으러 오는 사람들에게 출신을 묻고는 그들 말을 다 들어준 다음에 "듣고 보니 다 옳고 정당한 말이지만 그 사정을 대신 말해 줄 사람이 왕에게는 없소"라고 말했단다(15:3). 왕을 깎아내리는 행위요 월권행위임이 분명하다. 그는 "누가 나를 이 나라의 재판관으로 세워 주기만 하면 누구든지 소송 문제가 있을 때에 나를 찾아와서 판결을 받을 수가 있을 것이고 나는 그에게 공정한 판결을 내려 줄 것이오"라고도 말했다(15:4). 자기를 재판관으로 세워달라는 이야기나 마찬가지다. 이때 다윗은 어디에 정신을 팔고 있었을까? 압살롬은 자기에게 절하는 사람을 일으켜 세워 뺨에 입을 맞추기도 했다. 그는 이렇게 "이스라엘 사람의 마음을 사로잡았다"(15:6).

그는 4년이나 이렇게 한 후 헤브론으로 내려가게 해달라고 다윗에게 청했다. 이유는 자기가 그술에 머물 때 "야훼께서 저를 다시 예루살렘으로 돌려보내 주기만 하시면 제가 헤브론으로 가서 야훼께 예배를 드리겠다고 서원을 하였"기 때문이란다(15:8). 독자는 그가 그런 서원을 했는지 여부를 알 수 없다. 다윗에게는 이것이 첫 번째 실수였다.

헤브론으로 내려간 그는 이스라엘의 온 지파에게 사람을 보내서 "나팔 소리가 나거든 '압살롬이 헤브론에서 왕이 되었다!'하고 외치라"고 했다(15:10). 명백한 쿠데타 시도였다. 다윗이 예루살렘에 건재한데 자신이 왕이라고 선포했으니 말이다. 그것도 다윗이 유다 왕위에 오른 헤브론에서 말이다. 그는 사람을 보내 다윗의 최고 참모 아히도벨을 불러들였다. 이렇게 반란세력은 자리를 잡았고 그를 따르는 백성 숫자는 점점 많아졌다(15:12).

다윗은 백성들의 마음이 그에게 기울어졌다고 판단하고 곧바로 예루살렘을 버리고 떠났다(15:14). 그렇게 판단한 근거가 무엇인지, 왜 천혜의 요새 예루살렘을 그토록 쉽게 버리고 도망쳤는지 궁금하다. 그는 "왕궁을 지킬 후궁 열 명만 남겨 놓고 온 가족을 거느리고 예루살렘을 떠났다"(15:16).

여기까지는 압살롬과 다윗이 모두 비디오 '빨리 감기' 하듯 신속하게 행동했지만 다윗 일행이 '먼 궁'에 이르자 갑자기 속도가 슬로우비디오로 바뀌었다. 용병 그렛 사람과 블렛 사람, 그리고 블레셋 가드에서부터 그를 따르던 군인 육백 명이 다윗을 따랐다. 그 중 가드 사람 잇대에게 이젠 자기를 따르지 말고 돌아가서 '새 왕'을 모시라고 권했다. 그가 압살롬을 '새 왕'이라고 불렀다는 점이 눈에 띤다. 하지만 잇대는 다윗과 함께 하겠다고 맹세했다(15:21). 다윗 일행이 기드론 시내를 건너는데 온 땅이 울음바다가 됐다. 도주하는 군인의 행렬인지 슬픔을 당해 애곡하는 행렬인지 분간할 수 없을 정도였다.

다윗은 야훼의 언약궤를 메고 거기까지 따라왔던 제사장 사독과 아비아달을 궤와 함께 예루살렘으로 돌려보냈다.

하느님의 궤를 다시 도성 안으로 옮기시오. 내가 야훼께 은혜를 입으면 야훼께서 나를 다시 돌려보내 주셔서 이 궤와 이 궤가 있는 곳을 다시 보게 하실 것이오. 그러나 야훼께서 나를 싫다고 하시면 오직 야훼께서 바라시는 대로 나에게서 이루시기를 빌 수밖에 없소(15:25-26).

운명을 야훼의 손에 맡기는 내용의 감동적인 연설이었다. 하지만 그는 바로 다음에 사독에게 이렇게 말했다.

제사장께서는 아비아달 제사장과 함께 두 분의 아들 곧 제사장님의 아들 아히마아스와 아비아달 제사장의 아들 요나단을 데리고 가십시오. 두 분께서 나에게 소식을 보내 올 때까지는 내가 광야의 나루터에서 머물고 있을 터이니 이 점을 명심하십시오(15:27-28).

두 제사장과 그의 두 아들들은 성에 머물면서 '스파이' 노릇을 하라는 거다. 앞에서는 모든 것을 야훼께 맡긴다더니 스파이를 심어놓았다. 다윗과 백성들은 슬피 울면서 올리브 산 언덕으로 올라갔다. 그 와중에 다윗은 자기 참모였던 아히도벨이 압살롬 편에 섰다는 소식을 듣고 이렇게 기도했단다. "야훼님, 부디 아히도벨의 계획이 어리석은 것이 되게 하여 주십시오"(15:31). 그는 기도와 술수, 둘 중 하나만 택하지 않고 둘 다 택하는 '지혜'를 발휘했다. 그가 또 다른 참모 후새를 예루살렘으로 돌려보낸 것도 마찬가지다. 이 역시 기도를 이룰 방편을 확보하기 위해서였다. 그는 압살롬에게 투항하는 척하고 두 가지 일을 하라는 명령을 후새에게 내렸다. 압살롬 궁전에서 벌어지는 일을 스파이인 제사장들에게 전달하는 일과 아히도벨의 계획을 실패하게 만드는 일이 그것이었다(15:37).

다음에는 사울 가문을 섬기다가 요나단의 아들 므비보셋의 하인이 된 시바가 등장했다. 그가 음식과 음료를 싣고 오자 다윗이 그에게 물었다. "네가 섬기는 상전의 손자는 지금 어디에 있느냐?"(16:3). 시바는 그가 예루살렘에 머물고 있다며 그가 "이제야 이스라엘 사람이 자기 할아버지의 나라를 자기에게 되돌려 준다고 생각하고 있다"고 일러바쳤다(16:4). 다윗은 그 말을 듣고 므비보셋의 재산을 모두 시바에게 양도했다.

마지막으로 사울 집안의 친척인 게라의 아들 시므이가 등장했다. 그는 이렇게 다윗을 저주했다.

영영 가거라! 이 피비린내 나는 살인자야! 이 불한당 같은 자야! 네가 사울의 집안사람을 다 죽이고 그의 나라를 차지하였으나 이제는 야훼께서 그 피 값을 모두 너에게 갚으신다. 이제는 야훼께서 이 나라를 너의 아들 압살롬의 손에 넘겨주셨다. 이런 형벌은 너와 같은 살인자가 마땅히 받아야 할 재앙이다(16:7-8).

이 말을 듣고 아비새가 가만히 있지 않았다. 사울 왕을 죽이자던 그가 아닌가(사무엘상 26:6-12). 다윗은 아비새를 말리며 "야훼께서 그에게 다윗을 저주하라고 분부하셔서 그가 저주하는 것이라면 그가 나를 저주한다고 누가 그를 나무랄 수 있겠느냐?"라고 말하고 신하들에게 이렇게 말했다.

생각하여 보시오. 나의 몸에서 태어난 자식도 나의 목숨을 노리고 있는데 이러한 때에 하물며 저 베냐민 사람이야 더 말해 무엇 하겠소. 야훼께서 그에게 그렇게 하라고 시키신 것이니 그가 저주하게 내버려 두시오. 혹시 야훼께서 나의 이 비참한 모습을 보시고 오늘 시므이가 한 저주 대신에 오히려 나에게 좋은 것으로 갚아 주실지 누가 알겠소?(16:11-12)

비슷한 시간에 예루살렘에서는 후새가 활약하고 있었다. 그가 압살롬을 찾아와서 '임금님 만세'를 외치자 압살롬은 그를 의심해서 왜 다윗을 따라가지 않았느냐고 물었다. 후새는 "야훼께서 뽑으시고 이 백성과 온 이스라엘 사람이 뽑아 세운 분의 편이 되어서 그분과 함께 지낼 작정입니다. 제가 다른 누구를 또 섬길 수 있겠습니까? 당연히 부왕의 아드님을 섬겨야 하지 않겠습니까? 그러므로 제가 전에 부왕을 섬긴 것과 같이 이제는 임금님을 섬기겠습니다"라고 입에 침도 안 바르고 거짓말을 했다(16:18-19). 그를 받아들인 것은 압살롬의 결정적인 패착이었다.

압살롬은 다윗을 제거할 궁리를 했다. 아히도벨은 다윗이 남겨둔 후궁들과 동침하라고 조언했다(16:21). 그가 다윗을 대체했음을 세상에 보여주는 동시에 다윗과 압살롬 사이가 틀어졌음을 압살롬 추종자들에게 보여주자는 것이었다. 압살롬은 그의 조언대도 실행했다. 이에 대해 설화자는 "사람들은 아히도벨이 베푸는 모략은 무엇이든지 마치 하느님께 여쭈어서 받은 말씀과 꼭 같이 여겼다. 다윗도 그러하였지만 압살롬도 그러하였다"라는 말을 남겼다(16:23).

아히도벨은 기습작전을 벌이자고 제안했다. 자기가 군대를 이끌고 그날 밤 다윗 일행을 습격해서 다윗을 죽이면 그를 따르던 사람들이 돌아오게 될 것이라고 했다(17:1-3). 압살롬을 비롯해서 모든 사람들이 이 계획에 찬성했지만 일이 안 되려니까 그는 후새의 조언도 듣기로 했다. 후새는 전혀 다른 제안을 내놨다. 다윗은 노련한 군인이므로 섣불리 덤벼서는 안 된다면서 '온 이스라엘 사람들'을 모아서 압살롬이 친히 군대를 이끌고 다윗 군대를 무찌르자고 했다(17:11-13). 아히도벨의 계략이 더 합리적이었지만 "야훼께서 이미 압살롬이 재앙을 당하게 하시려고 아히도벨의 좋은 모략을 좌절시키셨기 때문"에 후새의 계략이 채택되었다(17:14).

후새는 이 소식과 더불어 당장 강을 건너라는 조언을 스파이를 통해 다윗에게 전했다. 그런데 정보전달 시스템에 문제가 생겨서 하마터면 실패할 뻔했단다. 스파이의 정체가 드러나는 통에 이들은 바후림 마을의 어떤 사람의 집 우물에 몸을 숨겨야 했다. 이때 그 집 여인이 기지를 발휘해서 이들을 탈출시켜 다윗은 무사히 피할 수 있었다(17:17-22). 아히도벨은 자기 계략이 채택되지 않자 고향 집에 돌아가서 목을 매어서 죽었다(17:23). 다윗의 책사였다가 압살롬 편에 섰던 그는 이렇게 비참한 최후를 맞았다.

다윗이 마하나임에 이르렀을 때 비로소 압살롬은 직접 군대를 거느리고 요단강을 건넜다. 다윗 군대는 암몬 족속 나하스의 아들 소비, 로데발에서는 암미엘의 아들 마길, 로글림에서는 길르앗 사람 바르실래 등에게서 도움을 받았다고 한다(17:27-28). 이들이 모두 이스라엘 사람이 아니란 사실은 다윗이 주변 종족들과 어느 정도 친밀한 관계를 맺고 있었음을 보여준다. 한편 압살롬은 요압의 사촌인 아마사를 군 지휘관으로 내세워서 전투를 준비했다(17:25).

다윗이 직접 출정하려 하자 '온 백성'이 이를 말렸단다. 적들은 다윗만 노릴 거라며 다윗은 자기들 만 명과 맞먹으니 안전하게 성 안에 있으라는 거였다(18:3). 다윗은 그 말을 듣기로 하고 온 백성이 듣는 데서 군 지휘관 요압, 아비새, 잇대에게 "나를 생각해서라도 저 어린 압살롬을 너그럽게 대하여 주시오"라고 당부했다(18:5). 압살롬을 생포해 데려오라는 얘기다.

전투는 순식간에 끝났다. 승패보다는 압살롬이 어떻게 됐는지에 관심이 모아졌다. 이스라엘 군이 대패하여 무려 이만 명이나 죽었는데 그 중에는 칼로 죽은 자보다 숲 속에서 죽은 자가 더 많았다는데 그 중에 압살롬이 있었다. 그의 노새가 큰 상수리나무 가지 밑으로 달려갈 때에 그의 머리채가 가지에 휘감기는 통에 그는 공중에 매달리고 말았다(18:9). 어떤 이가 이걸 보고 요압에게 알렸다. 요압은 그에게 압살롬을 죽였다면 상을 내렸을 거라고 말했지만 보고자는 은 천 개를 준다고 해도 압살롬을 죽이지 않았을 거라며 이는 "임금님께서 우리 모두가 듣도록 장군님과 아비새와 잇대에게 누구든지 어린 압살롬을 보호하여 달라고 부탁하셨기 때문"이라고 했다(18:12). 요압은 아랑곳하지 않고 직접 달려가서 압살롬을 죽인 후 나팔을 불어 싸움을 끝냈다 (18:13-16).

승전 소식이자 압살롬 사망소식을 다윗에게 전하는 일이 남았다. 제사장 사독의 물정 모르는 아들 아히마아스가 전령을 자처하고 나서자 요압이 이를 말렸다. 압살롬 사망소식은 다윗에게 희소식이 아니라는 거다(18:20). 요압은 대신 에티오피아 사람을 전령으로 보냈는데 아히마아스가 계속해서 조르자 할 수 없이 그도 보냈다(18:22). 무슨 일이 벌어져도 좋다는데 누가 말리겠는가. 아히마아스는 달리기를 잘 했던지 에티오피아인 전령을 앞질렀다.

다윗은 결과를 보고받았는데 먼저 도착한 아히마아스는 분위기를 파악했던지 "높으신 임금님께 반역한 자들을 없애 버리시고 임금님께 승리를 안겨 주신 임금님의 야훼 하느님을 찬양합니다"라고만 보고하고(18:28) 압살롬 사망소식은 전하지 않았다. 이어서 도착한 에티오피아인 전령도 비슷하게 전했지만 압살롬의 안위를 묻는 다윗에게 "높으신 임금님의 원수들을 비롯하여 임금님께 반역한 자들이 모조리 그 젊은이와 같이 되기를 바랍니다"라고 말했다(18:32). 다윗은 "내 아들 압살롬아, 내 아들아, 내 아들 압살롬아, 너 대신에 차라리 내가 죽을 것을, 압살롬아, 내 아들아, 내 아들아!"하고 울부짖었단다(18:33).

이 소식이 요압에게 전해지자 분위기는 초상집으로 바뀌었다. 군인들은 패잔병처럼 돌아왔다(19:3). 요압이 다윗을 찾아가서 왕이 군인들을 부끄럽게 만들었다고 항의했다. 반역자를 사랑하고 충성스런 군인들을 미워할 수 있느냐면서 차라리 압살롬이 살고 자기들이 죽었더라면 좋았겠다고, 지금이라도 밖으로 나가서 군인들을 격려하지 않으면 그들은 다윗을 버릴 거라고 대들자 다윗은 그제서야 자리를 털고 일어나 밖으로 나갔다(19:5-8). 상황이 정리되자 다윗은 예루살렘으로 귀환할 준비에 착수했다. 쿠데타에 몰려 도망 나왔고 이스라엘과 유다 대부분이 압살롬 편을 들었으니 격식을 갖춰서 귀환할 필요가 있었다.

이스라엘은 지파마다 의견이 갈렸다(19:9). 자기들이 기름 부어 왕으로 세운 압살롬이 죽었으므로 다윗을 다시 왕으로 모시기로 했다는 소식이 전해지자 다윗은 사독과 아비아달을 유다 장로들에게 보내서 이스라엘에 앞서 자기를 모시라고 말했다(19:11-13). 유다 사람들이 다윗을 맞이하러 먼저 요단강가로 나갔다. 이때 그를 온갖 험한 말로 저주했던 시므이가 므비보셋의 관리인 시바와 천 명의 베냐민 사람들, 그리고 유다 사람들과 함께 나타나서 용서를 구했다(19:20-21). 이번에도 아비새가 그를 죽이자고 주장했지만 다윗은 축제의 날에 사람을 죽일수 없다며 그를 살려줬다(19:21-23).

다음으로 사울의 손자 므비보셋이 초췌한 모습으로 나타나서 용서를 구했다. 왜 자기와 동행하지 않았느냐는 다윗의 질문에 그는 자기는 다리를 절기에 혼자 나귀를 탈 수 없어서 종(시바)에게 나귀에 안장을 얹어달라고 했지만 그 종이 자기를 속이고 모함했다고 대답했다.

예루살렘을 떠날 때 므비보셋 소유의 땅을 시바에게 양도했던 다윗은 그 땅을 시바와 반씩 나눠가지라고 명령했다(19:25-19). 다음으로 자기를 도왔던 바르실래에게 같이 예루살렘으로 가자고 권했지만 그는 노령을 이유로 완곡히 거절하며 대신 자기 아들 김함을 데려가 달라고 청했다(19:31-38).

이렇게 다윗은 귀환준비를 마치고 나서 드디어 백성들과 함께 요단강을 건넜다. 그런데 이스라엘 사람들이 다윗에게 몰려와서 왜 유다 사람들이 자기들과 상의하지 않고 왕 일행을 모시고 강을 건너게 했냐고 따졌다(19:41). 이에 유다 사람들은 자기들이 다윗과 더 가깝다며 논쟁을 벌였다. 이스라엘 사람들은 자기들 인구가 유다보다 열 배나 더 많다면서 우선권을 요구했다. 유다나 이스라엘이나 모두 압살롬 반란 때는 그의 편을 들더니 상황이 변하자 경쟁적으로 충성심을 과시했던 것이다. 이 경쟁은 유다의 승리로 일단락됐다(19:43).

반란은 여기서 끝나지 않았다. 베냐민 사람으로 비그리의 아들 세바라는 '불량배'가 나팔을 불면서 "우리가 다윗에게서 얻을 몫은 아무것도 없다. 우리가 이새의 아들에게서 물려받을 유산은 아무것도 없다. 그러니 이스라엘 사람들아, 모두들 자기의 집으로 돌아가자!"라고 외쳤다(20:1). 그 말을 듣고 '온 이스라엘 사람'이 다윗을 버리고 세바를 따라갔다고 하니 그를 '불량배'로 보는 것은 정당하지 않다. 세바는 우여곡절 끝에 요압과 협상한 슬기로운 여인에 의해 죽임 당함으로써 쿠데타는 실패로 돌아갔다. 요압은 나팔을 불어 군인들을 집으로 돌려보냈고 자기도 예루살렘으로 돌아왔다(20:22).

왜 압살롬은 쿠데타를 일으켰을까? 그는 누이동생 다말이 암논에게 능욕 당했는데 다윗이 암논을 벌하지 않아서 반감을 가졌다고 보인다. 그가 3년 만에 그술에서 돌아온 후에도 다윗이 2년이나 왕궁 출입을 금했던 데도 앙심을 품었음 직하다. 우리가 추측할 수 있는 것은 여기까지다. 이 정도 이유로 쿠데타를 일으켰을까? 왕위 계승 서열 1위인 압살롬이 말이다.

쿠데타 계획을 다윗이 눈치 채지 못했는지, 알면서도 대책을 세우지 않았는지도 궁금하다. 압살롬은 수레와 여러 필의 말과 쉰 명이나 되는 호위병을 거느리고 다녔단다. 마치 왕처럼 말이다. 훗날 아도니야도 비슷한 행동을 했다("아도니야는 자기가 왕이 될 것이라고 하면서 후계자처럼 행세하고 다녔다. 자신이 타고 다니는 병거를 마련하고 기병과 호위병 쉰 명을 데리고 다녔다"[열왕기상 1:5]). 다윗이 이 사실을 어떻게 4년 동안 모를 수 있었겠는가. 자기를 속이고 암논을 죽인 '전과'가 있는 압살롬을 의심하지 않았다면 그것도 이해하기 어렵다. 압살롬은 왕 행세만 한 것이 아니다. 수려한 외모 덕도 봤지만 그는 백성의 마음을 얻을 만한 두 가지 행동을 했다. 다윗이 공정한 재판을 할 생각이 없다는 것을 백성들 마음에 새겨 넣는 일과 백성들을 섬기는 자세로 대하는 일이 그것이다(15:2-6).

이는 다윗이 대중적 인기를 누리지 못했고 백성들이 그를 공정한 왕으로 여기지 않았음을 보여준다. 압살롬을 불러들였을 때는 드고아의 지혜로운 여인에게 공정한 판결을 내렸던 그가 아니던가(14:4-11). 권력에 취해서 공정한 재판에는 관심을 기울이지 않았을까? 압살롬은 이런 상황을 이용했다. 설화자는 왜 상황이 이 지경이 됐는지 말하지 않지만 좌우간 다윗 체제는 반란의 위험에 노출되어 있었다. 민심이 떠난 곳에는 반란의 싹이 트게 마련이다.

──── 압살롬이 반란을 일으킨 데는 그 밖에 다른 요인도 있다고 짐작된다. 압살롬은 왕에게 판결 받으러 오는 사람들에게 '어느 성읍'에서 왔느냐고 물었고(15:2) 그가 소속 지파를 밝히면 "듣고 보니 다 정당한 말이지만 그 사정을 대신 말해줄 사람이 왕에게는 없소"라고 말했다(15:3). 이 말은 다윗의 관리들 중에서 비 이스라엘 출신이 많아서 이스라엘 사람들의 불만이 제대로 처리되지 않았음을 보여주는 이야기일 수 있다. 다윗은 사독(과 아마도 나단까지) 등 여부스인들을 이스라엘인들과 더불어 고위직에 기용했고 외국인 용병들을 이용해서 전투를 수행했다. 우리야는 헷 족속 출신이었고 육백 명의 깃딤 군인을 거느린 잇대는 블레셋 가드 사람이었다. 압살롬은 이스라엘인들의 반 이방 정서를 이용했다고 추측할 수 있다(Tony W. Cartledge, *1 & 2 Samuel*, 564쪽). 조나단 커쉬도 이와 비슷한 주장을 펼쳤다. 다윗은 야훼의 사랑을 받았지만 백성들을 무시했다는 것이다(Jonathan Kirsch, *King David: The Real Life of the Man Who ruled Israel*, 236쪽).

4년간 쿠데타를 준비해온 압살롬은 드디어 행동에 나섰다. 그는 다윗에게 헤브론으로 가게 해달라고 청했는데 그것을 허락한 게 다윗의 결정적인 실수였다. 헤브론은 다윗이 유다의 왕위에 오른 의미 있는 곳이었다. 압살롬은 그술 시절에 야훼에게 했던 맹세를 핑계로 댔다. 하지만 그가 그런 맹세를 했는지 여부는 알 수 없고 실제로 헤브론에서 제사를 지내지도 않았다.

───── 사사기에는 맹세를 잘못해서 딸을 잃은 입다 이야기가 있다. 그는 암몬과의 전투에 나가면서 만일 하느님이 암몬을 물리치고 무사히 귀환하게 해준다면 가장 먼저 맞으러 나오는 사람을 번제물로 바치겠다고 '맹세' 했다. 그를 가장 먼저 맞이한 사람이 그의 딸이었으므로 그의 맹세대로 그녀는 처녀의 몸으로 죽었다(사사기 11:28-39).

왜 다윗은 쿠데타 소식을 듣고 즉시 예루살렘을 버리고 도망쳤을까? 이스라엘 백성의 마음이 압살롬에게 기울어졌기 때문이라고 말하지만 그것이 신속하게 도망친 직접적인 이유가 될 수는 없다. 예루살렘은 공격하기가 극히 어려운 천혜의 요새였기에 더욱 그렇다. 왜 다윗은 맞서 싸우려고 하지 않았을까? 일단 싸움이 벌어지면 승패와 상관없이 큰 손상을 피할 수 없었기 때문일까? 패하면 자기가 죽고 승리해도 압살롬이 죽겠기에 싸움을 피했을까? 도망치면서 후궁 열 명을 남겨둔 이유도 궁금하다. 싸움에서 승리하고 돌아온다 해도 이들은 죽었거나 능욕 당했을 텐데 왜 이들을 두고 갔을까?(Tony F. Campbell, S. J, *2 Samuel*, 145쪽) 다윗은 나단의 예언을 떠올렸을까? 자기 아내들이 능욕 당하리라는 예언(12:10-11)을 이렇게 '인위적으로' 성취하려 했을까? 자기 집안에 칼부림이 끊이지 않으리라는 예언은 압살롬과 싸우지 않고 도망침으로써 성취되는 것을 막고 후궁들은 능욕 당하게 방치함으로써 '액땜'하려 했던 걸까?

일그러진 영웅 vs 만들어진 영웅

───── 다윗은 반란 진압 후 남겨졌던 후궁들을 방에 가두고 먹을 것만 공급해주면서 감시했다. 그는 그들과 잠자리를 같이 하지도 않았다(20:3). 월터 브뤼그만은 다윗이 고대 중동의 관습대로 후궁을 소유했지만 그것은 이스라엘의 언약신학이 허락하지 않았으므로 그들을 감금해서 그 신학을 준수한다는 제스처를 했다고 추측한다. 그들을 가두는 것만으로 언약신학에 부합하는 제스처가 될 수 있었을지는 의문이다(Walter Brueggemann, *First and Second Samuel*, 330쪽).

다윗이 반란에 대처한 태도는 그의 복합적인 성격을 잘 드러낸다. 그는 사독과 아비아달에게 궤를 갖고 예루살렘으로 돌아가라고 했다(15:24-29). 자기가 야훼의 은혜를 입으면 궤 있는 곳으로 다시 돌아갈 것이고 야훼가 자기를 싫어하면 할 수 없다고 했다(15:25-26). 모든 것을 야훼의 처분에 맡기겠다니 '운명론'(fatalism)에 가까운 '고백'으로 들린다. 그런데 바로 다음에 그는 사독과 아비아달과 그들의 두 아들을 스파이로 예루살렘에 심어놓는다(15:27-29). 월터 브뤼그만은 "다윗이 야훼를 전적으로 신뢰하는 순수한 신앙과 교활한 전술을 동시에 끌어안았다"고 썼다(Walter Brueggemann, *First and Second Samuel*, 304쪽). 한 사람 안에 이렇게 상반되는 성격이 어떻게 공존할 수 있는지 의문이다. 사독 일행을 예루살렘으로 보낸 것은 그들을 사지로 보내는 것과 같았다. 압살롬이 뭘 믿고 그들을 받아들이겠는가 말이다.

다윗이 후새를 압살롬의 책사(counselor) 노릇을 하라고 보낸 일도 비슷하다. 압살롬이 그를 신뢰하리라고 누가 장담할 수 있겠나? 다윗은 자신의 책사였던 아히도벨이 압살롬 편에 섰음을 알고 그의 계획이 어리석은 것이 되게 해달라고 야훼께 기도했다(15:31). 그것이 전적으로 야훼 손에 달려 있다는 듯이 말이다. 하지만 그는 곧바로 후새를 예루살렘으로 보내서 아히도벨의 영향력을 무력화하려 했다. 이것 역시 후새의 생명을 건 도박이었다. 실제로 압살롬은 그의 의도를 의심하기도 했다(16:17).

왜 아히도벨은 다윗을 버리고 압살롬 편에 섰을까? 이에 대해서는 다윗과 밧세바 불륜사건을 다뤘을 때 언급했다. "그 여인은 엘리암의 딸로서 헷 사람 우리야의 아내 밧세바라고 하였다"(11:2)라는 구절과 "마아가 사람의 손자로 아하스배의 아들 엘리벨렛과 길로 사람 아히도벨의 아들 엘리암과……"(23:34)라는 구절에서 '엘리암'이 동일인이라면 아히도벨은 밧세바의 할아버지가 된다. 그렇다면 아히도벨은 다윗이 자기 손녀와 불륜을 저지르고 사위 우리야를 죽였기 때문에 그를 등졌다고 추측할 수 있다(Keith Bodner, *David Observed: A King in the Eyes of His Court*, 124-126쪽).

압살롬은 자신이 다윗의 대체자임을 보여줘야 했다. 그는 아히도벨에게 뭘 해야 하냐고 물었다(16:20). 이와 비슷한 상황에서 다윗은 헤브론으로 올라갈지 여부를 야훼께 문의했었다(2:1-2). 압살롬에게 야훼는 문의할 대상이 아니었던 걸까? 아히도벨은 다윗이 남겨둔 후궁들과 잠자리를 가지라고 조언했고 압살롬은 그 조언대로 그들과 공개된 장소에서 성관계를 가졌다. 왕궁 '옥상에' 압살롬이 들어갈 장막이 차려졌다(16:22). 그 곳은 다윗이 밧세바가 목욕하는 광경을 내려다봤던 장소다. 다윗의 후궁들을 취한 압살롬의 행위가 다윗이 저지른 불륜의 후폭풍임이 슬며시 암시되어 있다.

────── 아히도벨이 이와 같이 잔혹한 조언을 했던 이유를 몇 가지로 추측할 수 있다. 그는 반란이 실패하더라도 다윗이 압살롬을 가혹하게 다루지는 않을 걸로 추측했다. 다윗은 압살롬 편에 섰던 자들은 엄하게 처벌하겠지만 아들 압살롬만은 그렇지 않을 거라고 봤다는 것이다. 압살롬 편에 섰던 자들도 그렇게 생각했을 터이다. 그렇다면 그들에게 다윗과 압살롬이 완전히 결별했음을 보여줄 필요가 있었다. 그는 압살롬이 다윗의 후궁들을 범함으로써 다윗과의 관계에서 '돌아올 수 없는 다리'를 건너라고 조언했던 것이다(Keith Bodner, *David Observed: A King in the Eyes of His Court*, 128쪽).

다윗과 압살롬의 전투는 실제로는 이히도벨과 후새의 전략 싸움이었다. 실제 전투상황보다 전투가 벌어지기 전의 전략 싸움에 훨씬 더 많은 지면이 주어졌다. 아히도벨은 다윗 일행이 지쳐있으니 절대 우세한 군사력으로 기습해서 다윗 한 사람만 제거하면 피 흘리지 않고 이길 수 있다고 조언했다. 이 조언에는 자기 손녀와 불륜을 저지른 다윗에 대해 개인적으로 복수하려는 의도도 깔려 있었다. 후새는 다윗 군대의 용맹스러움을 강조하면서 인해전술을 써야 한다고 주장했다.

아히도벨은 자신의 조언이 받아들여지지 않자 낙향해서 스스로 목숨을 끊었다. 그는 압살롬의 패배를 내다봤고 다윗이 권력을 다시 잡으면 엄청난 모욕을 당할 것이기에 그런 결정을 내렸을 것이다. "사람들은 아히도벨이 베푸는 모략은 무엇이든지 마치 하느님께 여쭈어서 받은 말씀과 꼭 같이 여겼다. 다윗도 그러하였지만 압살롬도 그러하였다"(16:7)라고 했고 다윗, 압살롬을 포함해서 모두가 그렇게 생각했지만 "야훼님, 부디 아히도벨의 계획이 어리석은 것이 되게 해주십시오"(15:31)라는 다윗의 기도를 이기지는 못했다. '아히도벨'이란 이름은 "나의 형제는 어리석음이다"(My brother is foolishness)라는 뜻이다. 사람들은 그의 말을 하느님의 말로 여겼다는데 그의 이름에는 어리석다는 뜻이 들어 있었으니 얼마나 역설적인가. 학자들은 이 이름을 그를 모욕하려는 뜻으로 붙인 별명으로 보기도 한다.

────── 구약성서에는 스스로 목숨을 끊은 사람들이 몇 명 있다. 사사기의 아비멜렉이 그랬고("아비멜렉은 자기의 무기를 들고 다니는 젊은 병사를 급히 불러 그에게 지시하였다. '네 칼을 뽑아 나를 죽여라! 사람들이 나를 두고 여인이 그를 죽였다는 말을 할까 두렵다.' 그 젊은 병사가 아비멜렉을 찌르니 그가 죽었다"[사사기 9:54]), 사울이 그랬으며("사울이 자기의 무기 담당 병사에게 명령하였다. '네 칼을 뽑아서 나를 찔러라. 저 할례 받지 못한 이방인들이 와서 나를 찌르고 능욕하지 못하도록 하여라.' 그러나 그 무기 담당 병사는 너무 겁이 나서 찌르려고 하지 않았다. 그러자 사울은 자기의 칼을 뽑아서 그 위에 엎어졌다"[사무엘상 31:4-5]) 이스라엘 왕 시므리가 그랬다("이때에 시므리는 그 성읍이 함락될 것을 알고는 왕궁의 요새로 들어가서 그 왕궁에 불을 지르고 그 불길 속으로 들어가서 자기도 불에 타 죽었다"[열왕기상 16:18]). 이들은 치욕적인 죽음을 피하려고 스스로 목숨을 끊었다. 아히도벨의 죽음도 마찬가지다. 이들은 충동적 선택의 결과가 아니라 사전에 의도되고 준비된 죽음이었다는 공통점을 갖는다.

시므이를 대하는 다윗의 태도도 눈길을 끈다. 그는 다윗에게 돌을 던지며 입에 담을 수 없는 모욕을 줬던 사람이다. 학자들은 그가 다윗을 단순히 감정적으로 모욕한 게 아니라고 본다. 다윗에 반대하는 사람들이 그를 어떻게 봤는지는 그가 대변했다고 생각한다. 그는 다윗이 '피비린내 나는 살인자'이고 사울 집안사람을 다 죽이고 그의 나라를 차지했다고 주장했다. 설화자는 사울과 요나단은 물론이고 아브넬과 이스보셋의 죽음 역시 다윗과는 무관하다고 서술했지만 그는 이를 정면으로 부정했다. 어느 편이 맞는지 판단하기에는 증거가 부족하다.

시므이와 므비보셋 등 사울 집안사람이거나 그의 관련자들이 압살롬 편에 섰다는 사실도 주목을 끈다. 시바에 의하면 요나단의 아들로서 다윗에게 '극진한 대접'을 받았던 므비보셋이 "이제야 이스라엘 사람이 자기 할아버지의 나라를 자기에게 되돌려 준다고 생각하고 있다"고 말했단다(16:3). 이들은 압살롬이 이스라엘을 사울 집안에게 돌려줄 거라고 믿었을까? 무엇을 근거로 그런 믿음을 가졌는지 궁금하다.

시므이에 대한 다윗의 태도에는 묘한 구석이 있다. 욕설을 퍼붓는 시므이를 아비새가 죽이자고 했을 때 다윗은 야훼가 시켜서 그가 저러는 것일 수도 있다며 그를 말렸다. 다윗은 그의 저주를 심각하게 받아들였음이 분명하다. 그는 야훼가 시므이의 행위를 통해서도 역사를 이끌어간다고 믿었을까?(Walter Brueggemann, *First and Second Samuel*, 314쪽)

므비보셋의 행동은 사울 집안사람들이 압살롬의 반란을 어떻게 바라봤는지를 보여준다. 유다와 이스라엘의 왕이 된 후 다윗은 "사울 집안에 살아남은 자가 있느냐? 요나단을 보아서라도 남아 있는 자손이 있으면 잘 보살펴주고 싶구나"라고 공언했던 적이 있다(9:1). 그는 므비보셋을 찾아내서 그를 융숭한 대접으로 포장한 반 감금상태에 처했다(9:2-13). 이로써 사울 집안사람들은 모두 정리된 것 같았는데 압살롬의 반란 때 다시 모습을 드러냈다. 이들은 다른 세력(이번에는 압살롬 중심의 반란세력)과 연대해서라도 권력을 되찾으려 했던 것이다. 하지만 반란이 실패하자 시므이는 즉시 다윗에게 무릎 꿇고 용서를 빌었다. 이때 그가 '모든 유다 사람들'과 '베냐민 사람 천 명'과 사울 집안의 시바와 그의 아들 열다섯 명과 스무 명의 종들을 대동했다니(19:17) 여전히 자기가 무시하지 못할 세력을 갖고 있음을 과시한 셈이다. 그래서 다윗은 자기를 모욕했던 시므이를 용서했고 므비보셋을 다시 받아들였다고 추측할 수 있다. 사울 세력을 뿌리 뽑는 일은 결코 쉽지 않았다. 이들에 대한 이야기는 나중에 또 나온다(21:1-9).

다윗은 요압을 비롯한 군인들에게 압살롬을 '너그럽게 대해 달라'(deal gently)고 명령했다. 군인들은 이를 압살롬을 죽이지 말라는 뜻으로 이해했다. 압살롬이 나무에 매달려 있는 것을 발견한 군인은 요압에게 그 사실을 보고했다. 요압이 왜 그를 죽이지 않았느냐고 꾸중하자 그는 다윗이 '어린 압살롬을 보호해달라고 부탁'했다고 말한다(18:12). '너그럽게 대하는 것'과 '보호하는 것'은 어떻게 하라는 것인지 분명치 않지만 죽이지 말라는 뜻임을 짐작할 수 있다. 의도된 모호함이었을 수 있다. 다윗에게 압살롬은 반역자였지만 동시에 아들이기도 했다. 그를 처형하는 것이 마땅했지만 아들이었으니 쉽게 결정할 일은 아니었을 터이다. 그를 '너그럽게' 대하라고 모호하게 명령했던 이유가 여기 있었을까? 죽고 죽이는 전쟁터에서 이런 명령이 지켜지리라고 다윗이 기대했을지도 의문이다.

요압은 압살롬을 살려줄 생각이 애초부터 없었던 것 같다. 왜 그는 압살롬을 죽이려 했을까? 드고아의 여인을 동원해서 다윗을 설득한 끝에 압살롬을 돌아오게 만들었던 그가 말이다. 그 이유를 몇 가지로 추측할 수 있다. 압살롬이 그의 보리밭에 불을 지른 데 대한 보복일 수 있지만 그깟 일로 압살롬을 죽였다고 생각하기는 힘들다. 권력 서열 2인자를 제거함으로써 자신의 서열을 높이려 했다고 추측할 수도 있지만 왕의 가문과 군사령관 사이에는 엄연한 간격이 있었으니 이것도 개연성이 낮은 추측이다.

압살롬의 반란에서 요압은 다윗과 압살롬 못지 않은 주역이었다. 그는 압살롬을 돌아오게 함으로써 반란의 씨앗이 자라게 했고 군대를 이끌고 나가서 압살롬 군대와 싸웠으며 압살롬이 나뭇가지에 매달려 있다는 보고를 듣고 직접 그를 죽였다. 그는 승전소식을 전할 전령을 자청한 아히마아스를 말렸다. 승전소식은 동시에 압살롬의 사망을 알리는 부고이기도 했기 때문이다. 아히마아스는 고집을 부려 결국 전령 역할을 했지만 말이다. 요압이 아히마아스를 말린 까닭은 그의 안위를 걱정해서가 아니라 자기가 압살롬을 죽였다는 사실을 그가 보고할까 봐 그랬던 것이 아닐까 추측해본다. 그래서 사정을 모르는 에티오피아 사람을 대신 보냈다는 것이다. 아들을 잃은 슬픔 때문에 승리한 군인들을 외면한 다윗을 요압은 협박하다시피 해서 민심이 돌아오게 만든 역할도 했다(19:5-8). 그는 왕의 명령대로 우리야를 죽이기도 했고 왕의 명령을 거슬러 압살롬을 죽이기도 했다. 그는 왕이 어떻게 명령하든 자기가 죽이려는 사람은 죽이고 마는 사람이었을까? 나중에 그는 다윗이 자기 대신 군사령관 자리에 아마사를 앉히자 그를 죽여 버렸다 (20:8-10).

반란 진압 후에 유다 및 이스라엘의 대표들이 취한 행동을 살펴보

자. 쿠데타 세력의 중심인 압살롬이 죽자 그의 군대는 지리멸렬하게 흩어졌다(18:17). 유다 및 이스라엘의 대표들은 어떤 태도를 취할지 결정해야 했다. 다윗은 쿠데타가 없었다는 듯 슬며시 예루살렘으로 돌아갈 수는 없었다. 그 동안 예루살렘에 어떤 정치세력이 자리 잡았는지, 그들이 자기에게 어떤 태도를 보일지를 알아야 했다. 그는 스스로 행동에 나서기 전에 유다와 이스라엘이 어떻게 행동하는지 지켜보기로 했다. 이스라엘은 사울 가문을 회복할 목적으로 압살롬을 지원했는데 실패했으니 선택의 여지가 없었다. 블레셋을 위시한 주변 종족들의 위험이 상존했으므로 당장 왕좌를 채워야 했는데 그들에게는 다윗 이외에 다른 대안이 없었다.

다윗은 이스라엘 대표들의 결정 내용을 보고 받고 사독과 아비아달 두 제사장을 유다로 보내서 그들이 다윗의 골육임을 강조하면서 이스라엘보다 먼저 자기를 맞아들이라고 권했다(19:11-13). 유다와 이스라엘을 경쟁시킨 것이다. 이는 나중에 유다와 이스라엘 간에 벌어진 갈등의 원인이 됐다. 다윗은 '온 유다 백성과 이스라엘 백성의 절반'을 거느리고 요단강을 건넜다(19:40). 새로운 왕위 즉위식을 방불케 하는 행사를 벌인 끝에 그는 예루살렘으로 돌아왔다.

권력은 일단 잡으면 그 순간부터 그것을 잃어버릴까봐 전전긍긍하게 마련이다. 쿠데타도 한 번 일어나면 거기에 그치지 않고 계속 일어난다. '그 즈음'에 베냐민 지파의 세바라는 이름을 가진 '불량배'가 나팔을 불면서 충격적인 선언을 했다는 것이다.

───── 『새번역 성서』가 '불량배'라고 번역한 말의 히브리 원문 '벨리알'은

'무가치한 사람'을 가리킨다. 이 말은 시므이가 다윗을 욕할 때도 사용됐고 (16:7) 사무엘상 30장 22절에서 낙오자에게 전리품을 나눠주지 말자고 주장한 사람들도 이렇게 불렸다. 세바는 일개 '불량배'로 부르면 안 되는 사람이었지만 의도적으로 그를 비하하기 위해 그렇게 불렸다.

우리가 다윗에게서 얻을 몫은 아무것도 없다. 우리가 이새의 아들에게서 물려받을 유산은 아무것도 없다. 그러니 이스라엘 사람들아, 모두들 자기의 집으로 돌아가자!(20:1)

짧지만 매우 강렬한 선언이다. 이스라엘은 다윗 집안, 나아가서 유다 지파와 상관없다는 선언이니 말이다. 시므이와 세바는 같은 베냐민 지파 소속이었지만 외친 내용에는 차이가 있다. 시므이는 다윗 개인이 사울 집안사람들에게 저지른 범죄를 규탄했던 데 반해서 세바는 이스라엘에 속한 열 지파와 다윗이 속한 유다 지파는 본래 아무 관계도 아니라고 선언했다. 일시적으로 하나가 된 왕국을 나누자는 주장이었다. 시므이가 사울 집안의 '복수'를 주장했다면 세바는 유다와 이스라엘을 정치적으로 분리해야 한다고 주장했다.

──── 세바의 선언은 훗날 솔로몬이 죽은 후 남북이 갈라졌을 때도 그대로 반복됐다("우리가 다윗에게서 받을 몫이 무엇인가? 이새의 아들에게서는 받을 유산이 없다. 이스라엘아, 저마다 자기의 장막으로 돌아가라. 다윗아, 이제 너는 네 집안이나 돌보아라"[열왕기상 12:16]). 남 유다와 북 이스라엘의 분리는 단순히 르호보암이 이스라엘 장로들의 요구를 들어주지 않았기에 벌어진 사건이 아니라 양자

의 복잡하고 뿌리 깊은 갈등에서 비롯된 사건이었다.

세바의 반란을 진압한 데도 요압의 활약이 두드러진다. 다윗은 세바 반란군을 진압하기 위해 유다 군인들을 모으라는 명령을 아마사에게 주었으나(20:4) 그가 명령을 이행하지 못하자 다시 아비새에게 진압 명령을 내렸다(20:6). 그런데 요압은 아마사를 죽인 후(20:8-10) 아비새와 함께 세바를 쫓았단다. 세바의 머리를 내놓는 조건으로 여인과 협상을 벌인 사람 역시 요압이었다(20:16-22). 세 사람의 장수 이름이 뒤섞여 등장한다. 설화자의 서술이 혼란스럽기는 하지만 이 혼란을 제공한 사람은 다윗이었다. 그는 압살롬의 반란군 장수였던 아마사를 정치적인 이유로 죽이지 않고 그에게 요압의 자리를 약속했다(19:13). 요압이 이를 두고 보기만 할 리 없다. 과거에 다윗이 이스라엘의 왕이 되면 이스라엘의 군사령관이던 아브넬에게 자리를 빼앗길까봐 그를 죽였던 요압이 아닌가(3:22-27).

———— 아마사가 유대 사람들을 모아 오지 못했던 것은 그가 게을렀기 때문이 아닐 것이다. 아마사가 유다 사람을 세바 반란군과의 싸움에 동원하려는 다윗에게 동의하지 않았든지 유다 사람들이 다윗의 명령에 불복했기 때문일 가능성이 크다(Walter Brueggemann, *2 Samuel*, 330쪽). 바룩 할펀(Baruch Halpern)은 나아가서 아마사의 죽음에도 다윗이 개입되어 있다고 추측한다(Baruch Halpern, *David's Secret Demons: Messiah. Murderer, Traitor, King*, 90-92쪽). 하지만 캠블은 할펀의 추측에 근거가 약하다고 본다(Tony F. Campbell, *2 Samuel*, 170쪽).

이스라엘과 유다의 관계가 끈끈하지 않았음을 보여주는 증거는 여러 곳에 있다. 압살롬의 반란 때 이스라엘이 그의 편에 섰던 것이나 반란 진압 후 양자가 반목했던 사실은 둘의 유대가 취약했음을 보여준다. 세바는 압살롬 반란의 상처가 여전히 남아 있었을 때 분리를 선언했다. 하지만 세바의 반란이 빈약한 토대 위에서 감행됐음은 그의 죽음과 함께 반란이 싱겁게 끝난 데서 드러난다. 세바의 머리가 성벽 아래로 던져지자 반란은 종지부를 찍었다(20:22).

3

다윗의 생은 사울 사후에도 바람 잘 날 없었다. 특히 밧세바와의 불륜 사건 이후 세바의 반란사건까지 폭풍이 몰아치는 나날이었다. 밧세바와의 불륜과 우리야 살해사건, 이로 인한 나단의 책망과 심판의 예언, 암논의 다말 강간과 이어진 압살롬의 암논 살해, 압살롬의 반란과 반란 진압 후 겨우 원상 복귀한 후 바로 터진 세바의 반란 등으로 다윗은 하루도 마음 편히 잠자리에 들지 못했을 것이다. 그는 스스로 저지른 성폭력과 자식들 간에 벌어진 성폭력, 집 안팎에서의 살인, 반란과 정치적 갈등을 겪었다. 그 와중에 간간히 야훼가 개입했다고 서술됐지만 그게 얼마나 힘이 됐겠는가. 그의 왕국도 다말이 압살롬 집에서 '처량하게' 지냈던 것과 비슷한 신세로 전락하고 말았다(Tony F. Campbell, *2 Samuel*, 173쪽).

성서에는 이 사건들이 비교적 상세히 서술되어 있지만 그럼에도 불구하고 설명이 필요한 많은 구멍/갭이 여전히 존재한다. 다윗의 행위에 대해 밧세바는 어떤 태도를 갖고 있었는지, 우리야는 두 사람의 관계를 알고 있었는지, 요압은 다윗의 메시지를 받고 어떤 생각을 했는지, 다윗은 문제를 해결하기 위해서 왜 그렇게 복잡한 방법을 썼는지 등에 대해 설화자는 말하지 않는다. 다윗은 밧세바와의 사이에서 태어난 첫 아들을 살리기 위해 그토록 열심히 기도했다지만 그것과 야훼의 용서 사이에서 그가 무슨 생각을 했는지는 알 수 없다. 밧세바에게 아들의 죽음이 어떤 영향을 줬는지에 대해서도 침묵한다. 성폭행 당한 후 다말은 어떤 삶을 살아갔는지, 침묵하라는 오라비의 명령을 그녀는 어떻게 받아들였는지, 왜 다윗은 집안에서 벌어진 성폭행에 대해 화만 내고 조치를 취하지 않았는지에 대해서도 설화자는 침묵한다. 다윗은 아들의 반란이라는 충격적인 사건을 어떻게 받아들였는지, 그가 죽었을 때 왜 그렇게 심하게 애통해 했는지에 대해서도 설화자는 말하지 않는다. 이 인물들을 이해하기 위해서는 구멍/갭들을 메워야 하는데 이를 해결할 수 있는 방법은 상상력을 발휘하는 길밖에 없다.

──── 암논이 다말을 강간한 사건에는 풀어야 할 의문이 남아 있다. 그는 욕정에 사로잡혀 다말을 강간했다지만 어떻게 '감히' 이복누이를 강간할 생각을 했을지 의문이 남는다. 다윗이 밧세바와 저지른 불륜이 그로 하여금 누이와 동침하는 것도 가능하다고 생각하게 만들지는 않았을까? 암논이 전혀 상상할 수 없었던 일을 꿈꾼 게 아니라면 가까운 전례를 아버지의 불륜에서 찾았을 수도 있지 않을까?(Jonathan Kirsch, *King David: The Real Life of the Man Who Ruled Israel*, 240쪽 참조).

다윗이 복잡한 성격의 소유자임은 여기서도 드러난다. 밧세바를 불러들여 잠자리를 같이 한 데는 그의 성적 욕구와 더불어 자기 권력에 대한 그의 확신까지 드러나 있다. 자기는 그렇게 해도 되는 권력자라고 생각했던 것이다. 불륜을 감추기 위해 썼던 방법은 그가 권력을 어떻게 사용할지 알았을 뿐만 아니라 야훼를 현실에서 배제할 수도 있다고 생각했음을 보여준다. 이는 야훼의 궤를 대하는 태도가 달라졌다는 데서도 드러난다. 궤를 예루살렘으로 돌려보냈을 때 다윗에게 그것은 야훼의 현존을 상징하는 성물이 아니라 압살롬을 속이기 위한 수단에 불과했다. 그가 야훼에게 문의하는 일이 없어졌다는 점도 눈이 띠는 변화다. 그는 아히도벨의 책략이 어리석은 것이 되게 해달라고 기도했지만 동시에 후새의 모략에 운명을 걸었다. 다윗이 많은 부인과 후궁들을 거느렸고 야훼 아닌 책사의 조언을 받았다는 사실은 그가 '이방 나라들'의 왕처럼(사무엘상 8:5) 변해가고 있음을 보여줬다. 야훼는 이 이야기 어디서도 찾아볼 수 없다. 이들 모두는 야훼의 도움 없이 각자의 일을 계획했고 실행했다.

그는 압살롬의 반란을 진압함으로써 여전히 막강한 군사능력을 보여줬다. 군대는 과거처럼 각 지파에서 징발한 군인들이 아니라 전문적인 직업군인들과 용병으로 이루어져 있었기에 월등한 전투능력을 갖고 있었다. 하지만 압살롬과 세바에 의한 두 번의 반란은 그의 대중적 통치 기반이 약화됐음을 보여줬다. 이후로 다윗은 압살롬 반란 이전에 누렸던 권력을 누리지 못했다. 4년에 걸친 압살롬의 노력 덕분에 백성들은 다윗이 전처럼 자기들을 존중하지 않음을 알게 됐다. 그의 권력은 백성 중심에서 점점 더 관료 중심으로 옮겨갈 수밖에 없었다.

이야기 전체에 '사울'이 안개처럼 스며들어 있다는 사실도 놓쳐서는 안 된다. 그는 이미 죽었지만 유령처럼 다윗 주변에 머물고 있었다. 죽은 사무엘이 사울을 확인사살 했지만(사무엘상 28장) 사울은 사건들 속에 여전히 현존해 있었다. 그는 판결을 받으러 예루살렘으로 올라왔다가 압살롬에게 '마음을 빼앗긴 이스라엘 사람들'(15:6)에게 현존했고, 도망치는 다윗에게 한바탕 욕설을 퍼부은 시므이로 나타났으며(16:7-8), 압살롬 반란 때 다윗을 따라가지 않고 예루살렘에 머물며 "그제야 이스라엘 사람이 자기 할아버지의 나라를 자기에게 되돌려 준다고 생각"했던 므비보셋에게 현존해 있었고(16:3), "우리가 다윗에게서 얻을 몫은 아무것도 없다. 우리가 이새의 아들에게서 물려받을 유산은 아무것도 없다. 그러니 이스라엘 사람들아, 모두들 자기의 집으로 돌아가자!"고 했던 세바의 외침(20:1)에 스며들어 있었다. 살아 있었을 때 다윗을 죽이러 쫓아다녔던 사울은 죽은 후에도 이렇듯 다양한 모습으로 다윗의 삶 깊은 곳에 스며들어와 있었던 것이다. 사울을 모르면 다윗을 알 수 없고 다윗을 모르면 사울을 알 수 없는 이유가 여기에 있다.

——— 할편은 이스라엘은 압살롬의 반란에 외부의 지원군으로 참가했다고 주장한다. 그들은 압살롬이 반란에 성공하더라도 그의 치하에 들어가지 않고 독립할 생각이었다는 것이다. 이렇게 추측하면 반란 전후에 시므이가 보였던 태도와 므비보셋의 행동을 이해할 수 있다. 이스라엘이 외부 지원군으로 반란에 참가한 게 아니라면 "이제야 이스라엘 사람이 자기 할아버지의 나라를 자기에게 돌려준다고 생각했다"는 말(16:3)을 이해할 수 없다 (Baruch Halpern, *David's Secret Demons: Messiah, Murderer, Traitor, King*, 366쪽).

6장

마지막 권력투쟁, 다윗은 이용당했나?

1

'권불십년'이 가나안으로 옮겨가 '권불사십년'이 됐다. 유다의 왕이 되어 칠 년을, 유다와 이스라엘 통일왕국 왕이 되어 삼십삼 년을 다스린 다윗도 늙으니 이불을 덮어도 몸이 더워지지 않았다. 그는 젊고 아름다운 수넴 출신 처녀 아비삭의 시중을 받아야 했다. 다윗은 그녀와 관계하지는 않았다는데(열왕기상 1:1-2, 이후로 성서 책을 명기하지 않으면 모두 열왕기상의 인용이다) 이는 윤리의식 때문이 아니라 기력이 없었기 때문이다.

──── 열왕기상은 나이 들어 늙어버린 다윗의 상태에 대한 서술로 시작한다. 이불을 덮어도 몸이 따뜻해지지 않아 젊고 아름다운 처녀를 품에 안고 잠들었지만 그녀와 관계는 하지 않았다는 서술은 많은 것을 추측하게 만든다. 고대 중동사회에서 왕의 왕성한 성 능력은 곧 정략결혼 능력이었다(Marvin A. Sweeney, *1 & 2 Kings*, 53쪽). 다윗이 아비삭과 관계할 수 없었다는

것은 권력을 잃었다는 뜻이다. 아비삭이 궁전에 들어온 목적은 왕의 성적 능력을 높일 목적이었다고 추측하는 학자도 있다(G. H. Jones, *1 & 2 Kings* vol. 1, 89쪽). 그것도 효과가 없었으니 후계자를 세워야 할 때가 온 것이다.

암몬과 압살롬이 죽는 바람에 왕위계승 1순위가 된 아도니야는 다윗이 살아 있었음에도 불구하고 자기가 왕이라는 듯이 병거를 마련하고 기병과 호위병을 쉰 명이나 대동하고 다녔단다(1:5). 압살롬처럼(사무엘하 15:1) 그도 자기가 후계자임을 알리고 싶었다. 다윗은 그를 마땅히 꾸짖었어야 했지만 한 번도 꾸짖지 않았다. 암논과 압살롬의 난리를 겪었음에도 불구하고 그는 변하지 않았다.

아도니야는 뛰어난 용모의 소유자였다(1:6). 그의 앞날이 불안감을 자아내는 대목이다. 그는 군사령관 요압과 제사장 아비아달, 그리고 왕자들과 유다 사람들을 불러들여 잔치를 벌였다는데(1:9) 이를 왕위 즉위식이라고 볼 수는 없다. 자기 편 사람들을 모아놓고 가진 '단합대회' 성격의 모임으로 보는 것이 맞다. 그 자리에 나단과 브나야와 왕의 경호병들과 솔로몬은 초대받지 못했고 사독, 시므이, 레이 등 다윗 측근들도 아도니야에게 동조하지 않았단다(1:8). 다윗왕국 관료들이 둘로 분열됐다는 이야기다.

——— 아도니야 편에 섰던 자들과 솔로몬 편에 섰던 자들의 성격은 확연히 달랐다. 아도니야의 편에 섰던 요압과 아비아달은 다윗이 예루살렘을 수도로 삼기 전부터 다윗을 도왔던 자들이다. 요압은 오랜 세월 다윗의 군대사령관으로 산전수전 다 겪었고(사무엘하 3:23-39; 11:14-25; 18:9-19:8) 아비

아달은 엘리의 후손이며 놉의 제사장으로서 압살롬 반란 때 다윗 편에서 공로를 세웠다(사무엘상 22:20; 사무엘하 15:22-29). 솔로몬 편에 섰던 사독은 다윗이 예루살렘에 자리 잡은 후에 발탁된 제사장으로 여부스 출신일 가능성이 높고(사무엘 8:17; 15:24-37) 나단 역시 예루살렘 이후 시대에 등장한 예언자로서 대부분 사독과 함께 언급된다(사무엘하 7:1-16; 12:1-15. 24-25). 브나야는 다윗의 직할부대라고 할 수 있는 직업군인(용병) 사령관으로서 예루살렘 이후의 시대 인물이다(사무엘하 8:18; 20:23). 왕좌를 두고 벌어진 아도니야와 솔로몬의 경쟁은 다윗 왕실 내의 파벌싸움이기도 했다(Marvin A. Sweeney, *1&2 Kings*, 55쪽. Walter Brueggemann, *1&2 Samuel*, 12쪽 참조).

이 상황에서 나단이 움직였다. 그는 솔로몬의 어머니 밧세바를 찾아가서 다윗도 모르는 사이에 아도니야가 '왕위에 올랐다'고 말했다. 나단이 아도니야의 행동을 왕위 즉위식으로 표현한 것은 과장이었다. 그는 아도니야가 왕이 되면 밧세바와 솔로몬을 죽일 거라고 겁을 주고 목숨을 부지할 방책을 알려줬다(1:12). 나단은 밧세바에게 당장 다윗에게 가서 일찍이 그가 솔로몬에게 왕위를 물려주겠다고 '맹세'했음을 상기시키라고 했다. 아도니야가 그 맹세를 무효로 만들고 있다고 말하면 자기가 합세해서 다윗을 설득하겠다는 거였다(1:13-14).

———— 나단은 밧세바에게 조언할 때 야훼에 대해서 일언반구 말하지 않았다. 다윗의 성전건축 계획을 저지하고 왕조 약속의 신탁을 줄 때와는 태도가 완전히 달라졌다. 아도니야와 솔로몬의 왕권 경쟁 과정에서 야훼는 등장하지 않는다. 그 과정은 야훼가 배제된 채 진행됐다(Marvin A. Sweeney, *1&*

2 Kings, 48쪽).

밧세바는 나단이 하라는 대로 했다. 그녀는 "온 이스라엘 사람이 임금님을 주시하고 있고 임금님의 뒤를 이어서 임금의 자리에 앉을 사람이 누구인지를 임금님께서 알려 주시기를 고대하고 있습니다"라고 말했다(1:20). 지금 후계자가 누구인지 알려주지 않으면 다윗이 죽은 후 자신과 솔로몬은 반역자가 될 거란 말도 덧붙였다(1:21).

────── 밧세바는 이전까지는 조용하고 수동적인 사람이었다. 그녀가 처음 입을 열었던 때는 아기 잉태 사실을 다윗에게 알렸을 때 뿐이다(11:5). 그 이후로 여기서 처음 입을 열었다. 그녀는 아도니야로 인해 자신과 아들이 위험에 빠지자 다윗에게 나아가서 적극적인 주장을 펼쳤다.

그때 나단이 다윗에게 와서 "임금님께 여쭙니다. 아도니야가 왕이 되어서 임금님의 뒤를 이어 임금의 자리에 앉을 것이라고 말씀하신 적이 있으십니까?"라고 물었다(1:24). 그는 아도니야의 초청으로 모인 사람들이 '아도니야 임금님 만세!'를 외쳤다고 일러바침으로써 다윗의 심기를 건드렸다(1:25). 다윗은 밧세바를 불러들여 이렇게 말했다.

나를 모든 재난에서부터 구원하여 주신 야훼의 살아 계심을 두고 맹세하오. 내가 전에 이스라엘의 야훼 하느님을 두고 분명히 그대에게 맹세하기를 "그대의 아들 솔로몬이 임금이 될 것이며 그가 나를 이어서 임금의 자리에 앉을 것이다" 하였으니 이 일을 오늘 그대로 이행하겠소(1:30).

그는 '맹세'라는 말을 두 번 썼다. 과거에 솔로몬에게 왕좌를 물려주리라고 '맹세'했고 오늘 그 일을 이행할 것을 '맹세'했다. 반드시 이행하고 말겠다는 각오의 표현으로 이해된다. 그는 나단과 브나야를 불러서 이렇게 지시했다. 왕의 노새에 솔로몬을 태우고 신하들을 거느리고 기혼으로 내려가서 거기서 사독과 나단이 솔로몬에게 기름을 부어 그를 이스라엘의 왕으로 세운 다음에 뿔 나팔을 불며 '솔로몬 왕 만세!'를 외치게 하라고 했다. 그런 후에 자기가 솔로몬을 왕좌에 앉혀서 그를 왕으로 삼겠다는 거다(1:33-35). 나단과 브나야가 지시대로 행하자 "모든 백성이 '솔로몬 왕 만세!' 하고 외쳤다. 모든 백성이 그의 뒤를 따라 올라와 피리를 불면서 열광적으로 기뻐하였는데 그 기뻐하는 소리 때문에 세상이 떠나갈 듯하였다"(1:39-40).

──────── 이런 혼란은 이스라엘에 왕위계승 원칙이 확립되어 있지 않은 데서 비롯됐다. 토무 이시다는 고대 중동사회에는 이미 오래 전에 장자계승의 원칙이 확립되어 있었다고 주장했다. 이 원칙이 이스라엘에도 적용됐다는 것이다(Tomoo Ishida, *The Royal Dynasties in Ancient Israel: A Study of the Formation and Development of Royal Dynastic Ideology*, 152쪽). 하지만 군주제 역사가 짧았던 이스라엘에서 초기부터 이 원칙이 안정적으로 자리 잡았다고 볼 수 없다는 의견도 있다. 이스라엘에서 왕이 되려면 기름 부음(anointing)으로 상징되는 야훼의 승인과 환호(acclamation)로 상징되는 백성들의 동의가 필요했다. 아도니야와 솔로몬의 경우에는 둘 중 하나, 또는 둘 다 결여되어 있다. 측근들의 환호가 전체 백성(또는 백성의 대표들)의 환호를 대체하지는 못했다. 메틴저는 이스라엘의 왕들이 백성들과 신에 의해서 정당

성을 부여받은 과정과 절차에 대해 훌륭한 연구서를 내놨다(Tryggve N. D. Mettinger, *King and Messiah: The Civil and Sacral Legitimation of the Israelite Kings* 의 2부와 3부 참조).

아도니야 일행은 이런 사실을 모르고 먹고 마시다가 아비아달 제사장의 아들 요나단에게 다윗이 솔로몬을 왕으로 삼았다는 소식을 들었다(1:43). 요나단은 자기가 그 자리에 있었던 것처럼 상세히 전했다(1:43-48). 그 이야기를 듣고 사람들은 모두 도망쳤고 아도니야는 성소로 달려가서 제단 뿔을 붙잡았다(1:50). 제단 뿔을 붙잡은 사람은 사건의 진실이 밝혀질 때까지 죽이지도 끌어내지도 못했다. 솔로몬은 아도니야가 자기를 죽이지 않겠다고 맹세하기를 바란다는 이야기를 듣고 "그가 충신이면 그의 머리카락 하나도 땅에 떨어지지 않을 것이다. 그러나 그에게서 악이 발견되면 그는 죽을 것이다"라고 애매하게 대꾸했다(1:52). 그는 아도니야가 원하는 맹세는 하지 않고 조건을 제시함으로써 여지를 남겨뒀던 것이다.

——— 성전(sanctuary)을 도피처(asylum)로 삼는 제도는 고대 중동에 널리 퍼져 있었다. 이스라엘 정착 이전의 가나안에도 이 제도가 있었다고 확인됐다. 구약성서에는 도피처에 관한 구절들이 여럿 있다(출애굽기 21:12-14; 민수기 35장; 신명기 4:41 이하; 19:11 이하 등). 도피처의 본래 목적은 피의 보복이 마구 행해지는 것을 막는 데 있었다. 보복의 타깃이 되는 사람이 성전 제단의 뿔을 붙잡으면 사건의 진상이 확인되기 전까지 그를 해칠 수 없었다.

아도니야가 제단의 뿔을 붙잡자 솔로몬은 곤란해졌다. 도피처 규정을 준수해서 그를 살려둔다면 훗날 위협이 될 가능성이 있고 그를 죽인다면 도피처 규정을 어기는 것이 되니 말이다. 그는 조건을 부과하여 잠정적으로 곤란한 사정을 피했지만 결국 구실을 만들어 그를 죽였다(2:13-25).

다윗은 솔로몬을 왕좌에 앉힌 후 죽을 때가 되자 솔로몬에게 유언을 남겼다(2:1). 그는 솔로몬에게 굳세고 장부다워야 한다고 말하고 하느님의 명령을 지키고 율법을 준수하면 만사형통할 것이라고 격려한 후 나단을 통해 주어진 하느님의 약속을 상기시켰다(2:4). 여기까지는 마지막 가는 길에 자식에게 유언으로 남길 만한 말이었다. 하지만 다음에 이어진 말들은 유언이라고 하기에는 어울리지 않는 '지독한' 말이었다. 그는 요압이 아브넬과 아마사를 죽인 일을 언급하며 "그가 백발이 성성하게 살다가 평안히 스올에 내려가도록 내버려 두지 말라"고 했다(2:5-7). 그는 압살롬을 피해 도망쳤을 때 자기를 도와준 바르실래의 아들들에게 자비를 베풀라고 말하고 나서(2:7) 시므이가 "백발에 피를 묻혀 스올로 내려가게"하라고 당부했다(2:9). 그는 다윗을 모욕하고 저주했지만 야훼에게 맹세했기에 죽이지 못했다며 이렇게 당부했다. 다윗은 죽어서 조상들과 함께 '다윗 성'에 안장되었다.

2

왕위계승자 솔로몬은 열왕기상 1장에 와서 비로소 본격적으로 등장한다. 태어났다는 짧은 서술(사무엘하 12:24-25) 이후 솔로몬은 줄곧 무대 밖에 있었다. 아도니야가 측근들을 불러서 왕위 즉위식을 방불케 하는 잔치를 베푼 일 때문에 왕위계승 문제가 불거졌다. 그는 역사에서 배운 게 없는 인물이었다. 실패한 쿠데타의 주인공 압살롬의 행위를 그대로 따라했으니 말이다. 둘의 차이는, 압살롬은 다윗이 안정적으로 나라를 통치하던 때에 쿠데타를 일으켰지만 아도니야는 다윗이 권력을 거의 잃었을 때 거사했다는 점이다. 그냥 기다리면 왕좌를 차지할 가능성이 높았음에도 불구하고 아도니야는 쿠데타를 도모했다.

둘의 경쟁에서 주연은 아도니야도 솔로몬도 아닌 나단이었다. 성전을 짓겠다는 다윗에게 왕조를 주겠다는 야훼의 약속을 전했고 불륜과 살인을 저지른 다윗을 심하게 꾸짖기도 했다. 여기서 받는 인상이 강렬해서 사람들은 '나단' 하면 추상 같이 다윗을 꾸짖는 모습을 떠올린다. 하지만 열왕기상 1장의 나단은 전혀 다른 사람이다. 그는 '모사꾼'처럼 말하고 행동했다. 나단이 누군지 알려면 세 사건을 균형 있게 이해해야 한다. 그는 왕권에 저항한 이스라엘 예언운동의 효시가 아니었다. 그는 다른 목적을 갖고 정치행위를 했던 세력의 중심인물이었다.

사무엘하 7장과 12장에도 왕위계승의 주제가 밑바닥에 깔려있다. 사무엘하 7장은 '다윗의 후손'이 그의 왕좌를 이을 것이라고 말한다. 사무엘하 12장에서는 계승자인 솔로몬이 태어났다. 이 주제가 열왕기상 1장에서는 수면 위로 떠올랐다. 여기에는 왕좌를 두고 벌어진 아도니야와 솔로몬의 다툼에 어떤 세력이 누구 편에 섰는지도 밝혀진다.

나단은 '근본이 불투명한' 인물이다. 구약성서에서 중요한 인물은 그가 속한 가문과 지파가 함께 소개된다. 이사야가 '아모스의 아들'로 소개되고 (이사야 1:1) 엘리야가 길르앗의 디셉에 사는 디셉 사람 엘리야

(열왕기상 17:1)라고 소개되는 것처럼 말이다. 다윗의 관리 명단에도 나단은 그냥 '예언자 나단'이라고만 소개된다. 요압이 스르야의 아들로, 브나야가 여호야다의 아들로 소개된 것(1:7)과는 다르다. 이 명단에서 사독, 나단, 시므이, 레이는 아버지와 가문을 소개하지 않는다. 학자들은 이들이 비 이스라엘인, 곧 예루살렘 원주민 여부스 족 출신이기 때문이라고 추측한다.

──── 사무엘하 8장 17절은 사독을 아히둡의 아들로 소개한다. 사무엘상 22장 20절과 23장 6절에는 아히멜렉이 아비아달의 아버지로 소개됐고 사무엘상 14장 3절에는 아히둡이 엘리의 손자로 되어 있다. 그렇다면 사독은 엘리의 증손자가 된다. 사무엘상 22장 20절에 따르면 놉의 제사장들 중에 사울의 칼을 피해서 달아난 유일한 사람은 아비아달이었다. 따라서 사독은 아히둡의 아들이 될 수 없다. 사무엘하 8장 17절은 사독을 억지로 엘리 가문과 연결하는데 이는 그를 이스라엘의 정통 제사장 집안사람으로 만들고 싶었기 때문일 것이다.

나단과 사독은 다윗이 예루살렘을 정복하기 전에는 등장하지 않는다. 대부분의 경우에 둘은 함께 등장한다(1:8, 32, 34, 38). 예루살렘은 다윗이 정복하기 전에도 수천 년 긴 역사를 가진 유서 깊은 성읍이다. 아마르나 문서에 따르면 예루살렘은 기원전 15-14세기에도 주변지역에 광범위하게 영향력을 행사했다. 다윗은 이 도시를 수하의 직업군인(용병)의 힘으로 정복했다. 이때 그는 원주민 여부스 사람들을 죽이지 않았다. 그는 오랜 역사를 가진 여부스의 제도, 제의, 성소 등을 통치에 활용하는 정책을 썼다. 사독과 나단을 각각 제사장과 왕실 예언자로 기용한 것도 그 정책의 일환이었다. 나단은 '예언자'로 불리지만 열왕기상 1장이 보여주는 그는 야훼의 신탁을 전달하는 '고전적' 예언자는 아니었다. 그는 예언자보다는 아히도벨이나 후새처럼 책사(advisor)에 가깝다. 그는 아도니야의 쿠데타가 벌어졌을 때나 밧세바와 함께 솔로몬을 후계자로 삼으려고 모의했을 때 단 한 번도 야훼의 의중을 묻지 않았다.

아도니야와 솔로몬은 다윗의 공동 통치자(co-regent)가 되려 했다. 무력한 다윗이 살아 있는 동안에는 그와 공동 통치하다가 죽은 후에 명실상부한 왕이 되려 했던 것이다. 아도니야가 왜 다윗의 허락을 얻지 않고 즉위식에 버금가는 의식을 치렀는지는 알 수 없다. 압살롬의 쿠데타가 실패한 선례도 있는데 말이다. 이러나저러나 자기는 왕이 될 수 있다고 믿었을까? 다윗은 무력했고 자기 세력이 솔로몬 세력보다 강하니까 쿠데타가 성공할 거라고 판단했을까? 그는 솔로몬을 경쟁자로 여기지도 않았을지 모른다. 독자들은 솔로몬이 야훼의 사랑을 받고 있다는 사실을 알지만 그 당시에 그걸 아는 사람은 없었다.

아도니야가 왕 놀음에 취해 있을 때 궁중에서는 또 다른 쿠데타 음모가 진행되고 있었다. 주도자는 나단이었다. 그는 다윗 몰래 즉위식에 버금가는 행사를 치른 아도나야와는 달리 다윗을 속이기로 했다. 그는 밧세바를 시켜서 다윗이 솔로몬을 후계자로 세우겠다고 맹세했다는 거짓말을 하게 했다(1:13). 다윗은 그런 맹세를 한 적이 없지만 나단은 밧세바에게 거짓말하라고 시켰다.

—— 마티 스튜시도 다윗이 솔로몬에게 왕좌를 물려주겠다고 맹세한 일은 없었다고 주장한다. 나단이 꾸며낸 이야라는 것이다(Marti J. Steuss,y *David: Biblical Portraits of Power*, 81-82쪽). 키스 보드너는 설화자가 다윗의 맹세 여부를 일부러 모호하게 해놨다고 주장한다(Keith Bodner, *David Observed: A King in the Eyes of His Court*, 154-156쪽).

요약하면, 다윗은 늙어서 통치능력을 잃었고 공동 통치자를 임명해야 할 때가 됐다. 이때 헤브론에서 태어났고 생존하는 아들들 중 맏아들인 아도니야가 요압, 아비아달 등 예루살렘 이전의 헤브론 시대 사람들과 함께 스스로 공동 통치자 자리에 올랐다. 다윗이 솔로몬을 후계자로 삼겠다고 공적으로 맹세했다면 아도니야의 행동은 명백한 반란이었다. 하지만 다윗은 그런 맹세를 하지 않았다. 했다면 나단이 "이 일(아도니야가 측근들을 모아놓고 잔치를 벌인 일)이 임금님께서 하신 일이면 임금님의 뒤를 이어서 임금의 자리에 앉을 사람이 누구인지를 임금님의 종인 저에게만은 알려 주실 수 있었을 것입니다"(1:27)라고 말했을 리 없다.

나단은 수동적인 밧세바를 부추겨서 다윗이 하지도 않은 '맹세'를 떠올리게 만들었다. 그것이 전부는 아니었다. 그는 다윗에게 '맹세'에 대해서는 언급하지 않고 "임금님께 여쭙니다. 아도니야가 왕이 되어서 임금님의 뒤를 이어 임금의 자리에 앉을 것이라고 말씀하신 적이 있으십니까?"(1:24)라고 물었다. 다윗을 자극해서 아도니야가 쿠데타를 도모하고 있음을 주지시켰던 거다. 이에 다윗이 솔로몬을 후계자로 낙점했다. 나단의 계책이 맞아떨어진 것이다. 이렇게 헤브론 파는 예루살렘 파에게 완패 당했다. 솔로몬은 왕위에 오르자 적당한 구실을 내세워서 아도니야와 요압을 죽였고 아비아달은 사제직을 박탈하고 쫓아냈다. 왕궁은 예루살렘 파가 장악했다.

전체적으로 설화자의 관심은 누가 다윗의 왕위를 계승했느냐 보다 다윗이 어떻게 왕좌를 보전했느냐 하는 데 있었다. 또 다른 관심사는 다윗 말기와 솔로몬 초기에 벌어진 '피의 숙청'의 책임이 솔로몬이 아니라 다윗에게 있다는 것이었다. 솔로몬이 요압과 시므이를 죽였지만 이는 그렇게 하라는 다윗의 유언을 솔로몬이 따랐기 때문이었다. 궁극적인 책임은 다윗에게 있다는 것이다. 그러려면 다윗의 유언은 잔혹해야 했다. 설화자는 무슨 수를 쓰든지 솔로몬에게서 이들의 죽음에 대한 책임을 벗겨야 했던 것이다.

헤브론 파와 예루살렘 파는 서로 다른 선택을 했다. 그 결과 전자는 몰락했고 후자는 승승장구했다. 남은 질문은 왜 헤브론/이스라엘 파는 아도니야를 선택했고 예루살렘/여부스 파는 솔로몬을 선택했을까 하는 것이다. 설화자는 이 질문에 대해서 끝내 침묵한다. 하지만 솔로몬이 왕좌에 오른 후에 이스라엘적 요소들은 급속히 약화됐고 가나안적 요소가 지배적이 됐다는 사실은 확인할 수 있다. 그럼 점에서 예루살렘/여부스 파가 정치적으로 승리했다고 할 수 있겠다.

3

사람은 늙고 무력해지면 밑바닥에 감춰뒀던 어두운 품성이 드러나게 마련인가 보다. 늙어서 나날이 몸이 식어가던 다윗이 생의 마지막에 보여준 모습이 그랬다. 나단과 밧세바의 계략에 넘어가(혹은 넘어간 척해서) 하지도 않은 맹세에 얽매어 자의반 타의반으로 솔로몬을 후계자로 세운 그는 보호본능을 자극할 정도로 약한 사람이 됐다. 압살롬의 죽음에 한없이 통곡했던 그의 모습은 이렇게 약해질 것을 미리 보여준 전조 같았다.

하지만 숨을 거두기 직전에 솔로몬을 옆에 앉혀놓고 했던 유언은 믿음이든 정치적 고려 때문이든 그 동안 드러내놓지 못하고 깊이 감춰졌던 '속마음'을 그대로 드러낸 것이었다. 그는 힘들었던 시절에 자기를 도왔던 바실래의 후손에게 자비를 베풀 것을 당부했다. 훈훈한 장면이 아닐 수 없다. 하지만 이어지는 유언에서 그는 자기가 했던 맹세 때문에나 정치적 고려 때문에 죽이지 못했던 요압과 시므이를 반드시 죽이라고 말했다. 요압은 오랫동안 다윗의 군대에서 사령관이었던 사람이다. 그는 다윗과 함께 산전수전 다 겪었던 백전노장이었을 뿐 아니라 우리야 살해의 공모자였다. 그는 다윗의 약점까지 훤히 알고 있었다. 그래서 그는 때로는 다윗을 협박하기도 했고 그의 명령에 불복하기도 했다. 다윗은 그를 죽이고 싶었지만 후환이 두려워서 실행하지 못했다고 보인다. 다윗은 이런 그를 반드시 죽이라고 유언했다.

다윗은 정치적 상황 때문에 시므이를 죽이지 못했다. 그의 뒤에는 사울 집안의 남은 자들과 베냐민 지파와 이스라엘이 버티고 있었다. 그를 죽였다가는 언제 어디서 반란이 일어날지 알 수 없었다. 하지만 사울 가문은 쇠락하고 있었으니 때가 왔다. 그는 솔로몬에게 후환이 없을 정도로 안정되면 반드시 그를 죽이라고 했다.

'끝이 좋으면 다 좋다'는 말은 과장일 수 있지만 끝이 중요한 것은 사실이다. 사람이 어떻게 죽느냐 하는 데 관심을 갖는 것은 그래서다. 다윗의 마지막은 좋지 않았다. 마지막 순간에도 쿠데타 시도가 있었다. 다행히 피를 보기 전에 마무리가 됐지만 앙금은 오래 갔다. 왜 설화자가 다윗의 최후를 이렇게 비참하게 서술했을까 하는 점이 궁금하다. 그토록 다윗을 옹호하고 변명했던 그가 왜 그의 마지막을 이렇게 어둡게 그렸을까? 이제 다윗은 흘러간 과거의 인물이 됐으니 새로 떠오르는 태양에 집중하려 했을까? 다윗은 솔로몬을 빛내기 위해 어두운 배경이 되어야 했던 걸까? 설화자는 독자로 하여금 마지막 순간까지 질문하게 만든다. 답을 주지 않으면서 말이다.

다윗은 만들어진 영웅일까?

사울은 흔히 '비극적인 영웅'으로 불린다. '비극'은 기본적인 연극의
한 형식으로서 사람의 마음속에 생기는 갈등, 동료 인간이나 피할 수
없는 운명과의 갈등의 결과로 생기는 고통과 불행을 취급하는 극이란
다. 사울 이야기는 이런 의미의 비극이고 사울은 비극적인 영웅일까?
어떤 면에서는 맞지만 다른 면에서는 맞다고 할 수 없다. 그가 '피할
수 없는 운명'과 갈등했을까 하는 의문이 들기 때문이다.

　사울이 왕이 된 것은 스스로 선택한 것이 아니었다. 그는 아버지의
나귀를 찾으러 나갔다가 사무엘을 만나서 얼떨결에 기름 부음을 받았
다. 그때만 해도 그 '예식'의 의미와 무게를 실감하지 못했다. 당시 이
스라엘에는 '왕'이 없었으므로 '왕'이 된다는 것이 어떤 것인지, 그의
삶이 어떻게 변할지 그는 알지 못했다. 사무엘이 두 번째로 그를 왕으
로 불러냈을 때 그는 왕이 되는 것에 대한 무지와 거기서 비롯된 막연

한 불안감 때문에 짐짝 사이에 숨어 있었다. 그는 결국 왕이 됐고 왕의 일을 해야 했다.

왕으로서 그의 삶은 처음부터 순탄치 않았다. 그의 곁에는 그가 의지하고 도움 받아야 하는 사무엘이 있었다. 하지만 그는 권력을 가운데 두고 경쟁해야 하는 사람이기도 했다. 사무엘은 전통적-카리스마적 권위를 인정받고 있었다. 무엇보다 그에게는 야훼라는 든든한 배경이 있었다. 사사이면서 제사장이기도 했고 예언자이기도 했던 그는 야훼와 사람 사이를 이어주는 중재자의 권력을 독점하고 있었다. 그는 그 권력을 사울과 나누려 하지 않았다. 사울이 유일하게 의지할 수 있는 것은 전쟁에서 승리해야 얻는 백성들의 지지뿐이었다. 초기에는 사울이 전쟁에서 승리해서 백성들의 지지를 받았고 사무엘과도 그럭저럭 관계를 유지할 수 있었다.

이런 상황은 다윗의 등장과 함께 무너져 내렸다. 사무엘은 다윗이 사울의 대체자라고 공언했다. 다윗은 '전쟁의 신'이라고 불러도 좋을 정도로 전쟁에 능했다. 사울 주변사람들도 다윗에게 기우는 것 같았다. 그러니 사울 눈에는 모든 게 고깝게 보였다. '사울은 천천이고 다윗은 만만'이란 노래가 숫자를 비교해서 자기가 열등하다는 의미가 아닌 줄 뻔히 알았지만 그래도 기분 나빴다. '다윗은 천천이고 사울은 만만'이라고 불러줄 수는 없는가 말이다. 그를 괴롭혔던 공황과 악몽이 다윗이 등장하면서 악화됐다. 자기 아들, 딸도 마음은 다윗에게 가 있었다. 그는 다윗을 곁에 가까이 둬보기도 했고 멀리 내보내기도 했지만 이러나저러나 불안하고 두렵기는 마찬가지였다.

결국 그는 다윗을 죽이기로 작정했다. 그런데 그것조차 쉽지 않았다. 다윗 주위에는 늘 그를 도와주는 자들이 있었다. 결정적인 기회를 잡았다 싶으면 누군가가 나타나서 그를 도와줬다. 그에게 야훼의 영이 머물고 있기 때문일까, 아니면 그가 '야훼의 마음에 맞는 사람'이기 때문일까? 다윗을 잡으러 다니다가 오히려 그에게 죽을 뻔한 경우가 두 번 있었다. 그는 자기를 죽일 수 있었지만 죽이지 않았다. 사울은 감격해서 그를 죽이지 않겠다고 약속하고 축복했지만 그를 괴롭힌 공황과 불안증 때문에 약속을 잊어버리곤 했다. 그는 다윗이 미웠지만 미워할 수만은 없는 사람이었다. 사울이 그를 여러 번 '아들'이라고 부른 것은 빈말이 아니었다. 그는 사울에게 사랑의 대상이면서 미움의 대상이었다. 그가 두 번이나 다윗에게 창을 던져 그를 죽이려 했지만 못 죽인 것은 창을 던지는 순간 영혼 깊은 데 숨어 있던 그에 대한 애정이 불현듯 솟구쳤기 때문일 수 있다.

영웅은 태어나는 게 아니라 만들어진다고 한다. 다윗도 만들어진 영웅일까? 그는 사람들의 필요에 의해 영웅으로 만들어졌을까? 그게 사실이라면 그렇게 만들어진 영웅은 자신을 어떻게 생각했을까? 만들어진 모습이 만족스럽고 자랑스러웠을까? 아니면 그게 싫어서 본래 모습을 찾으려 했을까?

다윗이 언제부터 왕의 자리를 동경했는지는 알 수 없다. 들에서 양을 치다가 영문도 모른 채 불려 들어와 사무엘에게 기름 부음을 받았을 때 그 역시 그것이 무엇을 의미하는지 정확히 몰랐다. 그의 생은 블레셋과의 전쟁터에서 골리앗의 기고만장한 태도를 목격했던 때 극적으로 전환됐다. 다윗은 왜 골리앗에게 그토록 분노했을까? 그에게서

'만들어진' 영웅이라는 미래의 자신을 봤기 때문은 아닐까?

그는 사울을 죽일 수 있는 기회를 두 번 가졌지만 모두 살려줬다. 한 번은 그의 옷자락을 잘랐고 또 한 번은 그의 무기를 들고 나왔다. 부하들은 사울을 죽이자고 했고 그도 유혹을 느꼈지만 죽이지 않았다. 무엇이 유혹을 물리치게 했을까? '야훼가 기름 부어 세운 사람'은 죽여서는 안 된다는 게 그의 신념이라고 했다. 정말 그는 신념 때문에 사울을 살려줬을까? 그의 신념은 그를 영웅으로 만드는 데 중요한 역할을 했다. 이 신념이 그를 정치적 이해관계를 초월하는 영웅으로 만들었다.

영웅은 자기가 만들어진 게 아니라 본래부터 영웅이라고 믿는다. 만들어진 영웅은 자기가 왜, 언제, 무엇 때문에 그렇게 만들어졌는지 모른다. 알고 싶어 하지도 않는다. 영웅은 특정 집단에 의해 만들어진다. 당사자도 모른 채 만들어지고 그 집단도 자기들이 영웅을 만들고 있다는 걸 의식하지 못하는 경우도 있다. 그래서 영웅에게는 자기가 만들어졌다는 사실을 깨닫게 해줄 누군가가 필요하다. 아쉽게도 다윗에게는 그런 자가 없었다. 나단이 떠오르지만 그는 실상 다윗을 영웅으로 만드는 데 가장 큰 공을 세운 자다. 다윗을 일깨우기는커녕 그를 자기 집단의 이해 안으로 끌어들였다. 야훼의 영도 그에게 깨달음을 주는 존재가 되지 못했다. 야훼는 그를 사랑한 나머지 그가 어떤 죄를 저질러도 눈감아 주거나 그 책임을 타자에게 뒤집어씌웠다. 야훼의 사랑은 크고 깊어서 그의 후손에게 '매는 들겠지만 헤쎄드만큼은 거두지 않겠다'고 약속했을 정도였다.

수많은 위기가 그에게 닥쳤지만 그는 그때마다 요행히 벗어날 수 있었다. 자신이 영웅이 되어간다고 착각하기에 충분할 정도로 그랬다. 그때마다 야훼의 영이 느껴지기도 했다. 그는 불륜을 저질렀지만 징벌은 그를 비켜갔다. 아들이 딸을 강간하고 아들이 다른 아들을 죽이는 일도 벌어졌지만 그는 그 일들에 적극적으로 개입하지 못했다. 그들의 행위에서 자기 모습을 봤기 때문이다. 그들을 책망하는 것은 곧 자신을 책망하는 일이고 만들어진 영웅을 허무는 것이었다.

만들어진 영웅은 당대보다는 후대에 영웅으로 추앙되기를 원한다. 당대에는 자신의 본 모습을 아는 사람이 어딘가에 있게 마련이다. 그래서 다윗은 마지막 순간까지 영웅이려고 했다. 사람들이 자신의 마지막 모습을 영웅의 그것으로 기억하기를 바랐던 것이다. 하지만 그는 숨을 거두기 직전에 자기 영혼 가장 밑바닥에 있는 원초적 감정을 쏟아냈다. 자기는 깨끗한 흰 옷을 입고 백발이 성성해서 스올로 내려가지만 요압과 시므이만은 절대 그렇게 깨끗이 내려 보내서는 안 된다고 솔로몬에게 신신당부했다. 그는 솔로몬이 이 비밀을 지켜줄지 알았다. '만들어진 영웅'이 '만들어진 영웅'을 알아보는 법이다. 그는 솔로몬에게서 영웅으로 만들어지겠다는 욕망을 읽었던 것이다.

사울-다윗 이야기는 세 부분으로 나눌 수 있다. 다윗이 등장하기 이전 이야기와 사울과 다윗이 함께 살았던 때의 이야기, 그리고 사울이 죽고 다윗만 살았던 때의 이야기가 그것이다. 편의상 이렇게 구분하지만 이야기를 잘 읽어보면 다윗이 등장하기 전, 사울만 있었을 때도 다윗이 거기에 있었다. 사울이 죽고 다윗만 살아 있었을 때도 사울이 여전히 거기 있었다. 사울은 아직 등장하지도 않은 다윗의 존재를 늘 의식하며 살았다. 다윗도 이미 죽은 사울의 그림자가 자기 삶에 드리워져 있음을 의식하지 않을 수 없었다. 사울은 다윗이 있었기에 우리가 알고 있는 사울이 되었고 다윗 역시 사울이 있었기에 지금 우리가 알고 있는 다윗이 됐다. '일그러진 영웅'이 일그러진 데는 '만들어진 영웅'의 역할이 컸다. '만들어진 영웅'은 '일그러진 영웅' 때문에 지금 우리가 아는 대로 만들어진 것이다.

'만들어진 영웅'은 살아남아서 메시아의 조상이 됐고 한 나라의 깃발에 그려진 별이 됐다. '일그러진 영웅'은 어디로 갔을까? 그는 누구의 기억 속에 살아남았나. 일그러진 영웅이 만들어진 영웅과의 대결에서 패해서 잊히는 역사는 언제까지 반복될까.

참고 문헌

Ackroyd, Peter. R. *The First Book of Samuel* (The Cambridge Bible Commentary) London: Cambridge University Press, 1971.

Baden, Joel. *The Historical David: The Real Life of an Invented Hero*. New York: HarperOne, 2013.

Bar, Shaul. *God's First King: The Story of Saul*. Eugene, Oregon: Cascade Books, 2013.

Birch, C. Bruce. *The Rise of the Israelite Monarchy: The Growth and Development of 1 Samuel 7-15*. Missoula, Montana: Scholars Press, 1976.

Bodner, Keith. *David Observed: A King in the Eyes of His Court*. Sheffield: Sheffield Phoenix Press, 2008

Borgman, Paul. *David, Saul, &God*. Oxford: Oxford University Press, 2008.

Brueggemann, Walter. *David's Truth in Israel's Imagination & Memory*. Minneapolis: Fortress Press, 1985.

Brueggemann, Walter. *First and Second Samuel* (Interpretation Series) Louisville: John Knox Press, 1990.

Brueggemann, Walter. *1 &2 Kings* (Smyth & Helwys Bible Commentary) Macon, Georgia: Smyth & Helwys Publishing Co., 2000.

Brueggemann, Walter. *David and His Theologian: Literary, Social and Theological Investigation of the Early Monarchy*. Eugene, Oregon: Cascade Books, 2011.

Campbell, Antony F. S.J. *1 Samuel* (FOTL Series vol. VII). Grand Rapids, Michigan: William B. Eerdmans Publishing Co, 2003.

Campbell, Antony F. S.J. *2 Samuel* (FOTL Series vol. VIII). Grand Rapids, Michigan: William B. Eerdmans Publishing Co, 2005.

Cartledge, Tony W. *1 &2 Samuel* (Smyth & Helwys Bible Commentary) Macon,

Georgia: Smyth & Helwys Publishing Co., 2001.

Edelman, Diana Vikander. *King Saul in the Historiography of Judah* (Journal for the Study of the Old Testament Supplementary Series 121) Sheffield: Sheffield Academic Press, 1991.

Eslinger, Lyle M. *Kingship of God in Crisis*. Sheffield: Almond Press, 1985.

Esler, Phillip F. *Sex, Wives, and Warriors: Reading Old Testament Narrative with Its Ancient Audience*. Cambridge: James Clarke & Co., 2011.

Exum, J. Cheryl. *Fragmented Women: Feminist (Sub) version of Biblical Narratives*. Valley Forge, Pennsylvania: Trinity Press International, 1993..

Finkelstein, Israel and Silberman, Neil Asher. *David and Solomon: In Search of the Bible's Sacred Kings and the Roots of the Western Tradition*. New York: Free Press, 2006.

Friedmann, Daniel. *To Kill and Take Possession: Law, Morality, and Society in Biblical Stories*. Peabody, Massachusetts: Hendrickson Publishers, 2002.

Green, Barbara. *King Saul's Asking* (Interfaces Series) Collegeville, Minnesota: A Michael Glazier Books, 2003.

Gun, David M. *The Fate of King Saul: An Interpretation of a Biblical Story* (Journal for the Study of the Old Testament Supplementary Series 14) Sheffield: Sheffield Academic Press, 1980.

Halpern, Baruch. *David's Secret Demons: Messiah, Murderer, Traitor, King*. Grand Rapids, Michigan: William B. Eerdmans Publishing Co., 2001.

Humphrey, W. Lee. *The Tragic Vision and the Hebrew Tradition* (Overture to Biblical Theology Series) Philadelphia: Fortress Press, 1985.

Ishida, Tomoo. *The Royal Dynasties in Ancient Israel: A Study on the Formation and Development of Royal-Dynastic Ideology*. Berlin: Walter de Gruyter, 1977.

Jobling, David. *1 Samuel* (Berit Olam Series). Collegeville, Minnesota: A Michael Glazier Books, 1998.

Jones, G. H. *1 and 2 Kings* (The New Century Bible Commentary vol. I) Grand

Rapids, Michigan: William B. Eerdmans Publishing Co., 1984.

Jones, Gwilym H. *The Nathan Narratives* (Journal for the Study of the Old Testament Supplementary Series 80) Sheffield: Sheffield Academic Press, 1990.

Keys, Gillian. *The Wage of Sin: A Reappraisal of the 'Succession Narrative.'* (Journal for the Study of the Old Testament Supplementary Series 221) Sheffield: Sheffield Academic Press, 1996.

Kirsch, Jonathan. *King David: The Real Life of the Man Who Ruled Israel.* New York: Ballantine Books, 2000. (『킹 다윗: 성서가 감춘 제왕의 역사』, 조윤정 옮김. 다른세상, 2014)

Long, V. Phillip. *The Reign and Rejection of King Saul: A Case for Literary and Theological Coherence* (SBL Dissertation Series 118) Atlanta, Georgia: Scholars Press, 1989.

McKenzie, Steven. *King David: A Biography.* Oxford: Oxford University Press, 2000.

Mettinger, Tryggve N.D. *King and Messiah: The Civil and Sacral Legitimation of the Israelite Kings.* Lund: CWK Gleerup, 1976.

Michaelson, Marty Alan. *Reconciling Violence and Kingship: A Study of Judges and 1 Samuel.* Eugene, Oregon: Pickwick Publications, 2011.

Morrison, Craig E. OCam. *2 Samuel* (Berit Olam Series) Collegeville, Minnesota: A Michael Glazier Books, 2013.

Rosenberg, Joel. *King and Kin: Political Allegory in the Hebrew Bible.* Bloomington and Indianapolis: Indiana University Press, 1986.

Rost, Leonhard. (trans. by Michael D. Rutter and David M. Gunn) *The Succession to the Throne of David.* Sheffield: Almond Press, 1982.

Short J. Randall. *The Surprising Election and Confirmation of King David.* Cambridge: Harvard University Press, 2010.

Simon, Uriel (trans. by Lenn J. Schramm). *Reading Prophetic Narratives.* Bloomington and Indianapolis: Indiana University Press, 1997.

Steussy, Marti. *David: Biblical Portraits of Power*. Columbia, South Carolina:
    University of South Carolina Press, 1999.

Sweeney, Marvin A. *I & II Kings* (The Old Testament Library) Louisville:
    Westminster John Knox Press, 2007.

Wolpe, David. *David: The Divided Heart*. New Haven and London: Yale
    University Press, 2014 (『문제적 인간, 다윗』, 김수미 옮김, 미래의 창, 2016).

박종구, 『다윗: 야누스의 얼굴-욕망의 성취와 인간의 실패』, 서울: 서강대학교 출판
    부, 2015.